Hans-Ulrich Jörges

Regierung verzweifelt gesucht

W0052274

Hans-Ulrich Jörges

Regierung verzweifelt gesucht

Zwischenrufe zum Zustand
der Berliner Republik

Econ

Econ ist ein Verlag
der Ullstein Buchverlage GmbH

ISBN 978-3-430-20085-1

Gesetzt aus der Sabon und Franklin Gothic bei
LVD GmbH, Berlin
Druck und Bindearbeiten: CPI – Clausen & Bosse, Leck
Printed in Germany

INHALT

Das entmündigte Volk

Die Zahl lässt den Atem stocken: Nicht mehr als 5 Prozent der Deutschen sind der Überzeugung, dass sie die Politik durch Wahlen in starkem Maße mitbestimmen können. 5 Prozent! Dass der Wähler gar keinen Einfluss hat, glauben dagegen 38 Prozent, dass er durch Wahlen wenigstens etwas mitbestimmen kann, vertreten 57 Prozent. Drei Viertel der Bundesbürger sind der Auffassung, dass die Politik auf die Interessen des Volkes keine Rücksicht nimmt.

Das ist der Offenbarungseid der Parteiendemokratie im 60. Jahr der Republik. Nur noch 5 Prozent der Deutschen glauben – im Super-Wahljahr – an das Ideal der repräsentativen Demokratie. Unter den Arbeitern: 0 Prozent. Das ist kein Druckfehler – deshalb noch einmal in Worten: null! Erhoben hat die Zahlen das Berliner Forsa-Institut im Mai 2009. Und das ist kein Zufallsbefund: Die verheerenden 5 Prozent hatte Forsa schon einmal ermittelt, Ende des Jahres 2006.

Das Volk fühlt sich entmündigt, entmachtet. Die Parteien – und die Methoden, mit denen sie Politik betreiben – stecken in einer tiefen Vertrauenskrise. Wie fast alle gesellschaftlichen Eliten und tragenden Institutionen des Staates. Ungebrochenes Vertrauen in die Parteien bekunden nur noch 18 Prozent der Deutschen, in den Bundestag 39, in die Gewerkschaften 37, in die Arbeitgeberverbände 28, in die Banken 21 – und in die Manager von Großkonzernen 8. Zum Vergleich: Dem Zentralrat der Muslime vertrauen 14 Prozent der Deutschen.

Die einzige politische Instanz, die herausragt aus diesem Meer des Zweifels und der Enttäuschung, ist der Bundespräsident. Ihm bekunden drei Viertel ungebrochenes Vertrauen – was gewiss auch damit zu tun hat, dass Horst Köhler wiederholt, bis an die Grenzen seiner verfassungsmäßig dürftigen Möglichkeiten, in die Politik eingegriffen, Gesetze aufgehalten und die Parteienherrschaft kritisiert hat.

Die erschreckende Erosion des Vertrauens in die parlamentarische Demokratie geht Hand in Hand mit der Erosion der einstmals übermächtigen Volksparteien. Die 16-jährige Kanzlerschaft Helmut Kohls, 1983 begonnen mit dem zweitbesten Ergebnis der Union in der Wahlgeschichte der Bundesrepublik, das Tändeln, Lavieren und Aussitzen des inzwischen fast wieder verklärten »Kanzlers der Einheit« kosteten die CDU/CSU am Ende, beim Machtwechsel 1989, über ein Drittel ihrer ursprünglichen Wähler.

Die SPD hat ihre eigene Geschichte des Niedergangs, noch dramatischer. Seit 1987, dem Ende der Ära Willy Brandts, zählt die Partei den nunmehr neunten Vorsitzenden – den aktuellen, Franz Müntefering, aus purer Not zum zweiten Mal. Der rot-grüne Aufbruch unter Gerhard Schröder, 1998, endete im Desaster der freiwillig, durch vorzeitige Neuwahlen, aufgegebenen Macht.

Seit dem Sturz Helmut Schmidts im Oktober 1982 – in mittlerweile 27 Jahren – suchen die Deutschen mit wachsender Verzweiflung nach einer Regierung, die jenseits von taktischen Parteiinteressen das Notwendige tut zur Veränderung der sozialen und ökonomischen Systeme wie auch zum Zusammenhalt der Gesellschaft. Sie suchen nach vertrauenswürdiger Führung, persönlichem Vorbild und überzeugender Perspektive. Doch dem Machtgenießer Kohl, der seine Partei durch ein enges Wurzelgeflecht persönlicher Abhängigkeiten im Griff hielt, folgte der Machterzwinger Schröder, der seinen Kurs und seine persönliche Performance erratischer wechselte als jeder seiner Vorgänger und sich seine zunehmend widerständige Partei schließlich, als es um Hartz IV ging, so brachial unterwarf, dass sie daran fast zerbrach. Daraus erwuchs ihr, nach der Gründung der Grünen, eine zweite Konkurrenz: Oskar Lafontaines Linke.

Bei beiden – Kohl wie Schröder – blieb die innerparteiliche Demokratie auf der Strecke, und der Bundestag wurde politisch mattgesetzt. Regiert wurde aus dem Hinterzimmer, in informellen, nicht im Grundgesetz vorgesehenen Zirkeln. Der Koalitionsausschuss regiert das Land, die Mehrheit im Bundestag nickt ab. Diese Deformation ist der Normalzustand geworden. Auch die aberwitzig teuren Rettungsaktionen des Staates nach der Finanzkrise wurden in kleinen bis kleinsten Runden verabredet.

Von einer zunehmenden »Entparlamentarisierung« spricht Hans-Jürgen Papier, der Präsident des Bundesverfassungsgerichts: »Wenn die politische Willensbildung und die materielle Entscheidung nicht im Parlament und im Rahmen parlamentarischer Verfahren stattfinden, verliert das Staatsvolk seine Vertretung und wird der Wahlakt entwertet.« Die abnehmende Wahlbeteiligung sei »Anlass zur Sorge«. Als Papier das schrieb, kannte er noch nicht die eingangs erwähnten 5 Prozent – die müssen Anlass zu brennender Sorge sein.

Die Erosion des Parteiensystems – die Freien Wähler könnten eines Tages zur sechsten, zählt man die CSU als eigenständige Partei hinzu, zur siebten Bundestagspartei werden – ist an Zahlen abzulesen, die üblicherweise nicht veröffentlicht werden. Schaut man nämlich nicht nur auf den Anteil der Parteien an den bei Wahlen abgegebenen Stimmen, sondern auf ihren Anteil an allen Wahlberechtigten, werden einem die Augen geöffnet. Nur noch 53 von 100 Wahlberechtigten gaben bei der Bundestagswahl Union und SPD ihre Stimme – 47 Prozent wählten kleinere Parteien oder gingen gar nicht zur Wahl. In den siebziger Jahren hatten sich noch 82 von 100 Wahlberechtigten für die beiden – damals wirklich großen – Volksparteien entschieden.

Die Deutschen, das ist der eindeutige Befund, haben ihr Vertrauen in die repräsentative Demokratie verloren. Der Bundestag ist das einzige Verfassungsorgan, das vom Volk direkt gewählt wird – auf Länderebene sind es die Landtage. Alle anderen leiten sich davon ab, werden von den Abgeordneten legitimiert. Wenn die Parlamente aber de facto entmachtet sind, wenn die Abgeordneten und die Listen, auf denen sie dem Wähler präsentiert werden, von den Parteien in Hinterzimmern ausgekungelt werden, dann sind Wahlakte fingiert, dann erstarrt die Demokratie zur nur noch formalen Volksherrschaft.

Bitter enttäuscht sind insbesondere die Ostdeutschen, die 1989 – als sie sich von der SED-Herrschaft befreiten – geradezu euphorisch die neuen demokratischen Möglichkeiten entdeckten. An der ersten freien Volkskammerwahl am 18. März 1990 beteiligten sich 93,4 Prozent der Noch-DDR-Bürger – ein Traumergebnis. Heute gehen in den neuen Ländern üblicherweise nur noch 50 bis 60 Prozent zur Wahl. Der Grund liegt sicher auch darin, dass die deutsche Einheit mit einem eklatanten Bruch des Grundgesetzes begann. Denn an seinem Ende, in Artikel 146, heißt es klipp und klar: »Dieses Grundgesetz, das nach Vollendung der Einheit und Freiheit Deutschlands für das gesamte deutsche Volk gilt, verliert seine Gültigkeit an dem Tage, an dem eine Verfassung in Kraft tritt, die von dem deutschen Volke in freier Entscheidung beschlossen worden ist.« Um diesen urdemokratischen Gründungsakt der wiedervereinigten Republik durch Volksabstimmung aber wurden die Deutschen betrogen – übrigens nicht nur die im Osten. Darauf wird noch zurückzukommen sein.

Was ist zu tun? Die Herrschaft muss dem Volk zurückgegeben werden. Deutschland ist durchgreifend zu demokratisieren – das beginnt in den Parteien und endet bei der Verfassung. Sollen die Parteien nicht austrocknen, müssen sie ihre Mitglieder durch Urwahlen direkt an der Auswahl ihres Führungspersonals und der Kandidaten für Parlamente und andere politische Ämter beteiligen. Spitzenkandidaten, Wahlkreiskandidaten und Wahllisten auf allen Ebenen – Bund, Länder und Gemeinden – sind auf diese Weise basisdemokratisch zu bestimmen. Die Zeit der Wirtshaus-Parteien ist vorüber. Kein junger Mensch wird sich in Zukunft noch für eine Partei engagieren, wenn er dafür abendliche Debatten neben der Kegelbahn einer rustikalen Kneipe auf sich nehmen muss. Die Zeit der Internet-Partei ist gekommen: Alle Mitglieder können mit einem persönlichen Code online über Kandidaten und Programme abstimmen. Auf Bundesebene sind sogar Vorwahlen wie in den USA denkbar – sie reißen eine ganze Nation aus politischer Lethargie.

Auf allen demokratischen Ebenen, von der Kommune bis zum Bundestag, müssen die Wähler zudem die Möglichkeit erhalten, die Reihenfolge von Kandidaten auf den Parteilisten zu verändern; Bewerber also von hinten nach vorn – und umgekehrt – zu befördern. In der Weimarer Zeit bekam eine Partei für jeweils 60 000 Wählerstimmen einen Sitz im Reichstag. Bei niedriger Wahlbeteiligung wurde das Parlament also kleiner, bei hoher entsprechend größer. Ein wunderbarer Anreiz für die Parteien, Wähler durch eine attraktive Politik zu mobilisieren. Warum nicht heute wieder?

Der Bundespräsident ist vom Volk direkt zu wählen, nicht von den Parteien via Bundesversammlung. Kein vernünftiges Argument spricht dagegen, wenn die politischen Kompetenzen des Staatsoberhaupts nicht erweitert werden. Das will niemand, um keine Verfassungskonflikte mit Bundesregierung und Bundestag heraufzubeschwören. Aber warum soll die Stimme des Präsidenten in der politischen Debatte nicht mehr Gewicht bekommen? Warum sollen die Kandidaten nicht einen Wahlkampf auf sich nehmen? Vor allem aber: Warum sollen die Deutschen nicht einen Bürgerpräsidenten bekommen? Sie haben sich in 60 Jahren als ein politisch außerordentlich kluges und reifes Volk erwiesen. Dass Angela Merkel gegen diesen Vorschlag opponiert, ist verständlich, aber nicht stichhaltig: Natürlich möchte die Kanzlerin nicht von einem urdemokratisch legitimierten Präsidenten bedrängt werden. Da sie doch selbst nicht urdemokratisch, sondern vom Bundestag gewählt ist. Aus Sicht des Wahlbürgers, und um den geht es hier, ist das bedeutungslos.

Das führt uns zum Referendum auch auf Bundesebene. Volksbegehren und Volksentscheide sind überfällig, um den Wählern wieder direkten Einfluss auf die Politik zu geben. Vier Fünftel der Deutschen wollen das. Dass Referenden in vielen Nachbarländern üblich sind, die deutsche Politik ihren eigenen Wählern aber offen misstraut, ist unerträglich. Die Ablösung der Mark durch den Euro, der europäische Grundlagenvertrag, der viele Kompetenzen nach Brüssel verlagert, und Erweiterungen der EU – all dies hätte durchs Volk legitimiert werden können, ja müssen.

Und schließlich das Grundgesetz selbst. Peter Struck hat vor dem Ende seiner Amtszeit als SPD-Fraktionschef erneut Länderfusionen ins Gespräch gebracht, sein Parteivorsitzender Franz Müntefering eine Volksabstimmung über die bislang verweigerte gesamtdeutsche Verfassung. Wolfgang Schäuble schlägt vor, Enthaltungen im Bundesrat nicht länger als Nein-Stimmen zu zählen, damit die Länderkammer im Fünf-, Sechs- oder Sieben-Parteien-System nicht durch schwierige Koalitionen gelähmt wird. Das ließe sich verbinden mit einer umfassenden Reform der demokratischen Ordnung im oben beschriebenen Sinne.

Wer ergreift also die Initiative zur Einberufung einer verfassunggebenden Versammlung, deren Ergebnisse dann dem Volk zur Abstimmung vorgelegt werden? Es wäre eine Aufgabe für den Bundespräsidenten. Im 60. Jahr des Grundgesetzes könnte den Deutschen eine erneuerte, eine reifere, eine anspruchsvollere Demokratie anvertraut werden. Sie haben es verdient.

Seit sieben Jahren schreibe ich im *stern* meine wöchentliche Kolumne »Zwischenruf aus Berlin«. Viele Gedanken und Beobachtungen, die ich hier eingangs resümiere, werden Sie in der Auswahl wiederfinden, die dieses Buch präsentiert.

Hans-Ulrich Jörges
Juni 2009

1

Blutend über Scherben

Die große Krise

Die Billionen-Dollar-Frage
September 2007

Der Casino-Kapitalismus ruiniert sich selbst. Seine Glaubwürdigkeit zuerst. Die Banken vertrauen sich untereinander nicht mehr und leihen sich gegenseitig kein Geld – Hunderte von Milliarden mussten die Zentralbanken deshalb seit Beginn der globalen Finanzkrise in den Kreislauf pumpen, um einen Zusammenbruch abzuwenden. Von ihren Kunden erwarten die Banker dagegen, dass sie ihnen ihr Geld weiterhin vertrauensselig überlassen. Das kann auf Dauer nicht gut gehen. In Großbritannien ist es nicht mehr gut gegangen: Als die Bank von England die notleidende Hypothekenbank Northern Rock stützen musste, gab es einen Run hysterischer Kunden auf die Schalter, um ihr Geld in Sicherheit zu bringen – Schlägereien inklusive. Ein Fanal. Szenen wie beim großen Banken- und Börsenkrach im Oktober 1929, der die Weltwirtschaftskrise einleitete, Millionen arbeitslos machte – und Hitler an die Macht katapultierte. Damals wie heute war eine Kreditkrise in den USA der Auslöser. 1929 brachen auf Pump finanzierte Börsenspekulationen zusammen, 2007 stürzten unsolide Hypothekenkredite das Finanzsystem in die Krise. Es hatte die faulen Kredite zu milliardenschweren, scheinbar lukrativen Rendite-Paketen gebündelt – Chips am Casino-Tisch des Finanzkapitals. Jeder wollte mitspielen und mitgewinnen. Blind von Gier und Hybris. Auch dilettierende Provinz-Banker wie die der Düsseldorfer Mittelstandsbank IKB und der sächsischen Landesbank, die keinen Schimmer hatten, wie riskant die Chips waren, die sie verzockten – abgelöst von der realen Ökonomie. Die Finanzminister und Notenbankchefs haben gelernt aus 1929. Sie haben Milliarden um Milliarden ins System gepumpt, damit die Krise nicht zum Crash wird und hinüberschwappt in die reale Wirtschaft, die Konjunktur erstickt und Millionen den Job kostet. Sie haben blitzschnell agiert, diskret und mit beruhigenden Erklärungen, um die Krise nicht zur Panik werden zu lassen.

Doch die Krise ist längst nicht abgewendet. Drei Billionen Dollar, schätzen prominente Notenbanker, sind von Vernichtung bedroht – 100 Milliarden erst in den Bank-Bilanzen kompensiert. Ein gigantischer Eisberg, unsichtbar unter der Wasserlinie, auf den die Weltwirtschaft zusteuert. Die Passagiere – Anleger, Unternehmer, Arbeitnehmer – haben bislang nur die Spitze des Eisbergs zu sehen bekommen. Die Offiziere auf der Brücke aber sind erbleicht. Ihre Welt scheint dem Untergang geweiht. Die Casino-Welt, in der angestellte Investment-Jongleure ein Vielfaches der Gehälter von Vorständen kassieren – die fünf größten Investmentbanken verteilten vergangenes Jahr 36 Milliarden Dollar allein als Boni an ihre Cracks. Die Welt der Schamlosen und Unersättlichen, in der sich 700 Investmentbanker auf Kosten der Deutschen Bank in diesem Sommer einen exklusiven Auftritt der *Rolling Stones* in Barcelona gönnten – für vier Millionen Euro. Die Welt der Hedgefonds, landläufig als Heuschrecken tituliert, die ihre reichen Privatanleger plötzlich mit Verlusten schocken und deren bestverdienender Spitzenmann im vergangenen Jahr 1,7 Milliarden Dollar (!) einstrich.

Nun herrscht Katzenjammer im Casino. Und der Politik raubt die Drei-Billionen-Dollar-Frage den Schlaf: Wie stark schlägt die Finanzkrise auf die reale Wirtschaft durch? Welche Folgen hat sie für Wachstum und Beschäftigung – und damit auch für Wahlen? Ist die versprochene »Teilhabe am Wohlstand« schon vorüber, bevor sie begonnen hat? Und wie teuer wird das verlorene Spiel am Ende für die Steuerzahler – nicht nur in Sachsen? Inzwischen gibt es zarte Warnungen ans Publikum. Wirtschaftsminister Glos entdeckt »Wolken am Konjunkturhimmel«, Finanzminister Steinbrück nennt das Problem »ernst«. Angela Merkel hat sich in das

Thema so detailversessen eingearbeitet wie einst in die Sozialsysteme. Nach einem Treffen mit ihr sprach Frankreichs Präsident Sarkozy Klartext: Man wolle einen »Kapitalismus für Unternehmer, nicht für Spekulanten«. Das aber erfordert radikales Umdenken: Kontrolle statt Liberalisierung der Finanzmärkte. Eine Kontrolle, die Oskar Lafontaine schon forderte, als er noch Finanzminister im Kabinett Schröder war. Damals aber wurde er verlacht und in der Londoner City als »gefährlichster Mann Europas« verleumdet. Nun geht es um einen historischen Test – ob sich Europa ökonomisch von der Krise in den USA abkoppeln kann. Sarkozy kündigt eine »Offensive« Europas an, gemeinsam mit der Kanzlerin. Aussichtslos ist die nicht. Der Rekordkurs des Euro gegenüber dem Dollar wird gemeinhin nur als Gefahr für die Exporte betrachtet. Er zeugt aber auch von Vertrauen, etwa der Chinesen, in den Euro als sichere Reservewährung. In den USA jedenfalls lacht niemand mehr über Europa.

Abschwung für alle
November 2007

Das Bewusstsein hinkt der Realität hinterher. In den Medien nicht anders als in der Politik. Das Bewusstsein wähnt sich in gemütlichen Zeiten. Auf Titelseiten wie auf Parteitagen: Luxusdebatten. Streit um die Außenpolitik: Durfte die Kanzlerin den Dalai Lama empfangen? Streit um den Mindestlohn: X-Euro-wie-viel bei der Post? Streit um die Koalition: Können die noch miteinander? Die Parteitage flaggen Mehr: Verteilung und Umverteilung. »Aufschwung für alle«, prangt in den Hallen. 60 Milliarden Euro wollen die Grünen unters Hartz-IV-Volk bringen – Triumph der Traumtänzer. »Wir müssen die Grundlagen des Aufschwungs festigen«, verkündet die Kanzlerin. Aufschwung? Wie lange gibt's den noch? Deutschland, die Weltwirtschaft insgesamt steht an der Wasserscheide zwischen Auf- und Abschwung. Bevor die Teilhabe am neuen Wohlstand richtig begonnen hat, könnte sie schon wieder zu Ende sein. Vielleicht sind die Lokführer die Letzten, die davon noch spürbar etwas abbekommen. Denn statt Aufschwung für alle steht nun zu fürchten: Abschwung für alle. Die Menschen scheinen ein feineres Gespür dafür zu haben als die Parteien, die unverdrossen wahlkampfseligen Illusionen nachhängen. 44 Prozent der Deutschen rechnen damit, dass sich die wirtschaftliche Lage verschlechtern wird – nur 26 Prozent sind Optimisten. Im Juli war es noch umgekehrt: Die Optimisten lagen mit 38 Prozent vorn, 29 sahen schwarz.

Wer die schwärende Krise ermessen, die Welt erkennen möchte, in der er morgen leben wird, muss in diesen Zeiten die Wirtschaftsteile der Zeitungen lesen, nicht die politischen. »Finanzmärkte im Banne der Krise«, »Krise springt auf Versicherer über«, »Schockwelle für die Aktienmärkte«. Nur selten schafft es eine der täglichen Hiobsbotschaften auf die Titelseiten: »Deutsche Bank warnt vor Rezession« oder »Lage von Airbus ist lebensbedrohlich«. Alles kommt nun gleichzeitig und verbindet sich zum Amalgam einer nahenden Katastrophe: taumelnde Finanzmärkte, an den Abgrund gerückt durch halsbrecherisch finanzierte Hypothekenkredite in den USA. Schönfärbende oder gar lügende Banken mit Milliardenausfällen, die sich gegenseitig nicht mehr trauen und nur noch zögernd Geld verleihen. Eine Finanzkrise, die von den Banken auf Versicherungen überspringt, danach womöglich auf Kreditkartenfirmen und Autofinanzierer. Einbrechende Börsen, an denen Milliarden verbrennen – die Aktien von VW und Thyssen-Krupp verloren binnen weniger Wochen rund ein Fünftel ihres Wertes, Daimler mehr als 15 Prozent. Erschütterte Pfandbriefmärkte, einst Bastionen der sicheren Geldanlage. Ein dramatisch abstürzender Dollar und ein ebenso dramatisch steigender Euro, der deutsche Exporte verteuert und damit Jobs gefährdet. Und teils exorbitante Preissteigerungen, vor allem für Öl, Gas und Benzin, aber auch für Lebensmittel. Butter ist seit Juni 2006 gut 40 Prozent teurer geworden.

Rezession und Inflation nennen Ökonomen das, was aus diesem Gebräu heraufschäumen könnte. Und zwar gleichzeitig – die gefährlichste Kombination. Die Prognosen der Experten spiegeln das, wie immer, nur mit Verzögerung. Wie sie den Aufschwung der vergangenen beiden Jahre unterschätzt haben, so unterschätzen sie jetzt auch den Abschwung. Rund zweieinhalb Prozent Wachstum dürfte die deutsche Wirtschaft 2007 erreichen, 2008 werden es nach ihrer Expertise weniger als zwei Prozent sein. Einige fürchten aber schon eine brucharte Rezession, Schrumpfung der Weltwirtschaft. Und mehr, viel mehr Bedrohliches: Hypothekenkrisen auch in Europa, in Spanien etwa. Anhaltende Abwertung des Dollars und sinkende Zinsen in den USA auch 2008 – was die Europäische Zentralbank unter politischen Druck setzen dürfte, die Euro-Zinsen zu senken, um den Export zu retten, aber die Inflation befeuern würde. Und womöglich Massenentlassungen, etwa bei Banken, Telekom, Airbus. Und dann: überall. Denn rasierte Wertpapierdepots und steigende Preise blieben nicht ohne Folgen für den Konsum: Schon jetzt sind viele Menschen schockiert durch Heizkostennachzahlungen für den vergangenen Winter. Der kommende dürfte noch teurer werden. Über der Politik und dem Wahl-Marathon der nächsten Jahre zieht ein abrupter Klimasturz herauf. Mit unwägbaren Folgen. Gut möglich, dass sich Angst und Wut der Enttäuschten in einem weiteren Linksruck entladen. Und die Union ihrer verlorenen Wirtschaftskompetenz nachweint. Denkbar aber auch, dass in der Krise der Kanzlerinnenbonus besonders schwer wiegt. Bloß: Merkel muss sich darauf einstellen. Noch denkt die Politik, sie regiert. Bald aber wird sie regiert – von der Wirtschaft. Wer das zuerst begreift, siegt.

Kernschmelze der Banken
April 2008

Mit der internationalen Finanzkrise verbrennt das Vertrauen in die Geldhäuser. Steuerzahler, Sparer und Anleger müssen dafür haften. Die deutsche Bankenwelt braucht einen Schnitt – und das Ende politischer Landesbanken.

Banken waren im altehrwürdigen Kapitalismus, in seligen Zeiten also, das Rückgrat der Wirtschaft. Sie garantierten Stabilität, waren Nervenzentrum und – psychologisch gesehen – Bastionen von Seriosität und Vertrauen. Im globalisierten Kapitalismus, der zum Casino-Kapitalismus geworden ist und nun schon die dritte Finanzkrise in einem einzigen Jahrzehnt durchleidet – eine verheerender als die andere –, sind die Banken zum Infektionsherd, zum Risiko für die gesamte Wirtschaft geworden. Und nicht nur für die – auch für Politik und Gesellschaft. Für jeden Bürger. Denn die Banken verbrennen Vertrauen, statt es zu generieren – und damit auch Geld und Jobs. Sie erwarten Vertrauen ihrer Kunden, aber sie trauen sich gegenseitig nicht mehr. Weil das Wort eines Bankers nicht mehr sakrosankt ist. Alle haben schöngemalt, verharmlost, ja gelogen – und dann scheibchenweise die Wahrheit über Milliardenrisiken in und neben ihren Bilanzen offenbart. Keiner ist ohne Makel.

Also leihen sich die Banken gegenseitig kein Geld mehr – Notenbanken und Staat müssen die Finanzmärkte fluten, damit die nicht austrocknen. Die Kunden fürchten den Verlust ihres Geldes und kaufen die angefaulten Finanzprodukte nicht mehr – so radikal ist die Verweigerung, dass Josef Ackermann, Chef der Deutschen Bank, von einem »Investorenstreik« spricht. Also geben auch die Banken der Wirtschaft nur noch zögernd Kredite, was Investitionen bremst und für kleine Firmen vielfach das Aus bedeuten kann. Die Wirtschaftsauskunftei Creditreform schätzt, dass in diesem Jahr 27 000 bis 30 000 Firmen in Deutschland pleitegehen, neun Prozent mehr als im Vorjahr – deshalb, trotz robuster Konjunktur. Wenn ein Kernkraftwerk außer Kontrolle gerät, mündet das in eine Kernschmelze. Die Finanzwelt erlebt im Moment so etwas wie eine Kernschmelze des Vertrauens – und die könnte am Ende zur Kernschmelze der Banken selbst werden. Der privaten wie der öffentlichen.

Drei Billionen Dollar seien von Vernichtung bedroht, hinterließ schon im vergangenen Sommer der amerikanische Notenbankchef Ben Bernanke in Berlin. 3000 Milliarden Dollar, gebunden vor allem in leichtsinnig vergebenen amerikanischen Hypotheken-Krediten, verwurstet und weltweit verkauft in scheinbar lukrativen Wertpapier-Paketen. Für die Fehlinvestments der Privatbanken haften deren Anleger und Aktionäre. Für die faulen Früchte der deutschen Staats- und Landesbanken aber haben Steuerzahler und Sparer aufzukommen, denn die Landesbanken gehören Regierungen und Sparkassen. Auf etwa 25 Milliarden Euro summieren sich bislang deren Risiken und Verluste – Fachleute fürchten, dass noch 75 bis 100 Milliarden hinzukommen.

Allein für die mit Steuermilliarden vor der Pleite gerettete IKB haftet jeder Deutsche mit rund 100 Euro. Allein die sächsische Landesbank verzockte bislang fünf Milliarden – das entspricht dem gesamten deutschen Entwicklungshilfe-Etat. Allein die Steuerausfälle durch lädierte Bank-Bilanzen schätzt der CDU-Wirtschaftsexperte Michael Fuchs auf zehn Milliarden Euro. Zum Vergleich: Erstmals seit der Wiedervereinigung hatte Deutschland im ersten Halbjahr 2007 einen gesamtstaatlichen Haushaltsüberschuss von 1,2 Milliarden erzielt – und die Politik war mächtig stolz darauf. Nun sind Schuldenabbau und Etatsanierung, neue Ausgaben für Bildung, Kinder und Soziales akut gefährdet.

Die Landesbanken, Steckenpferde inkompetenter, aber ehrgeiziger Politiker, wurden geradezu in Abenteuer getrieben. Mit Normalbürgern dürfen sie keine Geschäfte machen, die müssen sie den Sparkassen überlassen. Also finanzierten sie eine Pipeline in Ecuador oder horteten im Ausland Milliarden, neben den Bilanzen, unter mafiosen Phantasienamen wie »Romulus« oder »Ormond Quay«. Davor versagte dramatisch auch die deutsche Bankenaufsicht.

Ein goldener Schnitt ist an der Zeit, um wieder Vertrauen ins deutsche Finanzsystem zu begründen. Das Ende politischer Banken mit dilettierenden Aufsehern ist gekommen: Die sieben beherrschenden Landesbanken könnten zu einer einzigen fusioniert werden – Zentralbank der Sparkassen. Ähnliches wird bei den Privatbanken diskutiert: Fusion von Dresdner Bank, Commerzbank und Postbank, womöglich sogar noch ergänzt um die Deutsche Bank, die daran Interesse zeigt. Daneben gehören Bankenaufsicht und Bilanzvorschriften reformiert. Global schlägt Ackermann einen »Rat der Weisen« vor, der zeitig vor Spekulationsblasen warnen soll.

Bei dem Schnitt würde indes viel Blut fließen. Die Fusionen

würden Zehntausende von Jobs kosten. Vielleicht auch in der Politik, in Bayern oder Sachsen zum Beispiel – aber mancher Aderlass wirkt ja durchaus heilend.

Die Knute der Rendite
August 2008

Wir kennen ihre Gesichter: maskenhaft starr oder zwanghaft lächelnd. Wir kennen ihre Pleiten und Skandale: Arbeiter vor Fabriktoren, Fahnder in Vorstandsetagen. Wir kennen auch, selbstverständlich, ihre Gehälter: aufgereihte Gesichter auf Zeitungsseiten, daneben exorbitante Summen – Josef Ackermann (Deutsche Bank): 14,34 Millionen, Peter Löscher (Siemens): 11,49 Millionen …

Wir meinen sie zu kennen, doch in Wahrheit wissen wir nichts von ihnen. Wie sie leben, wen sie lieben, was sie quält, wovor sie sich fürchten, wie sie schlafen, welche Medikamente sie nehmen, was ihre Frauen an ihnen beobachten – zwischen Größenwahn, Angst und Depression. Politiker kennen wir besser, Fußballer erst recht, Schauspieler am besten. Die spreizen sich in Talkshows, frühstücken vor Fotografen, entblößen ihre Scheidungen, posieren mit der Neuen.

Manager aber sind eine abgeschottete Kaste, die letzte in der Mediengesellschaft – von Kardinälen einmal abgesehen. Sie hüten ihr Privates, verbergen ihre Gefühle, beschweigen ihr Menschsein. Gestanzte Interviews, prickelnd wie das Kursbuch der Bahn, kalte Reden auf Aktionärsversammlungen, tonlos vom Blatt gelesen, sind das Äußerste an Entäußerung. Die meisten können gar nicht reden, das gehört – erstaunlich – noch immer nicht zum Anforderungsprofil ihres Jobs. Mit anderen zu streiten, im Fernsehen unter den Augen von Millionen für sich und ihre Überzeugungen zu kämpfen, das fürchten sie wie Vampire das Tageslicht.

Also prägen die maskenhaften Gesichter, die Pleiten und Skandale, die Interview-Stanzen und die exorbitanten Saläre das Bild der Konzernlenker. Hochmut, Unmoral und Gier werden daraus abgeleitet. Neun Prozent der Deutschen vertrauen ihnen noch, weniger als dem Zentralrat der Muslime. Das ist der letzte Platz unter den Eliten des Landes.

Und das hat politische Folgen. Im Herbst wollen Union und SPD den Managern auferlegen, was sie noch keinem anderen Berufsstand zugemutet haben: Beschränkungen der Gehälter. Die Konservativen sanfter als die Sozialdemokraten, aber auch sie. Denn die Manager, so heißt es, haben das gesamte Wirtschaftssystem in Misskredit gebracht, der sozialen Marktwirtschaft die Legitimation geraubt, das gesellschaftliche Klima gekippt und Reformen zum Unwort gemacht, zum Synonym für Ungerechtigkeit. »Neidgesellschaft« lautet die unbeholfene Antwort der Beneideten an die Gesellschaft. Sie verhallt nicht nur wirkungslos, sie wird als Beleg genommen für die Uneinsichtigkeit der Unbeholfenen.

Dabei hätten die Manager Argumente. Wenn sie darüber redeten, dass sie nicht nur die Peitsche schwingen, sondern selbst unter der Peitsche leben. Und mit welchen Ängsten, unter welchen Machtkämpfen und Intrigen. Sie heuern und feuern nicht nur, sie werden selbst geheuert und gefeuert. Vier Jahre sind die Vorstandschefs der Dax-Konzerne durchschnittlich im Amt. Das Tempo der Vorstandswechsel in Europa ist doppelt so hoch wie in den USA – und in Deutschland zweimal so schnell wie im Rest Europas. Von 189 Dax-Vorständen, recherchierte die *Frankfurter Allgemeine*, sind 123 erstmals in einer Vorstandsposition. 35 Prozent scheitern schon in den ersten 18 Monaten. Deshalb werden »Rundum-Sorglos-Pakete« geschnürt, »goldene Fallschirme« selbst für versagende Manager.

Die Knute der Rendite, der Druck auf kurzfristigen, zweistelligen Ertrag anstelle einer langfristigen Strategie, schlägt auch die Manager. Bis zu 90 Prozent ihres Einkommens sind nicht fest vereinbart, sondern gewinnabhängig, großenteils durch Aktienoptionen. Der Börsenkurs wird zum entscheidenden Maßstand. Wer morgen schon vor der Tür sitzen kann und so konditioniert ist, nimmt mit, was er greifen kann. Geht halsbrecherische Risiken ein, wie die Banker auf dem faulen amerikanischen Hypothekenmarkt. Generiert besinnungslos Wachstum, presst und spart, beschädigt selbst Produkte. Die Debatte macht Manager zu Tätern, doch sie sind selbst Opfer des börsengetriebenen Systems. Ein jährlicher Bericht über ihre soziale Lage, von einem Wirtschaftsinstitut erstellt, könnte das transparent machen.

Einer hat sich dem wahnwitzigen System entzogen: Wendelin Wiedeking, seit 15 Jahren Porsche-Chef, weigert sich, Quartal für Quartal Bericht zu erstatten und sich von Investment-Schnöseln grillen zu lassen. »Götzendienst« am Shareholder Value nennt er das. Manager würden zu »Zockern und Zynikern«. Ironischerweise beweist gerade er, dass eine andere Konzernkultur am meisten abwerfen kann: Wiedeking hat dieses Jahr Aussicht auf 100 Millionen Euro Einkommen. Auch seine Arbeiter werden ihren Anteil haben. Jeder von ihnen bekam schon vergangenes Jahr 5200 Euro Bonus.

Blutend über Scherben
Oktober 2008

Zerbrochen ist die Vorstellung, irgendetwas sei unvorstellbar.

Zerbrochen ist die Hoffnung, irgendjemand auf dem Globus – eine Institution, ein Kopf – habe noch den Überblick über Ausmaß und Folgen der Finanzkrise.

Zerbrochen ist das Vertrauen in die Kompetenz und Verlässlichkeit der Wirtschaftseliten.

Zerbrochen ist die Herrschaft der Wirtschaft über die Politik – das Verhältnis kehrt sich um. Wirtschaft wird in der Wirtschaft gemacht – den Satz wagt niemand mehr.

Zerbrochen ist die Vorstellung, der Sozialismus sei historisch erledigt. Lieber rot als tot, ruft das Finanzkapital und fordert seine Verstaatlichung.

Zerbrochen ist das Vorbild des Westens für Russland und China – Wirtschaft funktioniere nicht ohne Demokratie. Russen und Chinesen lernen: Der Staat lenkt effizienter.

Zerbrochen ist die Supermacht USA, gescheitert nicht nur im Irak und in Afghanistan, sondern auch in New York.

Zerbrochen ist die Annahme, China wolle die USA erledigen. Die Chinesen halten so viele Dollar, dass sie die USA retten müssen. Das Mündel wird Vormund.

Zerbrochen ist der Mythos Wall Street – der Vatikan des Finanzkapitals ist fehlbar.

Zerbrochen ist das Dogma, die Globalisierung brauche freie Entfaltung. »Neoliberal« ist Schimpfwort statt Auszeichnung.

Zerbrochen ist die These, der Raubtier-Kapitalismus sei nicht zu bändigen – nun wird ihm ein Käfig gebaut.

Zerbrochen ist der Casino-Kapitalismus, sein Untergang verwüstet die Wirtschaft.

Zerbrochen ist das Ansehen des feinen Geldadels. Bankiers gelten nicht mehr als weitsichtig-kühle Strategen, sondern als »Bankster«.

Zerbrochen ist die Hoffnung, dass Banker in der Katastrophe Gesicht zeigen – Schuld und Fehler bekennen.

Zerbrochen ist die Naivität der Politik gegenüber Bankern – denn die kennen nicht mal ihre eigenen Bücher.

Zerbrochen sind die Investmentbanken, die nur mit großem Geld spielten und Kleinanleger verachteten.

Zerbrochen sind die Karrieren von Investmentbankern, die sich als Herren des Universums fühlten und die Rolling Stones für sich aufspielen ließen.

Zerbrochen ist die Annahme, der Londoner Investmentbanker Anshu Jain, ein gebürtiger Inder, werde Nachfolger Ackermanns als Chef der Deutschen Bank.

Zerbrochen ist die Vorstellung von Managern, sie brauchten nicht zu haften für Milliardenverluste.

Zerbrochen ist die Glaubwürdigkeit von Wirtschaftsführern, Verbänden und Lobbyisten – zu leiden haben darunter engagierte, aber stille Mittelständler.

Zerbrochen ist die These, dass Angela Merkel alles »vom Ende her denkt« – wusste, was kam, und weiß, was kommt.

Zerbrochen ist die Achse Berlin – Paris. Die Kanzlerin setzte in der Krise auf nationalen Alleingang statt auf Europa.

Zerbrochen ist das Klischee, Oskar Lafontaine habe stets unrecht – den Finanzmarkt wollte er schon 1999 regulieren.

Zerbrochen ist der Mythos der Heuschrecken: Hedgefonds haben sich überfressen, kriegen nun kein Geld mehr von den Banken und verdauen Verluste statt Renditen.

Zerbrochen ist die Berechenbarkeit der Börse. Wer sich hineinbegibt, weiß nicht, wie ihm geschieht.

Zerbrochen sind alte Regeln der Geldanlage. Etwa: Aktien kaufen, liegen lassen und erst Jahre später nachschauen.

Zerbrochen ist die Magie von Derivaten und Zertifikaten – puren Wettscheinen, die blitzschnell zu Konfetti werden.

Zerbrochen ist selbst das Vertrauen in Pfandbriefe – früher bombensichere Anlagen für Witwen und Waisen, heute riskant.

Zerbrochen ist die Glaubwürdigkeit von Bankberatern, die auf Anweisung von oben Schrott als Edelmetall verkauft haben.

Zerbrochen ist das Vertrauen in den Verbraucherschutzminister Seehofer, der sich mit Banken nicht anlegen wollte.

Zerbrochen ist die Verlässlichkeit deutscher Beamter, der Bankenaufseher wie der einst ehernen Bundesbank.

Zerbrochen ist der Ruhm der Privatisierung staatlicher Leistungen: Strom, Wasser, Abfall, Wohnungen. Die Abenteuer des Kapitals zwingen die Politik zum Umdenken.

Zerbrochen ist die Hoffnung auf ein Ende der Großen Koalition. In der Krise wird ihre Fortsetzung zur Hoffnung. Das Teilen der Verzweiflung sichert den Bestand.

Ritt in die Apokalypse
April 2009

»Hoffentlich wird es nicht so schlimm, wie es schon ist.«
Karl Valentin

Es gibt Schwätzer der Apokalypse, Sparer der Apokalypse und Profiteure der Apokalypse. Im Moment sind alle apokalyptischen Reiter miteinander unterwegs. In wilder Horde, auf schäumenden Rössern. »Krise« ist auf das blutrote Banner gestickt, das ihnen voranflattert. Getragen von den Schwätzern, die es von Hand zu Hand reichen. Sie sind die Offiziere der Krise, und wie echte Offiziere eint sie Befehlsgewalt und Eitelkeit. Ja, es gibt auch so etwas wie Kriseneitelkeit. Und einen Wettstreit der Eitlen: Wer beschreit die schaurigste, die schwärzeste Apokalypse?

Ganz vorn galoppieren jene, die eigentlich längst hätten absatteln sollen. Die Schwätzer, die besser schweigen sollten. Weil sie für jene schreien, die die Krise angerichtet haben – für die Banken. Sie haben die Krise nicht kommen sehen, sich nicht bemüht, sie abzuwenden, und sich schon gar nicht – reumütig und zerknirscht – zur eigenen Verantwortung bekannt. Doch nun behaupten sie, wissenschaftlich exakt zu wissen, wie blutig sie werden wird. Fünf Prozent Minus für die deutsche Wirtschaft, gibt die Deutsche Bank vor, im Jahr der Apokalypse 2009. Da mag sich die Commerzbank nicht lumpen lassen: Sieben Prozent werden es, sieben Prozent! Ach, ihr Herren des verzockten Geldes, unseres Geldes, dem wir nun noch mehr hinterherwerfen müssen, wie wäre es mit ein wenig Demut auf dem hohen Ross, der Demut des Schweigens?

Wirtschaft ist Psychologie, habt ihr das nicht immer gepredigt? Ihr wisst doch, dass ihr nichts wisst. Dass ihr nur Kaffeesatz lest. Weil es solche Rezession, überall, noch nie gab, weil also Erfahrungswerte fehlen, weil die Rechenprogramme der Prognostiker darauf nicht ausgelegt sind, weil ihre Schätzungen über die Dauer der Krise schwanken zwischen einem halben Jahr und zehn Jahren.

> »Es ist schon alles gesagt, nur noch nicht von allen.«
> Karl Valentin

Den Schlachtruf der Offiziere nimmt die Truppe auf: Es ist ganz schrecklich – und es wird alles noch viel schrecklicher! »Rezession würgt Umsätze im Einzelhandel ab«, ist zu lesen. Um 0,2 Prozent sind die im Februar im Vergleich zum Vormonat geschrumpft. Abgewürgt? Herrschaften! Selbst im Maschinenbau, den es wirklich erwischt hat, tut ein wenig Relativierung gut. Im Februar sind 49 Prozent weniger Bestellungen eingegangen als im Vorjahr. Übel. Aber die Branche hat einen fünfjährigen Boom erlebt. Bis April 2008 wuchsen die Aufträge beständig mit zweistelligen Raten! Selbst eine theoretische Studie, wonach 11,3 Millionen

Arbeitsplätze ins Ausland verlagert werden könnten, kriecht nun als düstere Prophezeiung auf die Titelseite: »Elf Millionen Jobs bedroht«.

»Die Zukunft war früher auch besser.«
Karl Valentin

Den Schwätzern folgen die Sparer der Apokalypse. Jeder Unternehmer, jeder Manager spart, was er kann, streicht, sperrt, streckt – und reißt damit zehn andere in die Krise, deren Stimmung, deren Geschäft er verdirbt. Selbstredend sparen auch die dann, streichen, sperren, strecken – und schon erwischt es wieder zehn andere. Alle Erkenntnisse aus Krisenzeiten, alle Mahnungen, alle Weisheiten sind vergessen. Antizyklisch soll sich der klug Wirtschaftende verhalten, weil er weiß, dass er sonst Opfer der selbst erzeugten Depression wird – auch er gehört ja zu den zehn Rasierten eines anderen. Aber es ist prozyklischer Spar-Wahn ausgebrochen, mächtiges Gedrängel am Notausgang. Panik. Die Erfahrung indes lehrt, dass in kollektiver Hysterie stets einige zu Tode getrampelt werden.

Den Sparern folgen wiederum die Profiteure der Apokalypse. Besser gesagt: die Möchtegernprofiteure, die Oberschlauen, die dem Schicksal ein Schnippchen schlagen, die vermeintliche Gunst der Stunde nutzen möchten. Um zu erledigen, was sie schon lange erledigen wollten – sich aber nicht getrauten. Jetzt endlich gibt es die zwingende Rechtfertigung, um in Betrieben und Kontoren Strukturen zu zerschlagen, Gewohntes zu entwöhnen, Verdientes zu kassieren. Der Speck der guten Jahre, angesetzt, um magere zu überstehen, hat seinen Zweck verloren. Die Rendite muss gehalten – besser noch: ausgebaut – werden. Koste es, was es wolle. Und es kostet viel. Bloß anders als gedacht.

Denn am Ende des Ritts, wenn die Pferde kotzen, ist angerichtet, was es zu kontern galt: Die Apokalypse ist zur selbsterfüllenden Prophezeiung geworden. Die Krise einiger wird zur Krise vieler, dann zur Krise aller. Entweder wir lernen, sie so zu erleiden, oder wir lernen, sie gemeinsam zu bestehen. Karl Valentin, der große Philosoph, mahnt uns: »Heute ist die gute, alte Zeit von morgen.«

Zeit zu gehen, Herr Ackermann!
April 2009

Das WIR macht den Unterschied. »Ich muss eingestehen, dass wir, die in der Finanzindustrie arbeiten, uns kollektiv blamiert haben«, sagt Leonhard Fischer. »Wir haben auf unserem wichtigsten Gebiet, dem Risikomanagement, versagt.« Leonhard »Lenny« Fischer war einer der erfolgreichsten deutschen Bankmanager, wechselte von der Investmentbank JP Morgan in den Vorstand der Dresdner Bank, führte die Winterthur- Versicherung und ist heute Co-Chef des belgischen Finanzinvestors RHJ.

Solches WIR kommt Josef »Joe« Ackermann nicht über die Lippen. Partout nicht. Er täuscht Selbstkritik vor, indem er pauschal bleibt. »Natürlich haben die Banken Fehler gemacht, einige sogar schwere Fehler«, sagt der Schweizer, Chef der stilprägenden Deutschen Bank. »Dafür müssen sie Verantwortung übernehmen. Sie sind jedoch bei Weitem nicht allein für die jetzige Krise verantwortlich.«

Die Deutsche Bank und Josef Ackermann waren es wohl, die Horst Köhler vor allen anderen im Visier hatte, als er in seiner »Berliner Rede« zu einer Abrechnung mit den Bankern antrat, wie sie für ein Staatsoberhaupt ohne Beispiel ist. »Auch angesehene deutsche Bankinstitute haben beim Umgang mit Risiko zunehmend Durchblick und Weitsicht verloren«, sagte er. Das Auftürmen von Finanzpyramiden sei für viele zum Selbstzweck geworden, insbesondere für die Investmentbanken. »Damit haben sie sich nicht nur von der Realwirtschaft abgekoppelt, sondern von der Gesellschaft insgesamt. Dabei geht es auch um Fragen der Verantwortung und des Anstands.« Bis heute warte man »auf eine angemessene Selbstkritik der Verantwortlichen«.

Ackermann müssen Köhlers Worte in den Ohren gedröhnt haben wie die Trompeten von Jericho. Durchblick und Weitsicht hat er schon lange verloren, nicht nur für die Lage der Branche, sondern auch für die eigene Bank. Mehrfach prognostizierte er im vergangenen Jahr das nahende Ende der Finanzkrise – dann musste er einen Rekordverlust von 3,9 Milliarden Euro für die

Deutsche Bank aufdecken. Und kollabierte am selben Abend symbolhaft auf einem Empfang.

Doch den Zusammenbruch des Investmentbanking und seiner Zockerkultur, das Scheitern der autistisch auf die eigene Rendite fixierten Geldmaschine mochte er nicht eingestehen. Kein Zeichen der Einsicht, kein Mut zur Neuorientierung der Banken, ihres Ethos, ihrer Leitbilder, ihres Daseinszwecks. Trotzig verteidigt der Reserveoberst die alten Irrtümer, als hätte er sich Wachs in die Ohren gestopft. »Wir wandeln uns nicht von einer Investmentbank zu einer Universalbank«, verkündete er. »Das Investmentbanking ist zwar volatil, erlaubt aber auch sehr schnell wieder sehr gute Gewinne.« Kollegen im Vorstand der Deutschen Bank konnten die unerhörten Sätze kaum glauben – sie sehen sich als Manager einer Universalbank. Die Kanzlerin ist längst auf Distanz gegangen zu ihrem einstmals engen Berater.

Josef Ackermann ist der Untote einer gestorbenen Bankenwelt. Und der Letzte, der das noch nicht begriffen hat. Die ihm begegnen, lächeln ihn an – und schütteln die Köpfe, kaum hat er sich umgewandt. Es ist der tragische, fast bemitleidenswerte Fall eines aus der Zeit Gerückten, aus dem Olymp Gestürzten, seiner Autorität Entkleideten, der glaubt, er könne die Politik noch davon abbringen, die Banken zurückzuzwingen zu konservativen Geschäftsmodellen. Politik und Wirtschaft wünschen nichts sehnlicher als Banker, die sich wieder als Bankiers begreifen. Vertrauen zu den Banken, dem Vertrauensgewerbe schlechthin, bekunden heute nur 21 Prozent der Deutschen.

Ackermanns Vertrag läuft noch bis zum Mai 2010. So lange aber können Politik und Gesellschaft nicht mehr warten. Die Politik fühlt sich allein gelassen im Kampf gegen die Krise, die Gesellschaft sucht neue Leitfiguren: Menschen, die Gesicht und Haltung zeigen, Symbolfiguren der Erneuerung – im Mittelstand, im Management von Dax-Konzernen, bei den Banken. Vor allem bei der Deutschen Bank.

Der Überständige sollte rasch gehen, vorzeitig. Ende April präsentiert er die – offenbar gute – Bilanz des ersten Quartals, Ende Mai ist Hauptversammlung. Das ist die Gelegenheit, mit Restglanz abzutreten. Es gibt Jüngere, Einsichtsfähige, Änderungswillige, die ihn ersetzen können. Rainer Neske ist so einer, 44 Jahre alt und im Vorstand verantwortlich für Privat- und Geschäftskunden. »Die Banken stehen in der Pflicht, aus ihren Fehlern zu lernen«, sagt er. »Es geht jetzt darum, dass wir um die Wiedergewinnung des Kundenvertrauens kämpfen.« Politik, Wirtschaft und Öffentlichkeit dürfen sich nicht scheuen, in diesem Sinne Einfluss zu nehmen. Ein Investmentbanker oder eine Übergangsfigur wären unzumutbar. In dieser Zeit ist die Ackermann-Nachfolge ein Politikum.

Das Monster schmatzt
Mai 2009

Das Kasino ist wieder geöffnet. »Die Risikofreude kehrt zurück«, sagt der Investmentberater Edward Yardeni. »Ein Teil des Geldes, das an der Seitenlinie geparkt war, kommt auf die Finanzmärkte zurück«, sagt der Milliarden-Investor George Soros. Seit Jahresbeginn haben amerikanische Konzerne neue Aktien im Wert von 54,9 Milliarden Dollar auf den Markt geworfen – so viel wie seit neun Jahren nicht mehr. Auch die schwer ramponierten US-Banken sammeln wieder Milliarden ein. An der Wall Street ist der Dow-Jones-Index seit seinem Zwölf-Jahres-Tief am 9. März wieder um fast ein Drittel gestiegen. »Die Geburt einer neuen Hausse« oder »Börse paradox: Rote Zahlen treiben Aktienkurse an«, titeln die Kapital-Seiten der Zeitungen. War was?

Vor acht Monaten, am 15. September 2008, brach die Investmentbank Lehman Brothers zusammen, und ihre Insolvenz galt als Fanal der globalen Finanzkrise, des Scheiterns der Wall Street, des Beginns eines neuen Zeitalters. Der Casino-Kapitalismus, der Billionen von Dollar verzockt hatte, schien am Ende. »Der Fall der Wall Street ist für den Marktfundamentalismus das, was der Fall der Mauer für den Kommunismus war«, meinte Joseph Stiglitz, Nobelpreisträger für Wirtschaft und vermutlich der prominenteste Ökonom unserer Zeit. Da könnte er sich geirrt haben. Wie so viele.

Denn nichts, jedenfalls nichts von Bedeutung, hat sich geändert, um eine Wiederholung des Feuersturms an den Kapitalmärkten zu verhindern. »Das Kasino wird nur renoviert«, sagt Hans-Werner Sinn, Präsident des Münchner Ifo-Instituts. »Ich würde es schließen.« Aber das bleibt eine fromme Hoffnung. Die Internationale der Spieler ist stiller geworden. Aber sie ist alles andere als entmachtet. Die Wall Street hat eine Schlacht verloren, nicht den Krieg.

Die Staaten haben die Märkte geflutet und Geld gedruckt, um das System zu stabilisieren. Um das ausgebrannte Kasino wiederherzurichten, die Wasserschäden der Löscharbeiten zu übertünchen. Mit dem Geld des Steuerzahlers. Der zahlt. Und haftet. Mit seinem Job, wenn er Arbeit nimmt. Mit seinem Geschäft, wenn er Arbeit gibt. An den Schulden haben Generationen zu tragen. Aber sie sind nicht geschützt davor, dass alles wieder so – oder so ähnlich – kommen könnte. Denn das System ist unangetastet.

Keines der riskanten Finanzinstrumente, die den Weltbrand entfacht hatten, ist verboten. Weder die Kreditverbriefungen, die faule US-Hypotheken um den Erdball gestreut hatten wie ein Virus, noch die spekulativen Versicherungsscheine auf solche Risiken. Die Banken handeln mit Zertifikaten, deren Wirkung sie nicht verstehen, als wäre nichts geschehen. An den Börsen locken »Knock-out-Produkte«, »Hebelprodukte« und »Exotische Produkte«. Der Staat hat die Boni für Finanzjongleure der Banken gesetzlich nicht gekappt.

Leerverkäufe an den Börsen, die bizarre Kurssprünge ausgelöst, die Gier angestachelt und den Unternehmer Adolf Merckle wegen einer Fehlspekulation um VW in den Selbstmord getrieben hatten, sind nicht generell verboten, sondern in Deutschland nur für elf Finanzaktien – befristet bis Ende Mai.

Einen Finanz-TÜV, eine staatliche Zulassungspflicht für alle Finanzprodukte, gibt es noch immer nicht – wohl aber Kontrollen für Lebensmittel und Pharmazeutika.

Die Auslagerung von Milliarden-Risiken aus den Bankbilanzen in Zweckgesellschaften, Verhängnis der damit desaströs gescheiterten Landesbanken, ist nicht untersagt. Es wird diskutiert, geprüft, begutachtet. Nach dem Willen der EU sollen die Banken nur 5 Prozent ihrer Wertpapierrisiken durch Eigenkapital abdecken – 20 waren einst im Gespräch.

Die gespaltene deutsche Bankenaufsicht ist nicht zu einer einzigen starken Behörde fusioniert. Eine europäische Aufsicht für international tätige Banken gibt es nicht.

Die amerikanischen Ratingagenturen, die Schrottpapiere mit der Traumnote AAA als bombensicher testiert hatten, haben ihr Monopol behalten. Man will sie beaufsichtigen. Aber eine europäische Ratingagentur ist nicht in Sicht.

Bad Banks für vergiftete Wertpapiere sollen in Deutschland nicht Pflicht werden, sondern nur ein Angebot an die Banken. Der Staat kennt damit die Risiken in den Bilanzen immer noch nicht. Fusion der Landesbanken? Vertagt.

Der Vertrag von Josef Ackermann, Chef der Deutschen Bank und unverdrossener Propagandist der 25-Prozent-Rendite, ist bis 2013 verlängert. Er verdient wieder prächtig. Mit Anleihen, die der Staat aufnehmen muss, um die von den Banken angerichteten Schäden zu beheben. Die Verluste der Steuerzahler sind deren Gewinn.

Das Imperium hat sich behauptet. Die Politik scheut die Machtfrage. Sie repariert, konferiert und appelliert. Gute Absichten, schöne Worte. Horst Köhler nennt das Finanzsystem ein Monster. Das lebt. Und schmatzt. Es ist wieder hungrig.

Die große Verschleierung
Juni 2009

Das Unsichtbare ist das Augenfälligste. Die Finanzkrise ist im Wahlkampf kein Thema. Keine Schlachten, nicht mal Scharmützel, wegen versagender Bankenaufsicht, wegen strauchelnder Staatsbanken, wegen der Schuldenberge des Steuerzahlers, die Generationen abzutragen haben. Auch kein Streit darüber, was zu tun wäre, um eine Wiederholung zu verhindern. Schweigen. Stille.

Zockenden Bankern, gierigen Managern hat die Politik die Verantwortung aufgeladen. Es kam aus den USA über uns, irgendwie. Ihre eigene Rolle haben die Großparteien, koalitionär verbündet, dagegen verdeckt. Es ist ein monströses Täuschungs- und Verschleierungsmanöver. Gemessen an den Folgen für die Gesellschaft weit größer und skandalöser als die Parteispendenaffären, die einst die Republik erschütterten. Denn die Politik hat nicht nur alles zugelassen – und alles gewusst. Sie hat das gescheiterte System auch genau so gewollt.

Und nun den Bock zum Gärtner gemacht. Der heißt Jörg Asmussen, war ab März 2003 Abteilungsleiter im Finanzministerium und brachte schon zu rot-grünen Zeiten jene Asset Backed Securities (ABS) in Mode, die sich heute als toxische Wertpapiere in den Banken türmen. Seit Juli 2008 ist er Peer Steinbrücks Staatssekretär, stopft Steuermilliarden in die selbst aufgerissenen Löcher und soll in einer Expertengruppe eine »neue Finanzmarktarchitektur« entwerfen. Nichts hat er bislang am System verändert, nicht mal eine starke Bankenaufsicht geschaffen. Der SPD-Mann war und ist die Zentralfigur in der Grauzone zwischen Politik und Banken.

ABS waren der Kern der Katastrophe. Kreditverbriefungen, die es Banken erlaubten, viele Darlehen – in den USA faule Hypothekenkredite – zu Paketen zu packen, in Wertpapiere zu zerstückeln und so lukrativ zu verkaufen. Man hatte Luft für neue Kredite. Die Käufer, Banken, lagerten die ABS oft neben der Bilanz in Zweckgesellschaften und unter märchenhaften Namen (»Rhine-bridge Funding«) in Steueroasen wie Irland. Der Wirtschaftsstrafrechtler Volker Gallandi spricht von einem »globalen Schneeballsystem, das der Scheck- und Wechselreiterei sehr nahestand«.

Das lockte besonders die Landesbanken, die schnelles Geld machen wollten. Von den 688,9 Milliarden Euro an faulen Wertpapieren, ABS vor allem, die unlängst von der Bankenaufsicht Bafin in deutschen Bankbilanzen ausgemacht wurden, fanden sich 58 Prozent, 398,4 Milliarden, bei Landesbanken. In ihren Aufsichtsgremien sitzen Politiker – und ehrliche geben zu, von dem Risikospiel gewusst zu haben.

Die Große Koalition forcierte den ABS-Wahn. In ihrem Koalitionsvertrag von 2005 vereinbarten Union und SPD den »Ausbau des Verbriefungsmarktes« und eine Aufsicht »mit Augenmaß«. Man wolle »überflüssige Regulierungen abbauen«.

Am 1. Oktober 2006 schrieb Asmussen, ganz Bock, in der »Zeitschrift für das gesamte Kreditwesen«: »Risikogerecht wird für viele Kreditinstitute die Eigenkapitalanforderung an ihre ABS-Bestände sinken und für sie der Erwerb von ABS zur Diversifizierung ihres Portfolios wesentlich erleichtert.« Bei gängigen ABS mit gutem Rating sollten »keine unnötigen Prüf- und Dokumentationspflichten entstehen«.

Die Kreditanstalt für Wiederaufbau (KfW) hatte dafür 2004 gemeinsam mit anderen Banken die Verbriefungsfirma TSI gegründet, die – so Asmussen – »durch Bereitstellung von deutschen Zweckgesellschaften und Gütesiegeln für Transaktionen die ABS-Aktivitäten an den Standort Deutschland (ABS made in Germany) bindet«. Lange im TSI-Gesellschafterbeirat: Jörg Asmussen. Vorsitzender des KfW-Verwaltungsrats: Peer Steinbrück (SPD), neben ihm: Vertreter aller Parteien.

»Deutschland war Weltmeister in riskanten Bankgeschäften«, sagt EU-Kommissar Günter Verheugen. »Nirgendwo, auch nicht in Amerika, haben sich Banken mit größerer Bereitschaft in unkalkulierbare Risiken gestürzt, allen voran die Landesbanken.« Die Bankenaufsicht schaute zu. Im Verwaltungsrat der versagenden Bafin: Jörg Asmussen.

Der amerikanische Kongress hat einen Untersuchungsausschuss zur Finanzkrise beschlossen – der Bundestag nur zum HRE-Debakel. Keiner der Verantwortlichen stand bislang vor Gericht. Der Strafrechtler Gallandi rät, Bilanzfälschung, Betrug und Untreue zu prüfen.

Als die KfW-Tochter IKB wackelte – im Aufsichtsrat: Jörg Asmussen –, musste der Steuerzahler fast zehn Milliarden Euro zuschießen. »Die Frage ist daher«, meint Gallandi, »ob die im Rahmen der TSI tätigen und auch im Falle der IKB und KfW tätigen Ministerialbeamten wegen der Gefährdung von Steuermitteln in Milliardenhöhe strafrechtlich haftbar gemacht werden können, einschlägig wäre hier der Tatbestand der Untreue.« Er schrieb das in »Wistra«, der Zeitschrift für Wirtschafts- und Steuerstrafrecht – mitherausgegeben von Generalbundesanwältin Monika Harms.

2

Hammer oder Amboss

Angela Merkel und die Große Koalition

Die Physikerin der Macht
März 2004

Angela Merkel ist der Einzug der exakten Naturwissenschaft in
die Politik. 1986 promoviert die Physikerin mit einer Arbeit über
»Die Berechnung von Geschwindigkeitskonstanten von Elementarreaktionen am Beispiel einfacher Kohlenwasserstoffe« zum
Dr. rer. nat. 18 Jahre später, in der ersten Märzwoche 2004, promoviert sie zur christlich-liberalen Kanzlerkandidatin und womöglich ersten Kanzlerin Deutschlands. Der Titel ihres überaus
erfolgreichen Experiments könnte lauten: »Die Berechnung von
Geschwindigkeitskonstanten von Elementarreaktionen am Beispiel einfacher maskuliner Karrierepolitiker«.

Bei der Auswahl ihres Präsidentschaftskandidaten hat die Physikerin der Macht alles berechnet – im Voraus, mit mathemati-
scher Präzision. Auf einem Schaltplan der Kräfte und Gegenkräfte: das Ergebnis wie die Wechselwirkung der Energien, die es
besorgen. In keiner Phase ist der über die Politik gekommenen
Naturwissenschaftlerin die Versuchsanordnung entglitten, das
Experiment aus dem Ruder gelaufen. Dass es in der Apparatur
blitzt und kracht, heißt ja noch lange nicht, dass der Versuch
außer Kontrolle gerät.

Die Präsidentenkür, ein einziges Chaos? Angela Merkel, schwer
beschädigt? Wer diese oberflächliche Betrachtung für Analyse
hält, irrt so fundamental wie ihre Rivalen, die nach der Bauern-
schläue des Politikbetriebs nur einen Schritt vorausdenken, wäh-

rend sie fünf oder sechs im Hirn abgespeichert hat. Und dabei das Ergebnis kennt, statt von ihm überrascht zu werden. Im Vergleich, das haben die Elementarreaktionen offenbart, ist die Politik wehrlos, überwältigt vom Triumph wissenschaftlicher Rationalität über ihre Leidenschaften, Affekte und Instinkte.

Dr. rer. nat. Angela Merkel war nie so erfolgreich wie in dieser ersten Märzwoche und nie so stark wie an deren Ende. Die Operation Horst Köhler hat sie zur stärksten Figur der deutschen Politik gemacht. Aber auch zur kältesten, die all jene, die staunend begreifen, was geschehen ist, in heftigste Zweifel stürzt, ob sie von einer Technikerin aus poliertem Stahl regiert werden wollen. Denn in Menschen fließt Blut, nicht Strom. Nicht nur in Wolfgang Schäuble, in Edmund Stoiber, in Roland Koch, in Friedrich Merz. Auch in den Wählern. Zuweilen kocht dieses Blut sogar. Und Angela Merkel? Ist sie nur zu experimenteller Betriebstemperatur imstande oder auch zu menschlicher Wärme? Diese Frage macht ihre Stärke zur Schwäche. Die Antwort ist sie schuldig.

»Angela Merkel macht keine Rechnung auf, deren Ergebnis sie nicht kennt«, sagt Dieter Althaus, der thüringische Ministerpräsident, der ihr nicht nur taktisch verbunden ist. Die Rechnung, die sie für die Wahl des Präsidentschaftskandidaten aufgemacht hat, sah Wolfgang Schäuble nicht als Ergebnis vor. Denn Schäuble ist Vergangenheit, ein überständiger, verwundeter Veteran aus dem System Kohl. Unabhängig, das heißt für sie unberechenbar. Keiner, der für die Zukunft, für das System Merkel stehen könnte. Kohl wie Schäuble hat sie längst überwunden, kaltgestellt. So einer kommt nicht mehr hoch, ganz hoch, gar über sie hinaus. So einer wird abgefunden, eingekapselt, unter ihr: Schäuble vielleicht als Bundestagspräsident nach der Wahl 2006. Dann kann er ihr noch dankbar sein. Im Rollstuhl thronend über dem Hohen Haus und der Frau Bundeskanzler sanft das Wort erteilend.

Keine Silbe wechselt sie mit ihm über Monate, was seine Hoffnungen angeht. Sie macht ihm keine und belügt ihn daher auch nicht. Lüge, Täuschung, Verrat haben im naturwissenschaftlichen Denken keinen Platz. Bloß im politischen – und daher in der Kalkulation ihrer Rivalen. Schäuble ist Kippschalter in Merkels Versuchsanordnung – gedacht, die Energien jener anderen sichtbar zu machen und abzuleiten. Es funktioniert. Da die Vorsitzende schweigt und schweigt, schlägt ihn Roland Koch, der Erzrivale, zu Jahresbeginn öffentlich vor. Wie er meint, um Druck auf sie zu machen. Es folgen Edmund Stoiber und Friedrich Merz, der Zweit- und der Dritt-Rivale. Es geschieht, was kalkuliert war: In der FDP baut sich Gegendruck auf, die Energie fließt zurück – und der Schalter verschmort wegen Überlastung. So sollte es sein, so kam es.

Mit drei bestechenden Resultaten. Wolfgang Schäuble ist ausgeschaltet. Aber nicht von ihr, sondern von Guido Westerwelle, der im innerparteilichen Überlebenskampf seinen eigenen Rivalen ein Opfer bringen muss. Er bringt ihnen Schäubles Kopf. Köpft für Angela Merkel. Und überlebt. Und muss ihr auch noch dankbar sein. Seit der ersten Märzwoche ist Guido Westerwelle, ihr Duzfreund, ein Abhängiger Angela Merkels. Die Unabhängigkeitsstrategie der Liberalen ist Geschichte. Punkt eins – abgehakt.

Koch und Merz empören sich, wie abzusehen, im CDU-Präsidium – aber ohne Plan, ohne Verbündete und ohne Chance. Denn die FDP will nun mal nicht. Sorry, was kann man da tun, wenn man doch 2006 mit ihr regieren will? Die Stand-up-Revolte der Stand-up-Comedians bricht zusammen, und alle erkennen: Diese beiden können's nicht, wer sich mit denen verbündet, gehört zu den Verlierern. Koch und Merz schrumpfen. Am Ende kann sie noch argumentieren, Schäubles vermeintliche Freunde hätten ihn nur instrumentalisiert, um ihr zu schaden, und ihn dadurch verbrannt. Punkt zwei – abgehakt.

Edmund Stoiber will unter allen Umständen vermeiden, dass er selbst zur Präsidentschaftskandidatur gepresst wird. Er weiß längst, dass Schäuble keine Chance hat – und schon am Montag nach der Hamburg-Wahl ventilieren seine Helfer angestrengt Ersatznamen, obgleich der Meister nach außen für Schäuble steht. Bis in die Niederungen der sachsen-anhaltinischen Provinz pflügt die Kandidatensuche die politische Republik um – Wolfgang Böhmer, der Arzt, dem die Ossis vertrauen, wird ausgegraben. Und wieder zugeschaufelt. Am nächsten Morgen verkünden die Fanfaren der CSU: Es bleibt bei Schäuble, er ist der gemeinsame Kandidat von CDU und CSU. Merkel dementiert, reduziert ihn zur »Präferenz«. Denn verlieren will sie nicht. Und sie weiß ja längst: Schäuble wird verlieren, weil er verlieren muss. Stoiber aber fürchtet die Verratsdebatte und will die Schuld auf Merkel und Westerwelle laden. Er vergisst, dass er mit Schäuble untergehen wird. Nun ist er der Verlierer. Und neben Westerwelle zum zweiten Abhängigen Angela Merkels geworden. Denn ein solcher Loser wird nicht mehr als Kanzlerkandidat über diese Frau triumphieren. Er kann nur noch auf einen Sessel in ihrem Kabinett hoffen. Punkt drei – abgehakt. Experiment voll gelungen.

Und die Kandidatin hat ihren Kandidaten, jenen, für den alles arrangiert war. Schon zwei Tage vor der Hamburg-Wahl offenbart ein Vertrauter den bis zum Ergebnis durchkalkulierten Ablaufplan. Zwischen Stoiber und Merkel, sagt er, besteht festes Einvernehmen, »dass Schäuble fast gar nicht durchsetzbar ist«. Zunächst will sie aber ganz sichergehen, dass Stoiber selbst wirklich nicht will. Wollte er, könnte er auch. Dann hätte die Union ab sofort eine völlig ungefährdete Kanzlerkandidatin. 30 Prozent Chance sieht man noch, dass Stoiber umfällt. Michael Glos, CSU-Statthalter in Berlin und seinem Herrn höchst kritisch verbunden, bestärkt sie bis zuletzt. Würde Stoiber kippen, so der Plan, müsste Schäuble dennoch der FDP aufgetragen werden, um ihn auf offener Bühne abservieren zu lassen und dem Bayern das Motiv für eine Not-Kandidatur zu liefern. Bleibt Stoiber hart, und das erweist sich schnell, haftet er mit für alles Nachfolgende. Und das sieht – als Zwischenschritt – wiederum die Ablehnung Schäubles durch Westerwelle vor.

Es folgt in der nächsten Stufe eine Alternativplanung. Modell eins: Sollte dem FDP-Chef seine Partei aus dem Ruder laufen, so dass die Liberalen der SPD und den Grünen Cornelia Schmalz-Jacobsen als gemeinsame Kandidatin schmackhaft zu machen versuchen, wird man kontern und Rot-Grün Klaus Töpfer anbieten. Das aber ist extrem unwahrscheinlich, und so kommt es auch nicht. Es kommt ganz so, wie es kommen soll. Westerwelle steht zur Union, und es greift Modell zwei: Der FDP werden Annette Schavan, die erzkatholische, alleinstehende Kultusministerin aus

Stuttgart, enge Verbündete der CDU-Führerin (erstmals eine Frau im höchsten Staatsamt, auch ganz nett!), und der Weltökonom Horst Köhler angeboten. Keine Frage, für wen sich die Wirtschaftsliberalen entscheiden. Bingo.

Und Angela Merkel hat den Präsidenten, der seinen Aufstieg allein ihr verdankt – denn Stoiber stand ja für Schäuble, und Westerwelle war nur ihr Werkzeug. Horst Köhler ist der Prophet, der Merkels Reich bereitet, das Reich der harten sozialökonomischen Reformen. Ein frisches Gesicht, das mit frischer Rhetorik Modernität verspricht, so wenig in den verharzten Verästelungen der alten Bundesrepublik verhaftet wie sie selbst. Deutschland geht auf den Weg in die Merkel-Republik. Der Mann im Rollstuhl hätte ihn eher blockiert. Er ist ein Mann von gestern.

Bleibt die Frage nach dem Blut und dem Strom, nach der Seele der Wissenschaft. Oder schärfer formuliert: Wer fürchtet sich vor Maggie Merkel? Einstweilen verdrängt ihr Erfolg diese Zweifel: Alle wollen mit der Siegerin sein, die mächtiger zu werden verspricht als selbst Helmut Kohl. Denn dessen Machtinstinkt kam aus dem Bauch, der ihre aus dem Hirn. Findet sie aber keine Antwort auf die Frage nach der menschlichen Dimension und kommt ins Straucheln, dann wird sie zerrissen, noch ehe sie den Boden berührt. Auch in der Naturwissenschaft geht ja nicht jede Formel auf. Manche scheitert am wilden Leben.

Eine ungehaltene Rede
Oktober 2004

So (oder so ähnlich) könnte Angela Merkel vor dem CDU-Präsidium sprechen, um ihre Führung gegen Rivalität und Rachsucht zu verteidigen.

Liebe Freunde,
ich möchte selbst diese höfliche Anrede nicht benutzen, ohne gleich hinzuzufügen, dass sie die einzige Formel in meiner kleinen Rede sein soll, die bemäntelt, statt offen zu benennen, was ist.

Denn wir alle wissen, dass ich hier keineswegs nur zu Freunden spreche. Um Vertraulichkeit möchte ich gar nicht erst bitten, denn das würden einige geradezu als Ansporn begreifen, meine Worte noch während der Sitzung nach draußen zu transportieren.

Ich habe mich zu dieser Rede entschlossen, weil mich kürzlich ein Mann, den nur wenige von Ihnen kennen, schonungslos wachgerüttelt hat. Es handelt sich um Edgar Most, den früheren Staatsbankier der DDR, der nach der Wende von der Deutschen Bank verpflichtet wurde. Dieser kluge Mann sagte mir zweierlei: Zum einen könne ich mich als Frau aus dem Osten unmöglich gegen die West-Männer der Union durchsetzen. Zum anderen habe mich der Umgang mit denen so verändert, dass ich in Gefahr sei, Macht auszuüben wie das SED-Politbüro in seiner Schlussphase: von Funktionären abgeschirmt, von Kommissionen irregeleitet, ohne offene Diskussion der Probleme.

Das Erste akzeptiere ich nicht kampflos. Das Zweite werde ich verändern. Verlassen Sie sich darauf: Ich werde von nun an im Präsidium unserer Partei klar sagen, was Sache ist. Und ich werde nicht mehr dulden, dass sich andere ihrer Verantwortung für Illoyalität, Intriganz und Niedertracht entziehen. Wir werden offen und hart sein miteinander – egal, wem es wehtut. Ich kenne Schmerz, ich kann ihn ertragen. Andere werden ihn kennenlernen.

Nun zur Krise unserer Partei. Meinen eigenen Anteil daran will ich als Erstes bekennen: Ich habe führende Repräsentanten unserer Partei persönlich verletzt, ohne die Gründe für mein Handeln transparent zu machen. Und ich habe mich eingekapselt, schöngefärbt, statt die Realität zu beschreiben. Ich habe gelernt aus diesen Fehlern und werde tätig Buße tun.

Das aber, und nun komme ich zur Schuld anderer, rechtfertigt nicht, unsere Partei verantwortungslos oder rachsüchtig im Stich zu lassen. Edmund Stoiber soll und muss wissen: Ein zweites Mal wird ihn die CDU nicht als Kanzlerkandidaten akzeptieren. Schon das erste Mal war einmal zu viel, denn es hat ihn maßlos werden lassen. Er hat die einmütigen Beschlüsse unseres Leipziger Parteitags zu Gesundheitsprämie und Steuerreform nachhaltiger beschädigt, als es unsere Gegner hätten tun können. »CDU und CSU sind eigenständige Parteien«, sagt er zur Rechtfertigung. Sollte er das wirklich ernst meinen, muss ich die Fraktionsgemeinschaft im Bundestag aufkündigen und vorschlagen, dass unsere Parteien getrennte Wege gehen. Die CDU hat sich davor nicht zu fürchten, die CSU eher. Ich jedenfalls bin nicht mehr bereit, die CDU erpressen zu lassen und mit der CSU Koalitionsverhandlungen zur Unzeit zu führen.

Friedrich Merz hat seine Funktionen niedergelegt, um mir zu schaden. Er hat der CDU geschadet. Entweder er arbeitet wieder uneigennützig für unsere Sache, oder er sollte aus der Politik ausscheiden. Ganz und gar. Das halte ich für eine Frage der Ehre. Und den Übrigen, die am Rande stehen und händereibend beobachten, wie gegen mich gearbeitet wird, denen sage ich: Ich werde die Entscheidung des Parteitags im Dezember suchen. Entweder – Roland Koch, Christian Wulff und Jürgen Rüttgers –, entweder Sie reichen die Hände zum Sieg, oder die Partei wird ihr Urteil sprechen. Noch vor dem Wähler. Auch über die schäbige Stimmungsmache gegen mich. Ihnen gefallen meine hängenden Mundwinkel nicht? Mir auch nicht. Sie haben sie nach unten gezogen. Lassen Sie sich gesagt sein: Ich werde von nun an lächeln, eisern.

Denn ich habe keinen Zweifel, dass die CDU eine Frau an ihrer Spitze trägt. Und es übersteigt meine Vorstellungskraft, dass die Partei Helmut Kohls, die Partei der Einheit, eine Ostdeutsche verstößt, nur weil der die Weihen der Jungen Union versagt blieben. Dächte von den Zweiflern auch nur einer strategisch statt egoistisch, würde er erkennen, welche Chance für die Union gerade darin liegt, dass eine ostdeutsche Frau über das bürgerliche Kernmilieu des Westens hinaus wirkt.

Ich melde hiermit meinen Anspruch auf die Kanzlerkandidatur an. Wer damit nicht einverstanden ist, soll auf dem Parteitag aufstehen und gegen mich kämpfen. Oder schweigen und mit mir kämpfen. Herr Wulff, Herr Koch, Herr Rüttgers, Sie haben das Wort. In dieser Reihenfolge. Und zum Thema, bitte.

»Ich melde hiermit meinen Anspruch auf die Kanzlerkandidatur an.«

Der Stachel der Reue
Dezember 2004

Lieber Friedrich Merz,

tut es schon weh? Spüren Sie ihn schon, morgens, wenn Sie wach werden, ganz mit sich alleine sind und an den neuen Tag denken, oder spätnachmittags, wenn Sie durchs düstere Berlin chauffiert werden, der Blick aus dem Wagenfenster ins Ungefähre schweift und die Emotionen durch die Gedanken sickern, spüren Sie dann diesen Schmerz? Dort, wo der Mensch eine Seele hat? Dieses leise Bohren, das eine bittere Erkenntnis ankündigt: dass Sie einen Fehler begangen haben? Einen schweren Fehler? Ich bin sicher, dass Sie den Schmerz spüren, dass Sie ihn aber – so, wie Sie nun mal gestrickt sind – verleugnen. Oder gleich wieder hinunterstopfen, ganz tief hinein ins Gemüt. Glauben Sie bloß nicht, dass er dort bliebe, dass Sie ihn einkapseln könnten. Er kommt wieder und wieder. Er hat einen Namen: Reue.

Denn Ihre Triumphe welken. Rasend schnell. In der Debatte des Bundestags, vorvergangene Woche, da haben Sie's noch mal allen gezeigt. Der Vorsitzenden, der eigenen Partei, dem trocken würgenden Hans Eichel, der Presse, dem ganzen Land: Friedrich Merz ist der beste Redner der Opposition, vielleicht des ganzen Parlaments. Intelligent, blitzschnell, schneidend. Als Finanzminister wurden Sie auch noch angekündigt, irrtümlich, als sollte demonstriert werden bei Ihrem letzten Auftritt als Fraktionsvize und finanzpolitischer Sprecher, was aus Ihnen hätte werden können, wenn Sie nicht hingeschmissen hätten. Dazu noch der große Sprung nach vorn – auf Rang zwei der Beliebtheitsskala, nach Joschka Fischer. Herr im Himmel, welch ein Verlust!

Und nun, Anfang der Woche, der Parteitag in Düsseldorf. Abschied aus dem Präsidium. Schulterklopfen. Schade, Herr Merz. Mensch, Friedrich. Auch da haben Sie es gespürt, als Sie am Ende die Halle verließen. Seien Sie ehrlich mit sich selbst! Sie haben gespürt, wie Anstachler zu Heuchlern wurden, wie Bewunderung zu Mitleid rostete. Das wird noch schlimmer werden, wenn Sie im Bundestag nicht mehr in der zweiten Reihe sitzen zwischen

Schäuble und Seehofer, den beiden anderen Semi-Verweigerern, sondern sich jedes Mal aufs Neue einen Platz suchen müssen. Irgendwo hinten. Irgendwo abseits.

Sie haben, lieber Friedrich Merz, die Dialektik Ihrer eigenen Verweigerung nicht erkannt. Sie wollten Angela Merkel treffen. Sie, die Ihnen am Abend der letzten Bundestagswahl quasi im Vorübergehen, neben Edmund Stoiber, eröffnet hat, dass sie selbst nun den Fraktionsvorsitz beanspruche und Sie vielleicht Bundestagspräsident werden könnten. Zugegeben: absprachewidrig, denn die Entscheidung sollte nicht ohne Sie getroffen werden. Aber mal im Ernst: Was konnten Sie in der Sache anderes erwarten? Seither haben Sie sich von Ihrer Rachsucht und Ihrer gekränkten Eitelkeit zerfressen lassen. Bis Ihre Seele ganz löchrig war und die Vorsitzende plötzlich mal schwach und Sie die Gelegenheit beim Schopfe ergriffen, sie kalt zu erwischen. Rumms! Ja, kurzfristig haben Sie sie erwischt, sie hat ein paar Tage nach Luft geschnappt. Dann war sie wieder stark. Aber langfristig, werter Friedrich Merz, schnappen Sie nach Luft, haben Sie sich selbst erwischt. Mit 49!

Denn erstens haben Sie die Frau nicht verstanden. Es will bis heute nicht in Ihren westdeutschen Männerschädel, welche Kraft eine Frau aus dem Osten hat, die es so schnell so weit gebracht hat. Denken Sie endlich mal darüber nach: Sauerland meets Mecklenburg! Ach, ja: Der trau ich keine zwei Meter über die Straße. Und: Es gab in zwei Jahren nie ein persönliches Gespräch. Konnte sie Ihnen trauen? Wollten Sie je mit ihr persönlich sprechen? Und zweitens: Hinschmeißen heißt in Wahrheit, sich dem anderen zu unterwerfen, sich vollständig von ihm abhängig zu machen. Existenziell. Die Wut hat Sie blind gemacht. Blind dafür, dass Sie eine eigene Position, eigene Stärke hatten, mit der Sie wuchern konnten. Die gibt man nicht auf, die verteidigt man, die baut man aus. Damit sie nicht vorbeikann an dem Monolithen.

Ja, ich weiß. Sie kalkulieren anders. Sie denken, wenn man Angela Merkel loswerden will, muss man sie schwächen, damit sie die Wahl 2006 verliert. Dann ist sie weg, und Sie teilen sich das Erbe mit Wulff oder Koch. Aber, verirrter Friedrich Merz: Was ist, wenn sie gar nicht weg ist? Wenn sie sogar siegt? Die Friedhöfe, Geschätzter, sind voller Menschen, die sich für unersetzlich hielten. Leben Sie! Reifen Sie! Machen Sie Politik! Ganz vorne. Und gehen Sie mal zum Frühstück – zu ihr.

Ärztin oder Krankenschwester
Oktober 2005

Rational ist der Absturz rasch erklärt. Zu viel Verstand. Zu wenig Herz. Zu viel Reform. Zu wenig Konservatives. Zu viel Ehrlichkeit. Zu wenig Soziales. Zu viel Kirchhof. Zu wenig Merz. Zu viel Verrat an dem Professor. Zu wenig Beistand für den Visionär. Zu viel Stoiber. Zu wenig Unterstützung der starken Männer. Zu viel Amerika. Zu wenig Osten. Zu viel Umfrage-Gläubigkeit. Zu wenig Wahlkampf-Dramaturgie. Zu viel Bravheit. Zu wenig Zuspitzung. Zu viel, zu wenig – eine einzige Katastrophe, der Wahlkampf der Union. Kein Wunder, dass er schiefging.

Kein Wunder? Wäre das alles, das »Zuviel« und »Zuwenig«, es wäre messbar gewesen. Es hätte sich niedergeschlagen in den Umfragen. Doch die täuschten Stabilität vor für die Union, jenseits der 40 Prozent, bis zum Wahltag. Nicht die SPD hat überrascht mit ihrem Ergebnis; das lag exakt am oberen Rand dessen, was ihr die Demoskopen zugetraut hatten. Überrascht, und das ist ein schwaches Wort für das, was passiert ist, überrascht hat der Kollaps der CDU/CSU. Sie hat verloren, überall. Im Westen, im Osten, im Norden, im Süden. Rund zweieinhalb Millionen Unionsanhänger, hat der Meinungsforscher Manfred Güllner errechnet, blieben zu Hause am Wahltag (weitere einehalb Millionen, aber das ist hier zu vernachlässigen, machten ihr Kreuz bei der FDP). Ohne Vorwarnung. Ohne dokumentierte Begründung. Eine derartige Entladung, einen solchen Zusammenbruch von der Plötzlichkeit und Gewalt einer Naturkatastrophe hat es noch nicht gegeben in der deutschen Wahlgeschichte. Es muss ein tabuisiertes, ein schamhaft verheimlichtes Motiv dafür geben. Einen beschwiegenen Faktor, den es früher nicht gab.

Es ist der Faktor Frau. Im konkreten Fall auch noch in verschärfter Form: Frau aus Ostdeutschland. Und dies ist, was die Motivforschung angeht, nicht sauber voneinander zu trennen. Relevante Teile der Wählerschaft, aber auch der politischen Eliten, und darauf kommen wir noch, sträuben sich gegen eine Frau im Kanzleramt. Aber bekennen sich nicht offen dazu, denn sie wissen, dass das gesellschaftlich Gebotene dies als vorgestrig, als inakzeptabel stigmatisiert.

Schon die schroffe Diskrepanz zwischen »Expertenurteil« und demoskopisch gemessener »Volksmeinung« nach dem Fernsehduell zwischen Gerhard Schröder und Angela Merkel hätte als Warnung dienen können. Sahen die professionellen Beobachter Merkel mindestens überraschend stark, kompetent, angriffslustig, wenn nicht gar als Siegerin, schlugen die demoskopischen Messungen ins glatte Gegenteil aus. Erste Erklärungsversuche des Unausgeleuchteten, etwa des Kommunikationsforschers Mathias Kepplinger, vermuten einen heftigen antifeministischen Affekt. Demnach können es vor allem ältere Frauen und einfach strukturierte Männer nicht ertragen, wenn ein Mann mit virilem Wolfs-Charme von einer Frau mit gedanklicher Schärfe unter Druck gesetzt wird.

In der politischen Klasse ist das Irrationale nicht weniger verbreitet. Schröders denkwürdiges Coming-out als kleiner Diktator in der »Berliner Runde«, seine Weigerung, dieser Frau zu weichen, war nicht weniger affektgeladen als Volkes Urteil nach dem Duell. Wäre er einem Mann gegenüber so aufgetreten? »Wir müssen die Kirche doch mal im Dorf lassen« sollte nicht weniger heißen als: Wir wollen doch mal dabei bleiben, was wir kennen und schätzen – mächtige Männer machen es einfach besser. Schon die Thematisierung der Kinderlosigkeit Merkels im Wahlkampf durch Schröders Frau Doris zielte darauf, die Frau in der Gegnerin zu treffen. Sie als Neutrum zu verleumden hatte im Wahlkampf der üblen, hinter vorgehaltener Hand geflüsterten Parolen durchaus Methode: »das Merkel«, liebten manche zu sagen. Unionsmänner drücken das nichtöffentlich anders, aber nicht weniger eindeutig aus: Merkel als Ärztin, die eine Operation Schnitt für

Schnitt ausführe, könne er sich gut vorstellen, meinte einer, aber Merkel als Krankenschwester, die am Bett Händchen halte, weniger. Männerträume, Männerängste.

Auf parteiübergreifende Frauensolidarität ist da kaum zu hoffen. Neidimpulse werden streng rationalisiert. Etwa wenn Heidi Wieczorek-Zeul erklärt, »der Name Merkel« stehe für »Abbau sozialer Gerechtigkeit« – warum solle man sie also zur Kanzlerin einer großen Koalition wählen? Roland Koch, der ansonsten inbrünstig verteufelte Hesse, wäre offenbar leichter zu wählen. Hauptsache, keine Frau – der anderen.

Die Affekte machen den Fall zum gesellschaftlichen Auftrag. Scheiterte Merkel, weil sie Frau und Ostdeutsche ist, wäre der Schaden nachhaltig. Ostdeutsche blieben Marzipankirschen auf der westdeutschen Politiktorte. Und eine Frau aufzubieten, wenn es um alles geht, um die Macht, würde sich lange keine Partei mehr getrauen. Eine Chance, die Deutschen zu bekehren, hat nur eine Frau selbst – eine Frau an der Macht.

Klinsmann & Klinsfrau
Juli 2006

Er kommt aus dem System, und er sprengt das System. Der DFB hat ihn zum Bundestrainer berufen, und doch fordert Jürgen Klinsmann den Deutschen Fußball-Bund heraus. Ganz so, wie Michail Gorbatschow vom sowjetischen System geschaffen wurde und es dann überwand. Der kleine Gorbatschow des Fußballs hatte und hat mächtige Gegner: das Drei-B-Kartell aus *Bild*, Beckenbauer und Bayern München. Mit der frühen Ausschaltung von Olli Kahn hat er sich von ihm befreit. Das vergessen sie ihm nie, auch wenn sie nun gute Miene zu seinem Spiel machen. Sein Spiel, das neue, ist Begeisterung, mitreißende Offensive, rauschhafte Lust. Seit wann ist das deutsch?, staunte die Nation. »Das alles können deutsche Fußballer! Wenn sie richtig geführt werden und richtig trainieren«, beharrte Klinsmann. Er ist der Sieger der WM.

Auch sie kommt aus dem System und hat es zu sprengen versucht. Die CDU machte sie zur Vorsitzenden, und doch forderte Angela Merkel die Union heraus. Auch sie hatte mächtige Gegner: das KSK-Kartell aus Kohl, Stoiber und Koch. Mit der Ausschaltung von Friedrich Merz hat sie sich eine Weile befreit. Das vergessen sie ihr nie, auch wenn sie gute Miene zu ihrem Kurs machen. Ihr Kurs, der neue, das war Modernisierung, Wagemut, analytisch-kühler Blick auf Probleme, Bruch mit der Tradition aus Männerbündelei, Famillje und Ausländerphobie. Mit Deutschland geht's bergab, glaubte die (ver-)zweifelnde Nation. Die Deutschen können mehr, wenn sie richtig regiert werden und an sich glauben, setzte sie dagegen. Aber sie ist keine Siegerin.

Denn Angela Merkel ist nicht die Klinsfrau der deutschen Politik. Auch wenn sie manches mit dem K-Mann teilt: Beide kamen »von draußen«, er aus den USA, sie aus der DDR, beide haben das Neue eingeschleppt, weil sie das Alte klarer sahen und nicht selbst Teil davon waren. Auch wenn sie ihn und seine Wirkung bewundert: Auf den Tribünen der WM-Stadien hat sie mit ihm gestöhnt und gejubelt, hat sich mitreißen lassen von der Euphorie, die das ganze Land packte. Auch wenn sie gern Klinsfrau wäre und ihre Rolle in der Politik selbst so sieht.

Aber sie will es nicht gleich sein, nicht alles auf eine Karte setzen, so wie er, nicht stürmisch, sondern kontrolliert. In Klinsmanns Lage vor dem USA-Testspiel wollte sie nicht geraten. Irgendwann mal, in der historischen Bilanz, sollen die Deutschen sie als Klinsfrau sehen. Damit wird sie es nie. Während der WM, die ihn zum Winner machte, wurde sie zur Loserin. Als er sich durchsetzte, das Volk gewann und seine Gegner in die Lüge knirschender Bewunderung zwang, gab sie klein bei in der Gesundheitsreform und verlor das Volk. Jetzt ist das Kartell wieder da. Jetzt ist sie in Klinsmanns Lage nach dem Italien-Testspiel.

Der Unterschied zwischen triumphierendem Klinsmann und gescheiterter Klinsfrau ist auf einen einzigen Begriff zu bringen: Führung. Klinsmann hat eine Idee, kompromisslosen Offensivfußball, bekennt sich zu ihm, widersteht Kampagnen (»Grinsi-Klinsi«), setzt seine Existenz ein, taktiert nicht und kommuniziert offen, was er will. Das hat den deutschen Fußball atemberaubend verändert. Jedenfalls den, den die Nationalmannschaft spielt. Ob die Bundesliga folgt, ist einstweilen offen, aber sie wird Probleme haben, sich dem Sturm zu widersetzen. Der Erfolg, sagt Klinsmann, sei das »entscheidende Gütesiegel« seiner Idee. Nun müsse »ein gewaltiger Ruck durch Fußballdeutschland gehen«, durch DFB und Liga. Das kann gelingen.

Merkel hatte einen Plan, vielleicht sogar eine Idee: die Abkoppelung der Sozialsysteme vom Lohn, die Umstellung auf Steuern, weil das gerechter ist und sich niemand entziehen kann. Wenn sie das Gesundheitssystem ganz neu erfinden könnte, würde sie es komplett aus Steuern finanzieren. Aber das sagt sie nicht, jedenfalls nicht öffentlich, sie bekennt sich nicht dazu, setzt dafür nicht ihre ganze Existenz ein, begeistert weder ihre Verbündeten noch das Volk und beugt sich am Ende ihren Gegnern, den Landesfürsten der Union, die 2008 Wahlen haben und deshalb Steuererhöhungen fürchten. Sie unterwirft sich so weit, dass sie ihren Plan – acht Milliarden Steuern ins Gesundheitssystem noch in dieser Legislaturperiode – aufgibt und die Idee verrät. Die gehört nun plötzlich, in der Wahrnehmung des Publikums, den Sozialdemokraten. Die erste symbolhafte Operation der Kanzlerschaft ist misslungen. Das Merkel-Bild wackelt.

Stellt man sich Klinsmann und Merkel beim Roulette vor, dann riskiert er alles – und setzt auf die Elf. Sie gibt den Croupier und verteilt die Jetons an die Gewinner – setzt aber selbst nichts. Weil sie nichts riskieren möchte und die Bank immer gewinnen soll. Klinsmann schuf für sich selbst Erfolgsdruck: Eine Niederlage im Viertelfinale nannte er vorher »eine Katastrophe«. Damit hat er gewonnen. Sie hat sich nie auf ein Ziel für niedrigere Kassenbeiträge festgelegt. Dadurch hat sie verloren. Nicht eine Klinsfrau, eine Croupière regiert das Land.

Fluch der Angst
September 2006

Sie hat ihren eigenen Mythos zerstört. Den Mythos von der Frau, die mit wissenschaftlich kühlem Blick die Probleme des Landes analysiert und die Entschlossenheit, den Mut und die Kreativität aufbringt, daran zielgerichtet zu arbeiten. Entschlossenheit, Mut und Kreativität lassen sich in der Politik auch einfacher buchstabieren: Führung. Angela Merkel hat diesen Mythos selbst geschaffen. Drei Jahre ist das her. Am 1. Oktober 2003 hielt sie, noch Oppositionsführerin, im Deutschen Historischen Museum zu Berlin ihre erste wirkliche Grundsatzrede – »Quo vadis, Deutschland?« Dabei fielen Sätze wie: »Das entscheidende Problem, über das wir sehr wohl nachdenken müssen, liegt viel tiefer. Es fehlt an der wichtigsten Voraussetzung für eine Gesundung unseres Landes: Es fehlt an Vertrauen. Es fehlt an Vertrauen in die politische Führung …« Und: »Es gibt auch noch die Abstimmung mit den Füßen. Ich meine die zum Teil erschreckend niedrigen Wahlbeteiligungen bei den letzten Wahlen … Diese Abstimmung mit den Füßen, diesen Rückzug ins Private, den bekommt über kurz oder lang die gesamte politische Klasse zu spüren …« Zwei Monate später beschloss der von Aufbruch trunkene Leipziger CDU-Parteitag die einheitliche Kopfprämie zur Gesundheit und die Bierdeckel-Steuerreform des Friedrich Merz.

Mit einem einzigen missratenen Werkstück, der Gesundheitsreform, hat die Kanzlerin diesen Mythos zertrümmert. Und ihre drei Jahre alten Worte durch eigenes Versagen verheerende Wirklichkeit des Jahres 2006 werden lassen. Der Schaden am Merkel-Bild scheint kaum reparabel. Die Gesundheitsreform war und ist der zur Beurteilung ihrer Führungsfähigkeit entscheidende Baustein dieser Legislaturperiode. Eine vergleichbar symbolträchtige Gelegenheit, zu beweisen, dass sie anderes will und mehr kann, ist aus heutiger Sicht nicht zu erwarten.

An der SPD hat es nicht gelegen, in letzter Konsequenz auch nicht an den Länderchefs der Union. Ihre eigene Schwäche, ihre Biegsamkeit vor Prinzipien haben eine stimmige Gesundheitsreform verhindert. Wie hätte dieser andere Weg, der Kurs der Reformerin Angela Merkel, aussehen können – trotz Großer Koalition? Etwa so: Sie erklärt die Senkung der Krankenkassenbeiträge auf zehn Prozent – und damit die jahrelang propagierte Abkoppelung der Soziallasten von Löhnen und Gehältern – zum unverrückbaren Ziel, von dem sich alles Weitere ableitet. Zu Beginn der Debatte und begründet in einer Regierungserklärung. Erreichbar ist dieses Ziel, verkündet unsere fiktive Reformkanzlerin, nur durch einschneidendes Sparen im Gesundheitssystem und die Finanzierung der Kinderversicherung aus Steuern. Höhere Steuern zu diesem Zweck, erklärt sie, sind unabwendbar und vertretbar – im Übrigen von der SPD mitgetragen –, weil Beitragssenkung das A und O ihrer Kanzlerschaft ist und jedem finanziell Luft gibt. Opponieren Ministerpräsidenten dagegen, verbindet sie die Entscheidung im CDU-Präsidium, zur Not auch später im Bundestag, mit der Vertrauensfrage. Sie hätte gewonnen. Denn sie zu stürzen hätte keiner gewagt.

Nun aber sitzt sie auf einem Gesundheitsfonds, der seines Zweckes beraubt ist und in Wahrheit von niemandem mehr gewollt wird. Weil er Beiträge nicht mit Steuern mischt. Weil er ein staatsgelenktes Kassensystem schafft und weniger Beitragswettbewerb erlaubt, als es heute schon gibt. Weil er die teure Kassenbürokratie zum Beitragseinzug nicht rigoros beseitigt, sondern durch eine Fonds-Bürokratie verdoppelt und das System chaotisiert.

Und nun zeugt Merkels Kardinalfehler eine Kette nachfolgender Fehler. Sie bringt nicht den Mut auf, den widersinnigen Fonds zu einem Irrtum zu erklären und sich an die Spitze der Einsichtigen zu setzen: Wir schnüren das Paket noch mal auf und verhandeln neu. Sie nimmt nicht den Druck, sie erhöht ihn. Sie bestätigt die Zweifel, ob sie überhaupt einen Überzeugungskern hat – oder in Wahrheit von Machteroberung und Machterhalt bewegt wird. Sie befördert nicht die richtige Sache, die Beitragssenkung, zur Machtfrage, sondern die falsche, den Fonds. Weil er eine Einheitsprämie an die Krankenkassen ausspucken soll und das einzige Element ist, das noch an die Leadership von Leipzig erinnert. Damit aber zementiert die Kanzlerin nicht ihr eigenes Denkmal als Reformerin, sondern baut deren Scheitern ein Monument.

Um dieses Monument wird lange und erregt getanzt werden. Sie bestimmt nicht mehr das Geschehen, sie ist ihm ausgeliefert. Sie treibt nicht andere, sie muss sich ängstigen vor ihnen. Eine Kanzlerin aber, die Angst hat, ist in Wahrheit wehrlos. Sie kann nicht mit Neuwahlen drohen, denn sie müsste fürchten, dann nicht mehr Kandidatin zu sein. Was sie hält, ist einstweilen die Furcht ihrer Unionsrivalen, dass eine geplatzte Gesundheitsreform das Ende der Koalition bedeuten könnte – und der Sturz der Kanzlerin den Machtverlust in Berlin.

Angela Kohl
Oktober 2006

Der Gedanke ist da. Der Gedanke an Putsch, an den Wechsel im Kanzleramt. Aber keine Verschwörung und kein verlässlicher Plan, um ihn in die Tat umzusetzen. »Sie kann's nicht, sie fährt das gegen die Wand«: Dieses Urteil über Angela Merkel ist nicht nur in München, sondern auch in anderen Hauptstädten unionsregierter Länder gesprochen. Niemand kann sich an eine so dilettantische Gesetzgebung erinnern wie die bei der Gesundheitsreform. Niemand an ein so rasch verklungenes Kanzlerwort wie jenes, die Krankenkassenbeiträge müssten 2007 womöglich doch nicht steigen, wenn die Steuereinnahmen am Jahresende für eine Milliardenspritze reichten. Niemand auch an einen so rasanten Absturz in der Wählergunst wie den von CDU und CSU: mehr als zehn Punkte seit Februar – auf 30 Prozent. Seit nunmehr vier Wochen unter dem SPD-Pegel.

Und dann auch noch das: Angela Merkel erklärt – im *Bunte*-Interview neben Pflaumenernte und Kuchenbacken – Helmut Kohl zu ihrem Vorbild in Sachen Regierungsstil. Bei dem habe sie gelernt, »nicht immer schon am Anfang zu entscheiden und ›basta!‹ zu rufen«. Lavieren und Treibenlassen, ausgerechnet jetzt und ausdrücklich mit Kohls kontaminiertem Motto zum Modell Merkel erklärt: »Man hat das als Aussitzen kritisiert. Aber zum Schluss hat sein Weg der Entscheidungsfindung zu besseren Ergebnissen geführt als das schnelle Hauruck-Arbeiten.« Aussitzen: Das darf das Publikum, das muss die Union als Drohung verstehen.

Eine Drohung mit doppelter Botschaft. Abschied vom Bild der wissenschaftlich analysierenden, vom Ende her denkenden Reformerin, die raffiniert ihr Ziel ansteuert. Nun gilt: Entscheidend ist, was hinten rauskommt – und was das ist, darüber befindet der Lauf der Dinge, das Spiel der Kräfte. Aber auch Erinnerung an den Machtpolitiker Kohl, der oft am Abgrund regiert, Rivalen aber brutal abserviert und Putschgelüste zäh überlebt hat. 16 Jahre lang.

1989, vor dem Bremer CDU-Parteitag, hatte Heiner Geißler, damals immer (eigen-)mächtiger werdender Generalsekretär, aus Verzweiflung über die erodierende Macht der Union eine Fronde mit Lothar Späth, Ernst Albrecht, Rita Süssmuth und Norbert Blüm zu formieren versucht. Die Verschwörer aber zauderten, Kohl feuerte Geißler und ließ Späth, der sich auf dem Parteitag nicht traute, gegen Kohl für den Parteivorsitz zu kandidieren (um ihn dann als Kanzler zu beerben), bei der Wahl der Stellvertreter abmeiern. Für alle Zeiten.

Nun treibt die CDU wieder auf einen machtpolitisch spannenden Parteitag zu. Ende November stellt sich Merkel in Dresden zur Bestätigung als Parteichefin – und das böte Gelegenheit, ihr einen Hieb aus dem Dunkeln zu verpassen. Die Verzweiflung der Hintersassen ist groß, aber vermutlich noch nicht groß genug für einen organisierten Putschversuch. Jedenfalls dürfte sie keiner offen herausfordern. Zwar hat auch sie ihren potentiellen Späth, der heißt Roland Koch, doch der hessische Ersatzkanzler hüllt seine Rivalität bislang in mustergültige Loyalität, und sie will ihn binden, indem sie ihn selbst auf den Stuhl eines ihrer Stellvertreter hievt. Einen machtpolitischen Totalschaden wie Späth riskiert Koch nicht. Sie muss Abstrafung durch ein flaues Wahlergebnis fürchten – vielleicht schlechter als das Kochs –, wohl aber kein Scheitern durch eine hintergründig inszenierte Fronde der Delegierten. Obgleich für ihre Gegner später alles viel riskanter würde.

Etwa Anfang 2008, wenn die CDU bei den Landtagswahlen in Hessen und Niedersachsen unter die Räder käme, gar die Macht verlöre. Und darüber in Panik geriete. Ein gutes halbes Jahr vor der Bayern-Wahl des angstgeschüttelten Edmund Stoiber. Und anderthalb Jahre vor der nächsten Bundestagswahl. Ein fliegender Kanzlerwechsel zu Koch oder Christian Wulff ist dennoch schwer vorstellbar. Das klappt nur in einem Bündnis, in dem der kleine Partner keine Kanzlerambitionen hat – wie 1974, als Willy Brandt durch Helmut Schmidt ersetzt wurde, den die FDP entspannt mitwählte.

In der Großen Koalition ist das ganz anders: Die SPD hat kein Interesse daran, einer zerrütteten Union einen zugkräftigeren Kanzler zu bescheren – der sie mit Amtsbonus in den Wahlkampf 2009 führt. Sicher nicht, wenn die SPD in den Umfragen klar vorn liegt. Ein Sturz Merkels durch die eigene Partei hieße dann Ende der Koalition und Neuwahlen. Würde die Union Merkel erst 2009 opfern, nicht mehr als Spitzenkandidatin in die Wahl schicken, wäre dies ein Eingeständnis des Versagens – und wohl ebenso der Weg in die Niederlage. Gestürzt werden kann die Kanzlerin durch die eigene Partei nur dann, wenn die Union den Machtverlust in Berlin riskiert. Oder sogar will, um Ländermacht zu verteidigen – etwa die CSU ihre in Bayern. Die Große Koalition mag Merkel also zerreiben – doch sie kann zur Lebensversicherung für Angela Kohl werden.

Der kleine Unterschied
Mai 2007

Kleine Männer haben ein Problem. Es beginnt bei 1,75 Meter abwärts. Das ist so etwas wie die Einstiegsmarke für Verhaltensauffälligkeit, ein Grenzgang der Psychologie. Bei 1,72 Meter wird die rote Linie überschritten. Bei 1,70 Meter betritt der kleine Mann die Kampfzone der Selbstbehauptung durch Großmäuligkeit. Bei 1,68 Meter, der Normalgröße von Frauen, wird daraus eine Nahkampfzone Mann gegen Mann. Bei 1,65 Meter beginnt der Einsatz psychologischer Massenvernichtungswaffen. Der Bonsai-Mann wird für die Mitmenschen, sofern er sich nicht in sein Schicksal fügt und übersehen lässt bis zum Ende seiner Tage, zum aufgeklappten Rasiermesser. Die Engländer haben dafür einen herrlichen Ausdruck: Pain in the ass. Wer das nicht auf Anhieb versteht, möge bitte im Wörterbuch nachschlagen. Paaren sich die seelischen Verbiegungen körperlichen Kleinwuchses mit den speziellen Kampftechniken des sozialen Aufstiegs, ist der Träger dieser Eigenschaften für die Welt, mitunter sogar für die Weltgeschichte, einfach nicht mehr zu übersehen. Um es vorsichtig zu formulieren. Gerhard Schröder misst 1,74 Meter und hat einen in der deutschen Politik einmaligen Aufstieg aus sozialer Randlage absolviert – welchen Druck das aufbauen kann, war am Wahlabend 2005 auf dem Fernsehschirm zu beobachten, als er sein Ventil ein wenig öffnete.

Nicolas Sarkozy, der kleinste politische Führer Frankreichs aller Zeiten, bringt es auf 1,65 Meter, und einen formidablen Aufstieg hat er auch noch hingelegt. So gesehen übertrifft er schon am Beginn seiner Präsidentschaft den größten Kleinen der französischen Geschichte, Napoleon. Der maß drei Zentimeter mehr und stellte die Welt auf den Kopf, von Kairo bis Moskau. Nicolas Sarkozy, der kleine Präsident, hat also ein großes Problem.

Und Angela Merkel hat ein Problem mit ihm. Nicht alleine deshalb, weil sie drei Zentimeter größer ist als er. Männer in der Politik sind ohnehin eine Herausforderung für die Frau aus dem Osten, sofern sie, und das ist die Regel, Männlichkeit für naturgegebene Überlegenheit halten. Die Strecke jener, die ihren Irrtum zu spät erkannten und sich in Rückenlage wiederfanden, ist legendär. Sie beginnt bei Helmut Kohl und endet, vorläufig!, bei Günther Oettinger. Männer vom Schlage Sarkozys aber sind Angela Merkel ein Grauen. Sie brauchte ihn nur einmal zu beriechen, um zu wissen, was sie von ihm zu halten hatte. Denn wie das Veilchen, das besonders betörend duften muss, um als Blümchen Bewunderung zu finden, filtert der zwergenwüchsige Nicolas Sarkozy alle Eigenschaften, die als männlich gelten, zu einer so streng riechenden Essenz, dass es die psychologischen Schleimhäute Angela Merkels schier verätzt. Wenn der Testosteron-Kanzler Gerhard Schröder schon als political animal galt – instinktgeleitet, auftrumpfend, mitunter brutal –, dann ist Nicolas Sarkozy der Über-Schröder, ein Raubtier geradezu. Hypermacho, Frauenheld,

56

aggressiv, sprunghaft, laut und mafios rücksichtslos. Es ist, als wäre Friedrich Merz, Merkels Erzfeind, der Hände eher quetscht als schüttelt, Merz also, der 1,98-Mann, durch dramatische Schrumpfung zu unkalkulierbar Gefährlichem verdichtet.

Schroffere Gegensätze als zwischen Sarko und Angie lassen sich kaum vorstellen. Er beherrscht die große Theatralik, sie ist das wandelnde Understatement. Er gibt den Draufgänger, sie den errötenden Backfisch. Er stellt seine attraktive Frau gern aus, sie versteckt den grauen Mann an ihrer Seite. Er spitzt Konflikte lustvoll zu, sie macht sie voll Hingabe stumpf. Er liebt es, rhetorisch zu brillieren, ihre Reden kräuseln kein Wässerchen. Er lässt sich fotografisch groß in Szene setzen, sie schnauzt Bildkünstler gern in die Flucht. Er ist ein reaktionärer Revolutionär, sie die Meisterin der Filzlatschen-Evolution. Er ist ein gallischer Nationalist, sie eine europäische Globalisiererin. Er löst Furcht aus, weil sogar seine privaten Eskapaden öffentlich sind, sie produziert Ängste, weil sie persönlich noch immer ein unbeschriebenes Blatt ist. Er ist fauchendes Raubtier, sie geduldige Tierpflegerin.

In einem aber sind sie sich völlig gleich: Als der Herr den Ehrgeiz verteilte, riefen beide dreimal »hier«. Und das verspricht großes politisches Entertainment. Ein Charakter wie Nicolas Sarkozy kann gar nicht anders, als auch in Europa die Führungsrolle zu kapern. Die aber hält Angela Merkel längst für glänzend besetzt von sich selbst. Jacques Chirac, der ewig handküssende Galan, war ja kein Rivale mehr, er ließ die europäischen Dinge treiben. Natürlich werden sie nun alles tun, Angie und Sarko, um nicht enden wollende Harmonie vorzuspielen. Stählern werden sie sich anblecken. Das wird ein Schauspiel!

Kafka im Kanzleramt
September 2007

Die Kanzlerin ist kein Käfer. Und dennoch gibt es eine Analogie zwischen der angeblich mächtigsten Frau der Welt und dem zweifellos berühmtesten Insekt der Weltliteratur: Es ist der Augenblick, in dem sich beide in ihrer Gestalt entdeckten respektive wiederfanden. Franz Kafka hat beschrieben, wie der Handelsvertreter Gregor Samsa »eines Morgens aus unruhigen Träumen erwachte« und als Käfer im Bett lag: »Seine vielen, im Vergleich zu seinem sonstigen Umfang kläglich dünnen Beine flimmerten ihm hilflos vor den Augen. ›Was ist mit mir geschehen?‹, dachte er. Es war kein Traum.« Kafkas Erzählung, 1915 erschienen, trägt den magischen Titel: »Die Verwandlung«. Auch Angela Merkel hat eine solche Verwandlung erlebt. 90 Jahre später. Als sie entsetzt aus ihren Träumen erwachte und dachte: »Was ist mit mir geschehen?« Es war der 18. September 2005, kurz nach 18 Uhr. Im fünften Stock des Konrad-Adenauer-Hauses flimmerten die ersten Hochrechnungen der Wahl über den Fernsehschirm. Die Fotografin Laurence Chaperon hat den Moment der Erstarrung für den *stern* festgehalten. Mit gefalteten Händen steht Angela Merkel vor einem Konferenztisch, starrt auf den Fernseher. Um den Tisch gruppieren sich Vertraute, alle verstummt. Wolfgang Schäuble vergräbt das Gesicht in der rechten Hand. Es war ein böses Erwachen. Zerstoben die Hoffnung auf einen strahlenden Sieg. Angela Merkel heute zu verstehen ist unmöglich, ohne diesen Moment des Erwachens als Angela Samsa zu erinnern. Er erklärt alles. Er ist der Schlüssel zu ihrer Seele. Er markiert die Verwandlung der National- zur Globalreformerin. Nicht mehr Deutschland ist ihr Sanierungsfall, sondern die ganze Welt. Nicht mehr das eigene Land gilt es zu retten, sondern den Globus. Und: sich selbst.

Denn die Physikerin hat gelernt aus dem Schock dieses Augenblicks. Dass die Umgestaltung einer Gesellschaft nach den Gesetzen der Vernunft, mit der kühlen Präzision eines wissenschaftlichen Experiments ein enormes Risiko birgt: das Risiko des Scheiterns an den Ängsten der Menschen, die sich reduziert fühlen zu physikalischen Kräften in einer fremden Versuchsanordnung. Und dass die Menschen ihr, der Versuchsleiterin, nicht vertraut haben. Weil sie eine Frau ist, weil sie aus dem Osten kommt, weil sie menschlich und emotional zu unklar geblieben war, unheimlich in Wahrheit. Sie hat Konsequenzen daraus gezogen, radikal Abschied genommen von ihren Ambitionen als Radikalreformerin – und das mit vorgeblichen Zwängen der Großen Koalition bemäntelt. Kein Wort mehr von der Kopfpauschale in der Krankenversicherung, von Stufentarif oder gar Flat-Tax bei den Steuern, von der Entfesselung des Arbeitsmarkts. Nicht einmal mehr das Wort ist geblieben: Reform. Denn aufs Volk hat das die Wirkung einer entsicherten Pistole im Nacken.

Reformen sind seither Sache der SPD. Der Begriff wie seine Umsetzung. Und die Haftung dafür. Geschenkt: Gesundheitsreform, Rentenreform, Unternehmensteuerreform. Gestohlen dagegen die einzig populäre Reform: die der Kinderbetreuung. Erfunden von der SPD, enteignet von der CDU. Im Kern gibt es heute eine scharfe Arbeitsteilung in der Großen Koalition: Die SPD regiert im Innern, die Union nach außen. Der Unionsteil des Kabinetts ist, mit der erwähnten Ausnahme, eine einzige Katastrophe. Die Kanzlerin aber überlagert alles. Tritt im Innern nur noch als geduldige, mitunter milde genervte Gouvernante streitender Kinder in Erscheinung. Führung, Richtlinienkompetenz? Nicht hier, nicht bei solchem Risiko. Im Äußeren entfalten sich Gestaltungswille, Phantasie und Glanz der Kanzlerin. Das verspricht Erfolg ohne Risiko – und schafft Vertrauen in die ehedem unbekannte Frau aus dem Osten. Das macht die Verwandlung politisch produktiv. Das macht die fliehende Frau sogar sympathisch. Hier kann sie lachen, scherzen, genießen.

Sie hat ihre Rolle und Mission gefunden: die Erlösung der Welt. Hauptthema, immer und überall: Rettung des Weltklimas. Nebenthemen, nach Gelegenheit: Rettung des Friedens, Rettung der Menschenrechte. Denken und Instrumentarium sind unverändert wissenschaftlich: Die Kopfpauschale in der Krankenversicherung wurde gerade abgelöst von der Kopfpauschale bei den globalen Kohlendioxid-Emissionen. Daheim hat das überaus angenehme Nebenwirkungen: Es dient der Immunisierung gegen einen möglichen Friedenswahlkampf der SPD – und lässt sogar linke Grüne die Hüte lüften vor Begeisterung. Bloß: Mit Außenpolitik Wahlen zu gewinnen ist nicht einfach. Und: Die eigenen Anhänger suchen nach Erfolgen im Innern. Gregor Samsa wurde übrigens von seiner Familie zu Tode gebracht. Aber das ist Literatur.

Angela Wolke – schwebend
Juni 2008

Sie ist mächtig emporgestiegen, in knapp drei Jahren. Als ihre Zeitrechnung begann, nach der Wahl 2005, hätten nur 31 Prozent der Deutschen Angela Merkel direkt zur Kanzlerin gewählt. Heute sind es 60. Sie hat ihr Vertrauenskapital glatt verdoppelt.

Ganz anders die Bilanz der Union. Bestürzende 35,2 Prozent hatte die bei der Wahl geholt – heute liegen CDU und CSU wieder bei dieser Marke. Nichts gewonnen von der verlierenden SPD. Zurück auf Los. Der Schreck ist gewaltig, und man ist heilfroh, dass die Krise der SPD das schleichende Elend der Union überdeckt. Nur mit Mühe gelingt es, Rebellionen Enttäuschter zu ersticken. Die rufen nach Steuergeschenken, um heiße Luft in den schlaffen Ballon zu blasen. Doch nun zeigt die Kanzlerin, wonach alle so lange und so vergebens gerufen hatten: Führung – ganz anders indes als ersehnt. Einstweilen haben sanierte Staatsfinanzen Vorrang.

Angela Merkel hat sich abgelöst von der Partei, der sie vorsitzt, ist rasant aufgestiegen und hat die Union zurückgelassen. Angela Wolke schwebt über düsterem Grund. Der Fall ist beispiellos: Bei der letzten Wahl zog die kinderlose Physikerin aus dem Osten das irritierte konservative Lager nach unten, bei der kommenden muss sie es emporreißen, die himmelweite Distanz zwischen ihrem Ansehen und dem der Union schließen. Diese Distanz – börsentechnisch gesprochen: der atemberaubende Kursgewinn der Merkel-Aktie – misst ihren eigenen Persönlichkeitswandel.

Merkel ist nicht wiederzuerkennen – persönlich wie politisch. Aus der herben, verschlossenen, übervorsichtig witternden, quasi geschlechtslosen Figur – von bösen Spöttern »das Merkel« genannt –, die auch noch gerne Fotografen anraunzte und damit zum eigenen Schaden Bilder des Spotts provozierte, ist eine gelassene, selbstsichere, humorvolle, ja schlagfertige Amtsinhaberin geworden. Charmant und ungemein sympathisch – eine Frau, die den Wert positiver Bilder zu schätzen und die Wirkung ihres Lächelns einzusetzen gelernt hat, Fotografen gar in Maßen gehorcht und selbst ein Dekolleté, das gewagte Spiel mit Erotik nicht mehr fürch-

tet. Sie genießt das Regieren. In vollen Zügen. Sie hat sich neu erfunden.

Politisch taugt keines der Label mehr, die ihr einst anhafteten.
Maggie Merkel, die Radikalreformerin? Entsetzt abgestreift am
Wahlabend 2005, als sie damit fast untergegangen wäre – selbst
um den Preis der Konturlosigkeit in der Innenpolitik. Physikerin
der Macht? Das gilt vielleicht noch bei der Berechnung politischer
Kräfte und Gegenkräfte, aber nichts ist geblieben von der harten,
konsequenten Rationalität einer Naturwissenschaftlerin. Angela
Wolke schwebt gerne weich.

Patchwork-Kanzlerin trifft es heute wohl am ehesten. Sie sucht,
sammelt, wiegt, ordnet, eignet sich an und fügt zusammen, was ihr
auf dem Basar der Politik nützlich oder überzeugend erscheint.
Rettung des Weltklimas von den Grünen – das ist als historische
Mission unübertrefflich. Bildung, Kinderbetreuung und Soziales
von der SPD – das entwaffnet den Gegner. Umbau des Sozial- und
Steuersystems von der FDP – das hält die Erinnerung an den eigenen Traum wach. Verteidigung der Menschenrechte vom Milieu
der notorisch Gerechten – das beeindruckt nicht nur Intellektuelle. Und alles wird gemischt mit persönlichen Akzenten – grüner
Klimaschutz mit schwarz-gelber Atomkraft – und vernäht zu einer
farbigen Programmdecke: Fertig ist Merkels Patchwork der Post-
moderne. Man kann das Politik der Vernunft nennen, des gesunden Menschenverstandes. Unideologisch, flexibel, jederzeit kor-
rigierbar.

Eine solche Kanzlerin kann mit jedem regieren, in jeder Koalition. So gesehen ist Merkel zutiefst geprägt von Ostdeutschland,
Glaubenskriege wie im Westen sind dort unbekannt. Und so gesehen ist sie Helmut Schmidt und Ludwig Erhard näher als Konrad
Adenauer oder Helmut Kohl. Schmidt wirkte als Kanzler fremd in
seiner SPD, der Freigeist Erhard war kurioserweise selbst als CDU-
Vorsitzender nie Mitglied der Partei. Hier wurzelt das Problem der
Union mit Merkel. Denn im christdemokratischen Überzeu-
gungsfundus hat sie sich am wenigsten bedient, um nicht zu sagen:
gar nicht. Konservative Kultur ist ihr fremd, nichts an ihrer Performance ist CDU pur. Jedenfalls hat sie die Partei weitaus stärker

verändert als die Partei sie. Immer weniger weiß die CDU, wofür sie noch steht. Gelingt es der schwebenden Kanzlerin, die Union bei der Wahl emporzuziehen, zur Sonne? Falls ja, steigt sie selbst in schwindelnde Höhen. Doch der Zweifel grassiert. Welche Frau etwa schwenkt nur deshalb zu CDU oder CSU, weil ihr Merkel gefällt? Misslingt der Kraftakt, steht womöglich der Parteivorsitz zur Debatte – Christian Wulff hat sich schon in Position gebracht. Dann regnet Angela Wolke ab.

Die Linke der Rechten
Oktober 2008

Die Demütigung ist ungeheuer, der Bruch historisch. »Foxtrott-Delta-Papa«, pflegte Franz Josef Strauß die FDP im Fliegeralphabet zu buchstabieren, wenn er sie lustvoll in Hohn tunkte. Beim christsozialen Aschermittwoch in Passau mussten die Liberalen über Jahrzehnte die Schießbudenfiguren abgeben, noch beliebter – weil windelweich und damit besonders trieb- und aggressionsfördernd – als die Roten. Foxtrott, der Schieber- und Schleichertanz, mobilisierte die ganze Verachtung der Kraftmeier für die Umfaller-Partei. Nun ist Foxtrott-Delta-Papa gefragt, ausgerechnet. Nun muss die CSU zum Schiebertanz bitten.

Rechts von uns darf es keine demokratisch legitimierte Partei geben, lautete Straußens strategischer Kernsatz. Deshalb fing der große Vorsitzende gelegentlich Ratten und Schmeißfliegen, mit der Rechten, ganz links. Das war erfolgreich: NPD, DVU und Republikaner wurden in Bayern konsequent getilgt. Nun aber ist alles viel schlimmer gekommen: Nicht rechts von der CSU haben Rivalen ihr Haupt erhoben, sondern mitten in ihr. Die Freien Wähler, bei der Kommunalwahl im Februar auf 19 Prozent gesprungen, nun mit über zehn Prozent drittstärkste Kraft im Landtag, sind Fleisch vom Fleische der CSU. Das ist nicht weniger als ein Schisma, Parteispaltung auf Bayerisch. Nun lautet die Alternative: entweder ein artiger Kavaliersdiener vor den liberalen Fuchstänzern oder die Abgefallenen durch eine Koalition auch noch spektakulär belohnen – und stabilisieren. Dann wohl doch lieber den Schieber, auch wenn alle Welt lacht über die schwarzen Knickebeine.

So oder so, die CSU hat das Erbe von Strauß verspielt. Die Partei ist von unten her aufgerollt worden, durch die Freien Wähler. Ihr Sprung in den Landtag macht sie für die CSU zu dem, was die Linke für die SPD ist: eine scharf rivalisierende Kraft, beständig drängend und bedrängend, bürgernahe Bewahrerin bayerischer Traditionen, bohrende Erinnerung an alte Zeiten. Die Linke gibt sich als die bessere SPD, die Freien Wähler präsentieren sich als die besseren Konservativen. Beide in Untreue fest.

Das ist für die gesamte Union bedrohlich. Denn es kann das Signal sein für ähnliche Abspaltungen, einen vergleichbaren Zerfallsprozess der CDU in anderen Ländern. In Baden-Württemberg sind die Freien Wähler stark, auch dort könnten sie, ermutigt durch Bayern, den Angriff auf die CDU im Landtag wagen. Würde daraus eine bundesweite Bewegung, hätte die CDU das Problem der CSU: Es gäbe ein konservatives Pendant zur Linken, den Nukleus einer neuen Partei. Die Bündnisfrage würde für die Union ähnlich brisant wie die linke Frage für die SPD. Paktiert man – oder nicht?

Die CSU kämpft 2009 um ihre Existenz als politische Kraft außerhalb Bayerns. Nach dem Kalkül von Parteistrategen müssten die 43-Prozent-Christsozialen bei der Europawahl im Juni – mitten in den bayerischen Pfingstferien und bei entsprechend schwacher Wahlbeteiligung – 45 Prozent holen, um bundesweit die Fünf-Prozent-Hürde zu überwinden und Abgeordnete nach Brüssel zu schicken. Bei der Bundestagswahl im September würden wohl 38 Prozent reichen. Aber auch die sind nicht mehr unerschütterlich, denn früher galt die Faustformel, dass die CSU bei Bundestagswahlen etwa fünf Punkte weniger holt als bei Landtagswahlen.

Dass die zu den Freien Wählern Abgewanderten dann in ausreichender Zahl zurückkehren zur CSU, ist nicht mehr als eine Hoffnung. Das hängt davon ab, wie die Partei ihre Krise bewältigt. Gelingt dies nicht überzeugend, könnten Enttäuschte an den

Wahltagen auch zu Hause bleiben. Die CSU säße nicht mehr in Brüssel und, wenn es ganz schlimm kommt, nur mit Hilfe direkt gewählter Abgeordneter in Berlin. Dann wäre nicht nur ihre Sonderrolle in der Fraktionsgemeinschaft mit der CDU zerstört, dann müsste die CSU zum Landesverband der CDU werden, um künftig dem Fünf-Prozent-Beil zu entgehen.

Für Angela Merkel wird das zur Schicksalsfrage. Mit einer kollabierenden CSU wäre ihr die Niederlage bei der Bundestagswahl sicher. Holt die CSU in Bayern nicht mehr »50 plus x«, hat auch die Union im Bund keine Chance auf »40 plus x«, ihr überaus ehrgeiziges Wahlziel. Geschwächt oder gefährdet ist außerdem ja die gesamte Südschiene der Union: neben Bayern auch Baden-Württemberg, Hessen, Sachsen, Thüringen, das Saarland.

Merkels Traum vom Kanzlerinnen-Wahlkampf ist am Sonntag zerplatzt. Die CDU braucht mitreißende Themen, insbesondere für den konservativen Mittelstand, der sich heimatlos fühlt in der nach links verrückten Wischiwaschi-Partei. Bislang führt Merkel zwar in den Meinungsumfragen, weit über ihrer Partei schwebend, aber Meinungsführerschaft hat sie nicht gewonnen. Nun hat sie ein dickes Problem.

Merkels Mastkur
Januar 2009

Die Volksparteien zerstören ihre eigene Identität. Die SPD hat diesen Prozess hinter sich und sucht ihn seither mit wachsender Verzweiflung zu korrigieren, die CDU ist mittendrin. Bei beiden zerfällt der wählerbindende Markenkern, weil sie Ideen folgen, die historisch dem politischen Gegner zuzuordnen waren, weil sie ihre ideologische Erbsubstanz auflösen, weil sie das vermeintlich Ewige und Unverwechselbare ihres Profils verwischen. Das treibt einen Keil in die eigene Anhängerschaft – tief und verheerend. Im März 2003 verkündete Gerhard Schröder seine Agenda 2010 mit dem Herzstück Hartz IV, und fortan brodelte es in der SPD – gut zwei Jahre später saß die Linke im Bundestag, und das Fünfparteiensystem war begründet. Noch heute zerreißt Hartz IV die SPD-Anhängerschaft: Aktuell sind 42 Prozent dagegen, 46 dafür, wie eine Erhebung des Forsa-Instituts für den *stern* offenbart.

Exakt so zerreißt Angela Merkels staatskapitalistischer Kurs die Klientel der Union. Zwar unterstützen zwei Drittel die Rettungsschirme für Banken und Unternehmen. Doch darunter gärt es: 43 Prozent lehnen die Teilverstaatlichung der Commerzbank ab (46 sind dafür), und eine Mehrheit von 51 Prozent hält die grundsätzliche Bereitschaft zu Staatsbeteiligungen für falsch (nur 42 Prozent billigen sie).

Noch ausgeprägter ist der Widerstand gegen den Verstaatlichungskurs bei jenen, die 2005 Union gewählt haben und sich inzwischen von ihr abgewandt haben. Klare Mehrheiten von 53 respektive 58 Prozent missbilligen die Commerzbank-Beteiligung und die Öffnung für Verstaatlichungen. Perdu.

Beide Volksparteien sind damit Opfer eigener Grenzüberschreitungen. Schröders Agendapolitik wurde von sozialdemokratischen Kritikern als Neoliberalismus gebrandmarkt. Merkels tabuloser Pragmatismus wird offenkundig von der Hälfte (!) ihrer Anhänger nicht mehr nur als Sozialdemokratisierung, sondern – weit fundamentaler – als Abkehr von der sozialen Marktwirtschaft interpretiert.

Hier wurzelt der Erfolg der FDP. So wie einst Schröder links von der SPD eine fünfte Partei möglich machte, schafft Merkel nun rechts von der Union Raum für die Liberalen, die sich an unzufriedenen konservativen Wählern mästen. Im Prinzip wäre es der Raum für eine sechste Partei, doch die gibt es nicht – und sie ist auch nicht in Sicht. Jedenfalls nicht auf Bundesebene. Bei der Landtagswahl in Bayern schlüpften neben der FDP die Freien Wähler in diese Lücke. Doch das war vorerst eine einmalige Konstellation, in Hessen brachten es die Freien Wähler nur auf 1,6 Prozent.

Roland Kochs persönliche Schwäche hat den sensationellen Erfolg der FDP in Hessen – 16,2 Prozent – zwar akzentuiert, begründet ihn aber nicht. Denn auch bundesweit liegen die Liberalen derzeit mit satten 14 Prozent nur unwesentlich darunter, während die Union bei 36 Prozent stagniert. Merkels Wahlziel »40 plus x«

erscheint heute illusionärer denn je – trotz oder gerade wegen ihrer (im eigenen Lager angezweifelten) Führungsrolle in der großen Krise.

Immerhin signalisiert die Addition von Schwarz und Gelb zu einer stabilen »bürgerlichen« Mehrheit in zweifacher Hinsicht Beruhigendes für die Union: Zwar ist die Politik nach links gerückt – geradezu dramatisch die Union selbst –, die Wähler dagegen sind es nicht. Im Gegenteil: Oskar Lafontaines Linke scheint ihren Zenit überschritten zu haben, ist von 14 auf aktuell 11 Prozent geschrumpft. Und: Die Union findet in der konkurrierenden FDP einen Partner, der ihr die Sicherung der Macht verspricht.

Die SPD hingegen hat keinen solchen Partner im eigenen politischen Spektrum, hadert mit ihrem Schicksal und verweigert sich der Konsequenz des Fünfparteiensystems: der Öffnung zu einem Bündnis mit der Linken auch auf Bundesebene. Das Wahlziel der SPD liegt damit klar zutage, es ist ein defensives: Sie muss eine schwarz-gelbe Mehrheit bei der Bundestagswahl verhindern, um ihr Glück erneut in einer Großen Koalition zu suchen. Franz Müntefering hat dazu am hessischen Wahlabend schon das Signal gegeben: mit scharfer Polemik gegen vermeintlichen Marktradikalismus der Schwarz-Gelben. Es ist der Versuch, an Schröders erfolgreiche Angstkampagne 2005 anzuknüpfen – diesmal indes ohne den skrupellosen Leitwolf.

Die Hoffnung auf den Wechsel der FDP in eine Ampelkoalition unter Führung der SPD schrumpft jedenfalls gegen null. Nur schwache Liberale, die nicht mehr Wähler binden als ihre Kernklientel, wären dazu imstande. Je stärker die FDP wird, je mehr unzufriedene Unionsanhänger zu ihr überlaufen, desto weniger kann sie den Sprung wagen. Denn sie würde diese Wähler sofort wieder verlieren – die müssten sich verraten fühlen. Es wäre die Selbstzerstörung der FDP.

Du bist Münte!
November 2005

Du erschrickst? Du erbleichst? Du möchtest schreien? Dann bist du nicht allein. Dann geht es dir wie (fast) allen. Weil sie dir nichts anbieten außer Verzicht. Weil sie reparieren, statt zu gestalten. Weil sie dir deine Zukunft nicht beschreiben. Weil sie nichts wagen außer dem eigenen Scheitern. Weil ihre Würfel zu klein sind für den großen Wurf. Weil sie sich freuen über ihren Pakt, während du dich fragst, was es da zu freuen gibt. Du – und sie? Ach ja, du denkst immer noch, vielleicht mehr denn je, das seien zwei Welten? Deine Welt – und ihre Welt. Du bist das Volk – sie sind die Politik? Du irrst.

Du bist alles. Du bist Deutschland. Eine mächtige Kampagne versucht dir das einzutrichtern seit neuestem. Du bist Beethoven. Du bist Einstein. Du bist Goethe. Liest du, hörst du, siehst du. In der Zeitung, im Kino, im Fernsehen. Damit du aufwachst, aufschaust, aufdrehst. Aber tust du das? Oder denkst du: Ich und Einstein, das ist die wahre Relativitätstheorie, da schält sich mir das Äpfelchen? Dann bist du nicht allein. Dann geht es dir wie (fast) allen. Weil sie dir … Nein, um dich zu packen, bräuchte es andere Bilder, andere Texte. Damit du erschrickst. Erbleichst. Und dir der Schrei im Halse stecken bleibt. Damit du verstehst, endlich.

Du bist Merkel. Du willst etwas anderes. Etwas Neues, etwas Großartiges, etwas noch nie Dagewesenes. Etwas, das den deutschen Koloss von den blutschweren Beinen auf den blutleeren Kopf stellt. Etwas, das die ganze Welt in Erstaunen versetzt. Aber du sagst es nicht, du wagst es nicht, du begeisterst nicht, weder dich noch die anderen. Du bist ein Rätsel. Du bist vorsichtig, du bist misstrauisch, du bist verschlossen. Du brennst auf kleiner Flamme. Hauptsache, du bist dran, irgendwie mit irgendwem. Das ist doch schon was. Das ist 'ne Menge. Immerhin. Dann schaun mer mal. Die Zukunft kann warten, muss warten, das hat sie gelernt. So denkst du. Du!

Du bist Münte, bist die deutsche Sphinx. Du rufst heute: Reformen. Und morgen: Heuschrecken! Du freust dich heute auf die

Welt, und morgen fürchtest du dich vor ihr. Du willst heute vererben, und morgen enterbst du. Du räumst heute fremde Sessel, und morgen klebst du am eigenen. Du willst heute Demokratie wagen, und morgen verordnest du Maul halten! Du raunst heute: Nie mit der da, die kann's nicht – und morgen schmeichelst du: Die wird's schon können, ich kann mit ihr. Du!

Du bist Stoiber. Du willst vorn sein, aber du haust ab, wenn du nicht ganz vorn bist. Du wirfst dich in die Brust als Retter des Vaterlands, und dann fragt das Vaterland, ob du noch zu retten bist. Du spottest heute über die Machtlosigkeit einer Mächtigen, und morgen bist du selbst machtlos und ihr Gespött. Du!

Du bist Schröder. Du verachtest die Autokratie, aber du liebst den Autokraten. Dir schwindelt, wenn es im Slalom geht, aber du fürchtest dich vor der Schussfahrt. Du bist hingerissen, wenn er einer Frau im Wahlkampf seine Liebe schmalzt, aber du bist entsetzt, wenn er eine andere am Wahlabend demütigt – und kapierst nicht, dass beides nur Spiel mit der Frau ist. Du strafst seine Partei für eine Politik, die sie selbst nicht gestalten durfte, aber du seifst ihn in Sympathie, obgleich er die Politik oktroyiert hat. Du bist lächelnd brutal und tränenselig sentimental. Distel und Veilchen – so deutsch. Wie er. Du!

Du bist Wulff. Du vergötterst Loyalität und verehrst den Illoyalen. Du gierst nach einem revolutionären Steuersystem und zerrst den Revolutionär aufs Schafott zur öffentlichen Hinrichtung – hoppla! Du sitzt beim Koalitionspoker leise am Tisch und ziehst vor der Tür lärmend über Falschspieler her. Du bist immer dabei und nie dabei. Du!

Du bist Seehofer. Du plakatierst, du hättest gelernt, aber du bist unbelehrbar. Du sagst, du folgtest nur deiner Überzeugung, aber du redest allen nach dem Munde. Du inszenierst den Mut, aber du spielst die Feigheit. Du predigst Treue, aber du schlemmst Verrat. Du!

Du bist Engelen-Kefer. Du weißt, wie gestrig die Gewerkschaften von heute sind – und doch blockierst du heute die von morgen. Du erkennst, wie viele Jobs der Dogmatismus kostet – doch bis zum Letzten verteidigst du die allerletzten Jobs: die der Dogmatiker. Du!

Du bist Hundt! Du beschreist die Mutlosigkeit der Politik, aber du hast selbst noch nie Mut bewiesen. Du jammerst über deutsche Kartelle, aber du kannst nicht leben ohne das Arbeitgeberkartell mit den Gewerkschaften. Du verlangst Opferbereitschaft, aber du bist unersättlich. Du bedrängst die Politik, aber es ist dir schnuppe, dass sie das letzte Vertrauen verliert, wenn sie sich dir hingibt. Du!

Erschrick! Erbleiche! Über dich selbst. Aber halt die Klappe, Deutschland. Lass sie's versuchen. Entscheide dich, wenn du's anders willst. Wähl anders, wenn du's besser willst. Du hast es besser verdient, aber nicht anders gewollt. Du bist das Problem. Und du bist die Lösung. Nur du.

Verirrt im Niemandsland
August 2006

Lebenslügen bescheinigte Jürgen Rüttgers der CDU. Steuersenkungen für die Wirtschaft brächten keine neuen Jobs, die deutschen Löhne seien nicht zu hoch. Das ist eine Debatte wert. Aber selbst wenn das Lebenslügen wären – den Tumult, den das *stern*-Interview des Düsseldorfer Regierungschefs seit zwei Wochen in der CDU verursacht, erklären sie nicht. Auch nicht den Absturz der Union in der Wählergunst. Von 100 Wählern aus dem September 2005 bekennen sich heute nur noch 70 zu ihr. Das hat andere, in der CDU indes hartnäckig beschwiegene Ursachen.

1. Die CDU steht programmatisch im Niemandsland. Sie hat ihr vertrautes Terrain verlassen und neues noch nicht erreicht. Der große Flügelschlag von Deutschnationalen und Herz-Jesu-Marxisten ist Vergangenheit – die Flügel sind abgestorben. Katholische Werte und konservatives Familienbild lösen sich auf – in Baden-Württemberg wurden schwule Partnerschaften per Ausländer-Fragebogen zu deutscher Leitkultur, in den Entwürfen für ein neues CDU-Grundsatzprogramm wird die frauenpolitische Revolution geplant. Die vermeintlichen radikalreformerischen Sicherheiten des Leipziger Parteitags – Kopfprämie in der Krankenversicherung, Bierdeckel-Remedur im Steuersystem – wurden

nach dem Wahlfiasko 2005 erschrocken aufgegeben. Die Ratlosigkeit findet Ausdruck in dem verquasten Motto »Neue Gerechtigkeit durch mehr Freiheit«. Partei ohne Markenkern – ohne Antwort auf Ängste und Unsicherheiten.

2. Die CDU zeigt keinen reformerischen Mut. Das Konzept des Sozialausschussvorsitzenden Karl-Josef Laumann für Gewinn- und Kapitalbeteiligungen von Arbeitnehmern scheut eine große gesellschaftliche Lösung. Schon die Abschaffung der kuriosen Wohnungsbauprämie von 45 Euro (!) zugunsten eines Riester-Renten-Modells stößt auf Widerstand. Zwei Beispiele für Kleingeist.

3. Die Glaubwürdigkeit der CDU ist schwer beschädigt. Angela Merkel wollte Reden und Handeln in Einklang bringen, um Vertrauen in die Politik zurückzugewinnen. Doch zentrale Reformversprechen – sinkende Sozialbeiträge, Abbau der Steuer- und Abgabenlast – werden gebrochen. Entbürokratisierung? Die Kanzlerin propagiert ein Rauchverbot in Gaststätten.

4. Angela Merkel folgt keinem verlässlichen politischen Kompass. Die Senkung der Krankenversicherungsbeiträge hätte Dreh- und Angelpunkt der Gesundheitsreform sein müssen, um Einsparungen zu erzwingen und Arbeit billiger zu machen – dem Gegenteil stimmte sie zu. Machterhalt hat Priorität für sie.

5. Die CDU ist der SPD im Kabinett personell und strukturell unterlegen. Die Sozialdemokraten besetzen die wichtigeren Ämter und haben die besseren Minister. Die besten Leute der CDU gehören dem Kabinett nicht an. Nach dem Wahldebakel opferte die Union alles einem Ziel: Eroberung des Kanzleramts. Zeigt die Kanzlerin nun aber Schwächen, ist die Union schwach.

6. Das Berliner Personaltableau der CDU folgt nur den Machtinteressen Merkels. Sie hat alle Spitzenpositionen mit ihr genehmen Leuten besetzt – von der Spitze der Fraktion bis zu den Vorsitzenden der Arbeitsgruppen. Es gibt keine unabhängigen Funktionsträger mehr – damit steigt der oppositionelle Druck von unten. Wolfgang Schäuble sollte nicht Fraktionschef werden, Friedrich Merz ist kaltgestellt.

7. Offene Diskussionen sind tabu. Weder das Wahldebakel noch die aktuelle Krise werden frei erörtert. Selbst im kleinen

Kreis um Merkel werden Ansätze zu Debatten erstickt. Rüttgers ist Objekt organisierter Schelte.

8. Die Länderchefs der CDU folgen vorrangig eigenen Interessen und pflegen Rivalitäten mit Merkel. Den Hessen Roland Koch möchte sie als Parteivize in Loyalität binden, doch der verfolgt geschickt sein Ziel, selbst Kanzler zu werden. Wegen der Landtagswahlen 2008 in Hessen, Niedersachsen und Bayern verschworen sich die Länder-Ministerpräsidenten der Union gegen Steuererhöhungen zur Senkung der Krankenkassenbeiträge – und schlugen damit schon jetzt das Zeitfenster für einschneidende Reformen der Großen Koalition zu.

9. Edmund Stoiber ist zugleich Mitregent und Opponent der Großen Koalition. Als CSU-Chef sitzt er in Berlin dabei, als Ministerpräsident mobilisiert er gegen die Koalition.

10. Der Osten ist kein Thema der CDU. Arbeitslosigkeit, Abwanderung und Überalterung werden komplett ignoriert.

11. Die CDU hat kein Konzept zur ehrlichen Kommunikation. Probleme werden schöngeredet, sinkende Arbeitslosenzahlen als Verdienst verkauft – aber wer soll das glauben?

12. Angela Merkel macht die CDU zum Kanzlerinnen-Wahlverein. Das kann nur erfolgreich sein, wenn die Kanzlerin durchschlagenden Erfolg hat. In der Großen Koalition aber ist das schwierig. Gibt sie ihrer Partei neben der SPD nicht überzeugend Kontur, läuft sie ein hohes Risiko: eine Debatte über die Trennung von Kanzlerschaft und Parteivorsitz.

Die Minderheitsregierung
September 2006

Die größte Partei ist gar keine Partei. Sie ist das glatte Gegenteil: die Gemeinschaft der Nichtwähler und Unentschlossenen. Sie hat keinen Namen, aber sie ist nicht stumm. Sie artikuliert sich nicht in Programmen, sondern in Stoßseufzern. »Ich kann die alle nicht mehr ab«, »Die machen doch eh, was sie wollen« oder »Ich kann zwischen denen keinen Unterschied mehr erkennen« lauten die

Bekenntnisse dieser Stoßseufzer-Partei. »Die« – das sind die echten Parteien. Aktuell schart die Schattenpartei der Nichtwähler und Unentschlossenen bei Umfragen 31 Prozent der Deutschen hinter sich. Das alleine ist nicht sonderlich aufregend, denn es waren auch schon mal mehr. Aufregend wird es erst, wenn die Zornigen und Ratlosen behandelt werden wie eine Partei. Dann zeigt sich: Die Volksparteien CDU/CSU und SPD waren niemals zuvor so schwach wie heute. Ja, sie verlieren ihren Rang als Volksparteien. Aktuell sind sie es jedenfalls nicht mehr.

Und das erklärt sich so: Bei den Meinungsumfragen wird die Stoßseufzer-Partei zur Seite geschoben, als gäbe es sie gar nicht – sie hat ja auch keinen Sitz im Parlament. Die Ergebnisse der echten Parteien werden dann gleich 100 gesetzt – als repräsentierten sie das ganze Volk –, und das ergibt die viel beachteten Werte der Sonntagsfrage: »Wen würden Sie wählen, wenn am nächsten Sonntag Bundestagswahl wäre?« Aktuell antworten darauf 30 Prozent der Wahlwilligen CDU/CSU und 29 Prozent SPD. Miserabel für die Große Koalition – aber geradezu erschütternd, wenn deren Ergebnisse an allen Wahlberechtigten gemessen werden, also einschließlich der Nichtwähler und Unentschlossenen. Manfred Güllner, der Chef des Berliner Forsa-Instituts, hat das für den *stern* errechnet, weil sich so offenbart, welchen Rückhalt die Parteien wirklich im Volk haben.

Zur CDU/CSU bekennen sich demnach heute nur 20,7 Prozent aller Deutschen, zur SPD 20 Prozent – jeweils rund 10 Punkte weniger als zur Stoßseufzer-Partei. In der Summe kommt die Große Koalition auf überaus ernüchternde 40,7 Prozent. Und das heißt: Deutschland hat, was die aktuelle Stimmung angeht, eine Minderheitsregierung. Die großen Parteien bilden eine Große Koalition, um die großen Probleme zu lösen – dieser Lehrsatz gilt nicht mehr. Er ist abgelöst worden von einem neuen: Die großen Probleme werden nicht gelöst, deshalb macht die Große Koalition die großen Parteien klein. So klein wie noch nie seit 1949. Sie lähmen sich nicht nur gegenseitig, sie zehren sich auch gemeinsam aus. Ein historischer Vergleich macht die Dramatik noch anschaulicher: 1983 hat Helmut Kohl 43 von 100 Wahlberechtigten für die

Union gewonnen. Die CDU/CSU war damals also alleine stärker als die beiden »großen« Parteien heute zusammen. Nur fusioniert, was programmatisch wohl kein unüberwindbares Problem mehr wäre, hätten sie noch die Kraft einer Volkspartei alten Schlages.

Dafür waren die kleinen Parteien noch nie so stark wie heute. In der üblichen Rechnung, unter Ausschluss der Nichtwähler und Unentschlossenen, kommt die FDP aktuell auf 14 Prozent, die Linkspartei auf 11, die Grünen auf 10 und die sonstigen Parteien auf 6. Misst man sie an allen Wahlberechtigten, erreichen sie immer noch achtbare Resultate: die FDP 9,7 Prozent; die Linke 7,6; die Grünen 6,9; die sonstigen Parteien 4,1. Macht zusammen 28,3 Prozent – mehr als jede der beiden Möchtegern-Volksparteien alleine erreicht.

Wohin sind deren einstige Wähler verschwunden? Die Forsa-Analyse entschlüsselt auch das. Zunächst: Von 100 Menschen, die bei der Bundestagswahl 2005 der CDU/CSU ihre Stimme gegeben hatten, bekannten sich Ende August nur noch 63 zu ihr. Von 100 Wählern der SPD sind nicht mehr als 59 eisern bei ihrer Partei geblieben. Die Union hat 8 von 100 an die FDP verloren, 4 an die SPD und je einen an Grüne, Linke und sonstige; die SPD 5 von 100 an die Grünen, je 4 an Union und Linkspartei, 3 an die FDP und einen an sonstige Parteien. Die kleinen Parteien haben also von den großen gewonnen, aber nicht so viel wie vielleicht vermutet. Dramatisch verloren haben die einstmals Großen an die Stoß-seufzer-Partei, die Nichtwähler und Unentschlossenen: 22 von 100 Unionswählern des Jahres 2005 verabschiedeten sich dorthin, gleichzeitig 24 von 100 SPD-Wählern.

Das ist ein schrilles Alarmsignal – und doch auch kleiner Trost und großer Ansporn. Alarmsignal, weil sich daran die fundamentale Vertrauenskrise der einstigen Großparteien, der Verlust verlässlicher Bindungen und der Zerfall des historischen Parteiengerüsts ablesen lassen. Trost, weil der Großteil der abgängigen Koalitionswähler nicht endgültig das Lager gewechselt hat. Ansporn, weil sie damit theoretisch rückholbar sind. Wenn Union und SPD die großen Probleme lösten und sich frisches Vertrauen erdienten. Wenn, ja, wenn …

Berliner Komödie
September 2006

»Lasst, die ihr eintretet, alle Hoffnung fahren«, heißt es in Dantes Göttlicher Komödie auf dem Tor zum Inferno. »Lasst, die ihr wählt, alle Illusionen fahren«, sollte über dem Portal des Reichstags in Stein gemeißelt werden. Die trügerische Hoffnung auf Einschneidendes, Umwälzendes, atemberaubend Kühnes. Auf große Lösungen für die großen Probleme. Auf das, was die Politik Jahrhundert-Reformen zu nennen pflegt. Seit mehr als einem Vierteljahrhundert. Unfair nennt es Franz Müntefering, der Vizekanzler, Parteien nach der Wahl an ihren Versprechen zu messen. Er untertreibt. Es ist nicht unfair. Es ist blöd.

Lasst, die ihr noch glaubt, den Glauben fahren. Den Glauben an den großen Frieden nach großen Entscheidungen. An frisches Vertrauen aus rückhaltloser Ehrlichkeit. An die revolutionäre Rentenformel, die 50 Jahre hält. An das Gesundheitssystem, das transparent, sparsam und gerecht ist. An die Steuererklärung, die auf einem Bierdeckel Platz findet. An Soziallasten, die von den Arbeitseinkommen weggenommen und durch Steuern auf die Schultern aller umgeladen werden. An Sicherheit durch lupenreine Klarheit also.

Erkennt, die ihr sehen könnt, eure Selbsttäuschung. Sie ist die Wurzel eures Missmuts, eurer Lähmung, eurer Verzweiflung. In diesem Land gibt es keine radikalen Schnitte, die Faules gründlich ausräumen, keine mutigen Taten, die Jahrhundert-Taten zu nennen wären. Dafür fehlt es den Parteien an patriotischer Entschlossenheit und charismatischem Personal. Dafür fehlt es dem politischen System an Beweglichkeit und Effizienz. Dafür fehlt es euch selbst an Klugheit, Wagemut und Bereitschaft zum Verzicht. Die Große Koalition der kleinen Schritte ist die Summe all dessen. Beschimpft sie nicht, sie ist wie ihr. Solange ihr so seid, wie ihr seid. Maßlos in den Ansprüchen, bodenlos in der Prinzipientreue, mutlos vor den Aufgaben. Die Koalition will alles gewinnen, aber nichts riskieren. Ihr auch.

Blickt, die ihr nach Visionärem ruft, der Wirklichkeit ins Auge.

Das glücklich vereinte und unglücklich gespaltene Deutschland ist nicht das Land der historischen Würfe. Und wird es auch nicht werden. Die Koalition ist eine Fummel-Koalition, so wie alle Koalitionen vor ihr. Wie die Koalitionen, die folgen. Denn die werden, das steht zu fürchten, nicht nur aus zwei, sondern aus drei Parteien zusammengeleimt sein. Das Puzzle ihres Regierens wird noch klein- und vielteiliger werden.

Erinnert, die ihr die Gegenwart verflucht, die Vergangenheit. Jahrhundert-Reformen wurden zu allen Zeiten beworben – und nie verkauft. Hinter großkotzigen Schildern gammeln Dauerbaustellen. Willy Brandt, Reformkanzler der ersten sozial-liberalen Koalition, versprach in seiner Regierungserklärung vom 28. Oktober 1969: »Unser Ziel ist es, ein gerechtes, einfaches und überschaubares Steuersystem zu schaffen.« Alex Möller, sein Finanzminister, versprach ein »Jahrhundertwerk« – wie fast alle seine Nachfolger. Paul Kirchhof, sein visionärer Fast-Nachfolger, wurde niederkartätscht, weil er es ernst meinte mit seiner Flat-Tax. Das Erschießungskommando zählte viele Freiwillige. Seine vermeintlichen Freunde riefen zuerst: Feuer frei! Eine exemplarische Hinrichtung. Auf Kirchhofs politischem Grab wächst keine Reform-Blume mehr. An den Gräbern der anderen Jahrhundertwerke schaufelt die Große Koalition. In 20 bis 30 Jahren, glaubt Günther Oettinger, der als Reformer der CDU gilt, könne die blutrot defizitäre Pflegeversicherung privatisiert sein. Schaufeln mit kleiner Schippe.

Verkennt nicht, die ihr das Unmögliche von den Großparteien verlangt, was ihnen möglich ist. Als Überzeugungsgemeinschaften sind sie zerfallen. Jeder will jedes in jeder Partei. Die Mitte ist ihr Ground Zero – eine gewaltige Baulücke, umwuselt von zankenden Architekten. Nichts, was einst galt, gilt noch. Die CDU will Kopfpauschale und Bierdeckelsteuern selbst nicht mehr. Was will sie aber stattdessen? Die SPD hat sich an Hartz die Finger verbrannt. Was will sie nun überhaupt noch? Wir werden regiert – aber wissen wir eigentlich, von wem? Die Kanzlerin Maggie Merkel zu nennen käme niemandem mehr in den Sinn. Was aber will sie sein, wenn nicht die Radikalreformerin, die sie sein wollte?

»Die Leute wollen ein Stück den Eindruck, dass die Politik gestaltet«, sagt sie. So klingt ein Offenbarungseid.

Tröstet euch, die ihr darüber klagt, an Greifbarem. Erlöst euch selbst, wenn die Politik keine Erlösung bringt. Nehmt es, wie es war, ist und sein wird. Die Wirtschaft hat das getan, hat sich gewandelt, wie es gewandelte Märkte von ihr verlangen, hat auch ohne Politik aus der Krise gefunden. Gesundheit, Alter und Auskommen zu organisieren, dazu braucht es keine Jahrhundert-Reformen. Seid wie die Italiener in ihren wirren 70er Jahren – ihnen war (fast) egal, wer sie regierte. Starrt nicht auf die Politik! Rührt euch! Lebt! Erst wenn ihr die Hoffnung auf Großes fahren lasst, findet ihr Halt im Kleinen.

Schwarzer Sozialismus
Oktober 2006

Jeder kennt seinen eigenen Verrat. Die SPD ist vor der Wahl mit Flammenschwert gegen die Mehrwertsteuererhöhung zu Felde gezogen und hat hinterher satten drei Prozent zugestimmt. Das hat Vertrauen gekostet, aber den sozialdemokratischen Markenkern nicht beschädigt – die SPD gilt nun mal als Steuererhöhungspartei. Ein taktischer Verrat mit Verfallsdatum, Wahlkampf-Notlüge. In der Sache sogar vergleichsweise einfach mit der Parteiseele zu versöhnen – der klamme Staat soll eben handlungsfähig bleiben: »Nur Reiche können sich einen schwachen Staat leisten.« Anders liegt der Fall bei der Union und der Gesundheitsreform. Wozu CDU und CSU die Hand reichen wollen, das verrät den Markenkern der Bürgerlichen, das dementiert sie programmatisch, das frisst ihre Seele. Und es ist den eigenen Leuten nicht zu erklären.

Entstaatlichung, Entbürokratisierung, Entkoppelung der Sozialsysteme von den Arbeitseinkommen, Entlastung der Betriebe von Lohnzusatzkosten – kurzum: mehr Wettbewerb und weniger Staat –, das war und ist heilige Überzeugung der Union. Muss es sein im Kontrast zur Sozialdemokratie – und sozial austariert auch in Abgrenzung von den Liberalen. »Freiheit statt Sozialismus«, lautete einst die Wahlkampf-Zuspitzung der Union. »Wir wollen mehr Freiheit wagen«, formulierte Angela Merkel zeitgemäßer in ihrer Regierungserklärung. Lässt man sich nicht blenden vom Budenzauber des Koalitionsstreits um acht Euro, öffnet sich der Blick auf das Herz der Reform: Die Union ist dabei, ein Gesundheitssystem in Staatsregie zu schaffen – das glatte Gegenteil des bürgerlichen Glaubensbekenntnisses. In schwarzer Terminologie: ein sozialistisches Krankenkassensystem.

Mit einem prozentual einheitlichen Beitrag für alle gesetzlichen Kassen, der ab 2009 jährlich von der Regierung festgelegt wird. Mit weniger Wettbewerb als bisher, weil auch regionale Unterschiede, etwa zwischen Baden-Württemberg und Sachsen-Anhalt, beseitigt und privat zu tragende Aufschläge auf ein Prozent des versicherungspflichtigen Einkommens begrenzt werden – früher schwankten die Beiträge zwischen gut 11 und mehr als 14 Prozent. Mit einem Gesundheitsfonds, der die Beiträge nicht zentral einzieht und damit den Firmen Bürokratie erspart, sondern 30 000 Angestellten in rund 250 Kassen ihre Jobs garantiert, statt sie in dieser Funktion überflüssig zu machen, Verwaltungsaufwand zu sparen und einen Teil von ihnen für Gesundheitsmanagement und Kosteneffizienz einzusetzen. Mit einem Fonds, der die Beiträge von den Kassen überwiesen bekommt und dann eine Einheitsprämie an sie ausspuckt, die wenig Anreiz zur Beitragsrückerstattung bietet, sondern zum Verbraten des Geldes und zu kartellartig abgestimmten Anträgen auf Beitragserhöhung beim Gesundheitsministerium. Mit steigenden Kassenbeiträgen ab 2007 und anschwellenden statt sinkenden Lohnzusatzkosten der Betriebe – vom verlässlichen Einfrieren des Arbeitgeberbeitrags, den ja in Wahrheit auch der Arbeitnehmer erwirtschaften muss, ist keine Rede mehr. Womöglich werden die Lohnzusatzkosten nicht mal unter 40 Prozent gedrückt, was die Union gelobt hat.

Ein System schließlich mit sinkenden Steuerzuschüssen – die Finanzspritze aus der Tabaksteuer wird von 4,2 auf 1,5 Milliarden Euro gekürzt – und der vagen Absicht, sie ab 2008 wieder jährlich um 1,5 Milliarden aufzustocken. Erst zehn Jahre später, 2018 (!), wären dann die Kosten der beitragsfreien Kindermitversicherung ausgeglichen – was die Kassenbeiträge aber keineswegs senken muss, sondern vermutlich nur ihren Anstieg bremst. Mit einem undurchschaubaren Risikoausgleich zwischen den Kassen – nach Alter, Geschlecht, Arbeitslosigkeit und Krankheiten der Kunden –, was Effizienz tendenziell bestraft. Und das alles ohne freie Wahlmöglichkeit zwischen gesetzlichen und privaten Kassen, ohne unbeschränkten Wechsel unter den Privaten, ohne Versicherungspflicht für jedermann, ohne automatische Kontrollabrechnung an die Patienten für jede medizinische Behandlung. Dieses bürokratiegeschwängerte System ist weder transparent noch effizient noch nachhaltig – die wachsende Belastung der Jungen durch die alternde Gesellschaft wird nicht gestoppt.

Die SPD mag damit leben können, für die Union ist es eine staatsmedizinische Todsünde. Die politisch festgelegten Beiträge können dieses Kassensystem alle vier Jahre wieder zum Wahlkampfthema machen – wollte die Union die private Zusatzprämie erhöhen, müsste sie allein schon deshalb eine Niederlage fürchten. Und: Mit welchem Partner will sie dieses System überhaupt fortführen, wenn die Große Koalition zu Ende geht? Es funktioniert nur mit der SPD. Dem Wunschpartner FDP ist das Konstrukt ein Gräuel, den Grünen nicht minder. Der nächste Wahlkampfschlager der Liberalen – weg mit dem Staatsfonds – ist schon komponiert. Konservative Überzeugungswähler werden gern danach tanzen.

Diebesgut und Ladenhüter
Dezember 2006

Die kurze Geschichte der Großen Koalition ist eine lange Geschichte der Enteignungen. Der Aneignung von herrenlos gewordenen oder nicht mehr streng bewachten Fundstücken. Denn immer weniger, genau genommen: fast nichts mehr, ist in der ideologischen Schatztruhe einer Partei verschlossen. Oder ist als solches auf Anhieb erkennbar. In Zeiten rasant wechselnder programmatischer Moden bedienen sich Union und SPD, wie es scheint, aus einem gemeinsamen Fundus. Da heißt es nur noch:

beherzt und flink zugreifen! Damit das Publikum das neue Kostüm künftig als originäres (an-)erkennt, obgleich es doch eigentlich der Gegner geschneidert hat. Resultat ist eine gigantische Umkostümierung, die dem Publikum Wiedererkennungsprobleme, wenn nicht gar Schwindelgefühle bereitet. Und die Frage aufwirft, wodurch sich die Verkleidungskünstler eigentlich noch unterscheiden.

Die raffiniertere, aufgewecktere, bedenkenlosere Partei der Enteignung, der politischen Bereicherung auf Kosten des Konkurrenten und Partners, ist zweifellos die CDU. Der geübte Langfinger nimmt alles, ganz Kleines und ganz Großes. Und so geschickt, dass es gar nicht mehr auffällt. Es begann mit dem Elterngeld, das nun im Kleiderschrank Ursula von der Leyens hängt, als Berufskleidung der Berufsmutter der Union. Wer weiß schon, dass das ein Entwurf der SPD war? Wo die sich doch widerspruchslos entkleiden ließ? Und da die Operation so grandios erfolgreich war, vertritt die Christen-Union nun gleich in Fülle familienpolitische Positionen, die sie früher als staatssozialistische Gängelung gegeißelt hätte. Pflichtuntersuchungen für Kinder gegen elterliche Verwahrlosung, dazu kostenfreie Kitas und ein Kindergarten-Pflichtjahr zur Zwangserziehung, seit neuestem sogar eine Zentralbehörde, um die mindestens 100 Milliarden Euro an diversen familienpolitischen Subventionen zu sammeln und gezielter zu verwenden. Staat! Bürokratie! Umverteilung! Den rechten Konservativen muss da heiliger Zorn packen.

Nicht aber die brave SPD, die den sozialistischen Umtrieben der ehedem Schwarzen, heute orange Umgefärbten wehrlos zuschaut. Dabei war es doch ihr Finanzminister Peer Steinbrück, der den Versuch unternommen hatte, kostenfreie Kindergärten als Marke zu erobern, indem er zur Finanzierung die Kürzung des Kindergeldes um zehn Euro vorschlug. Verspielt, vergessen.

Auf diese Weise hat sich die sozialdemokratische Zauderpartei einiges durch die Lappen gehen lassen. Wie die Verlängerung des Arbeitslosengeldes, die Jürgen Rüttgers mit Marx- und Engelszungen predigt – so zuckersüß und unverfroren, dass Franz Müntefering nur noch »Sauerei« rufen konnte. Wie die Gewinn- und

Kapitalbeteiligung der Arbeitnehmer, die lange im ideologischen Schlussverkauf herumlag und bei Sozens einzig und allein von Kurt Beck interessiert befingert wurde. Wenn die SPD nicht aufpasst, wird ihr demnächst noch etwas geklaut, das man sich nie im Besitz der Konservativen vorstellen konnte: große gesellschaftliche Fonds für all jene Arbeitnehmer, denen die direkte Teilhabe an Gewinnen und Kapital vorenthalten wird. Gerechtigkeit gehört nun jedenfalls der CDU, Hartz dagegen der SPD – irgendwie. Irgendwie kurios.

Als besonders geschickter politischer Taschendieb betätigt sich Wolfgang Schäuble. Der erste Muslim-Gipfel, das neue Bleiberecht für Ausländer – seine Sache, nicht die der SPD. Und die Fußball-Weltmeisterschaft, einst von Gerhard »Acker« Schröder, daumendrückend neben Franz Beckenbauer, an Land gezogen, gehört nun – irgendwie – auch der CDU, seit Schäuble frech und »Tagesschau«-füllend seine WM-Bilanz vorstellte, den DFB-Präsidenten Theo Zwanziger schmückend neben sich. Die Kanzlerin wiederum hat die Ausländerintegration – natürlich auch spektakulär mit einem Gipfel – gekapert und der SPD das Herzensthema Frieden entrungen. Krieg gegen den Iran? Niemals, Mr. Bush! Der Aufschwung – natürlich ganz der Angela Merkels. Obgleich Schröders Steuerakrobatik dafür gewiss mehr kann als die großkoalitionäre Trippelparade.

Nur zweimal hat die SPD umgekehrt lange Finger gemacht im Tante-Angela-Laden: bei der Rente mit 67 und bei der Unternehmensteuerreform. Aber da hat die CDU gern weggeschaut, denn mit dieser Beute wird der Dieb nicht glücklich. Und die bleiern im Regal liegende Gesundheitsreform schiebt Roland Koch nun freigebig an die SPD weiter – als hätte sie höhere Beiträge gewollt. Und nicht er durch Steuerverweigerung erzwungen.

Sicher vor Raubzügen ist nur die ideologische Resterampe. Die SPD sitzt auf verstaubten Vermögensteuermodellen, die Union auf unverkäuflichen Mustern mit den Labels »Weniger Kündigungsschutz« und »Mehr Atomkraft«. Das nasebohrende Aufsichtspersonal: Andrea Nahles und Michael Glos. Sie sind die Ladenhüter der Ladenhüter.

Der stille Putsch
Juli 2007

Innerparteiliche Feindschaften sind meist Folge persönlicher Kränkungen und Rivalitäten, selten politischer Differenzen. Das war bei Friedrich Merz so, der Angela Merkel nie verzeihen konnte, dass sie ihn nach der verlorenen Wahl 2002 als Fraktionschef verdrängt hatte. Das ist bei Kurt Beck nicht anders. In seinem Fall aber sind die Wunden nicht sichtbar, sie werden sorgfältig bedeckt gehalten. Deshalb auch erscheinen die Probleme des SPD-Chefs als selbst verursacht – obgleich andere emsig daran arbeiten. In seiner eigenen Partei. Heimlich. Und zielgerichtet. Drei Zentren sind in der SPD auszumachen, die an allem interessiert sind, bloß nicht an der Kanzlerkandidatenwerdung Kurt Becks. Das erste wollen wir das Haus Hannover nennen, das fast schon traditionell gegen das Haus Mainz kämpft – seit der erbitterten Fehde zwischen Gerhard Schröder und Rudolf Scharping Anfang der neunziger Jahre.

Kurt Beck, der Mainzer, wurde für Gerhard Schröder, den Hannoveraner, zum Feind, als er eine Woche nach der vorgezogenen Wahl 2005 die hartnäckig verteidigten Kanzlerambitionen des knapp Unterlegenen zerstörte. Und der Großen Koalition unter Angela Merkel den Weg bereitete. »Wäre eine Große Koalition ohne Schröder auch ein denkbarer Weg?«, fragte ihn damals das Magazin *Focus*. Und Beck antwortete: »In einer Demokratie sollte man niemals nie sagen …« Das war ein starkes Signal an die SPD, Schröder fallen zu lassen. Der Hannoveraner, der gerade sein Comeback als Zugpferd in diversen Landtagswahlkämpfen vorbereitete, hat das nicht vergessen. Andere Hannoveraner, die eigene Ambitionen hegen, stehen in dieser dynastischen Tradition. Auch Frank-Walter Steinmeier, Außenminister, Sigmar Gabriel, Umweltminister, und Hubertus Heil, SPD-Generalsekretär, stammen aus dem Hause Hannover.

Das zweite Zentrum hat sich um Franz Müntefering, den Vizekanzler aus Nordrhein-Westfalen, gebildet. Als der noch SPD-Chef war und im Herbst 2005 seinen Wasserträger Kajo Wasserhövel zum Generalsekretär machen wollte, fiel der im SPD-Vorstand gegen Andrea Nahles durch – und Müntefering schmiss den Parteivorsitz hin. Nahles gehört dem Haus Mainz an. Und Kurt Beck, der Mainzer, fehlte in der Sitzung, er war im Urlaub. Müntefering hat das nicht vergessen, gelegentlich platzt der Zorn noch aus ihm heraus. Das dritte Anti-Beck-Zentrum sitzt in Berlin. Klaus Wowereit, Anführer einer rot-roten Koalition, wollte gern SPD-Vize werden und später möglichst Kanzlerkandidat. Beck aber ließ ihn links liegen und erkor Steinmeier, Nahles und Peer Steinbrück, den Finanzminister, als Stellvertreter. Das vergisst Wowereit nicht.

In der Hauptstadt verschränken sich die drei Zentren. Ihre Einflussagenten wispern unaufhörlich und unüberhörbar von den kapitalen Fehlern des Provinzlers aus Mainz – und die Medien als Verstärker lassen seine Umfragewerte ins Bodenlose stürzen. Da setzt Müntefering bei einem Spargelessen eine mitreißende Rede gegen eine betuliche Becks – und die Presse ist voll von höfischem Geschnatter. Da preist Wowereit die Verlockung von Rot-Rot, gegen Becks Linie – und Gabriel, der gern Fraktionschef im Bundestag werden möchte und später ebenfalls Kanzlerkandidat, zündelt mit. Da präsentiert Beck seinen Plan zur Kapitalbeteiligung der Arbeitnehmer – und die Würdenträger der SPD schauen tatenlos zu, wie das Konzept von Gegnern zerfleddert wird. Da laviert die SPD ohne politisches Zentrum – und Hubertus Heil, der es organisieren müsste, aber von Beck unlängst abgekanzelt wurde, ist in die zweite Reihe zurückgetreten. Und da berät eine hochrangige Runde darüber, dass Steinmeier – in der Sympathieskala schon weit vorn – rhetorisch so geschult werden muss, dass er einen Wahlkampf als Spitzenmann bestehen kann.

Das alles erleben und begleiten parteinahe Journalisten, ohne die Hintergründe zu offenbaren. Es ist ein stiller Putsch, der gegen Beck vorbereitet wird. Als Parteichef stellt ihn vorerst niemand in Frage – er ist ja schon der neunte seit Willy Brandt. Aber als Kanzlerkandidat wird Steinmeier mit Macht in Stellung gebracht – »gehandelt«, heißt es verschleiernd. Beck kann dem Druck nur standhalten, wenn er den Parteitag im Oktober gegen die Zentren des Widerstands mobilisiert – so, wie es Angela Merkel vergangenes

Jahr in Dresden gegen ihre Rivalen getan hat. Steinmeier als Kanzlerkandidat und Schröder als sein Wahlkampfpartner, das wäre der Triumph des Hauses Hannover. Der zweite Sieg – und beide hätte Oskar Lafontaine besorgt. Der hat 1995 schon Scharping als Parteichef gestürzt. Nun würde er, als gerissener Konkurrent von links-außen, auch noch dem verratenen Beck ein Bein stellen.

Unser Herz so weiß
Oktober 2007

Eine ungehaltene Rede des Merkel-Kritikers Friedrich Merz offenbart, wie es rumort bei den Schwarzen.

Liebe Freunde, ich freue mich, dass wir uns nach so langer Zeit, wenn auch aus höchst unerfreulichem Anlass, wiedersehen. Unser Kreis ist klein, sehr klein, und wir treffen uns unter fast konspirativen Umständen. Aber anders wäre das in unserer Partei heute nicht mehr möglich, ohne die Beteiligten einem hohen Risiko für ihr politisches Fortkommen auszusetzen. Volker Kauder und Norbert Röttgen haben mich gebeten, ihr Fernbleiben zu entschuldigen. Die beiden, Sie wissen es nur zu gut, haben sich entschlossen, der Dame aus dem Osten zu dienen – das verlangt vollkommene Hingabe. Umso mehr freue ich mich, dass die letzten Aufrechten unseres Mittelstands gekommen sind, Josef Schlarmann und Michael Fuchs. Ich habe den Freunden aber versprechen müssen, dass darüber Stillschweigen gewahrt wird. Jeder weiß, was ihnen geschieht, wenn es bekannt würde. (Murren, zögerlicher Applaus)

Liebe Freunde, damit sind wir im Thema. Unsere CDU hat keine wirtschaftspolitischen Köpfe mehr. Und sie hat ihre ordnungspolitische Kompetenz verloren. Das ist ein dramatischer Vorgang – wenn auch in der Öffentlichkeit noch nicht recht wahrgenommen. Die CDU hat ihr programmatisches Herz verloren. Die Stelle ist weiß, wo es einmal saß! (Lebhafter Applaus) Ich habe das früher erkannt als andere und Konsequenzen gezogen. Ich wollte mich nicht verbrennen in einem aussichtslosen Kampf gegen die Dame. Die Freunde, die blieben, haben sich unterworfen – oder wurden es. Volker Kauder und Norbert Röttgen habe ich erwähnt. Matthias Wissmann ist zur Autoindustrie geflohen. Roland Koch spielt das Spiel der Dame. Und was Günther Oettinger sich nicht selbst angetan hat durch eine unglückliche Rede, das hat die Dame zupackend vollendet. Er wiegt heute nichts mehr. (Stimmengewirr, Rufe: Wir haben ihn allein gelassen!)

Ich werde bestürmt in diesen Tagen, mich öffentlich gegen die wirtschaftspolitische Entkernung der CDU zu stellen. Manche raten mir wieder, eine eigene Partei zu gründen. Aber ich werde nicht zum Oskar an meiner Partei, wenn ich sie heute auch nicht mehr als solche erkennen kann. Und ich möchte den Feiglingen den Moment der Schande nicht ersparen, wenn sie aus purem Populismus der Verlängerung des Arbeitslosengeldes zustimmen, Arm in Arm mit der linksgewendeten SPD Kurt Becks. Gegen die eigene Überzeugung – das ist die Schande in der Schande. Dass Franz Müntefering einmal als mutigster Reformer erscheinen könnte und die CDU links von ihm steht, das hätte ich mir selbst in den gruseligsten Alpträumen von der Dame nicht vorstellen können. Die CDU, liebe Freunde, ist nicht mehr Reformpartei, sie ist weichgespült, prinzipienlos! (Bravorufe, langer Applaus)

Sechs Jahrzehnte erfolgreicher Markenprägung sind in einem einzigen Jahr zertrümmert worden. Seit die Dame auf dem Dresdner Parteitag den Vorschlag von Jürgen Rüttgers zum Beschluss erheben ließ, das Arbeitslosengeld für Ältere länger zu zahlen. Sie wissen alle, was ich von Rüttgers halte. »Nichts« wäre noch zu viel gesagt. (Gelächter) Rüttgers schlürft den politischen Gencode des Gegners! (Stürmischer Beifall) Aber die Dame hat sich den Parteitagsbeschluss gegönnt, weil sie darauf setzte, dass die SPD ihn schon blockieren würde in der Koalition. Nun fällt uns unser Beschluss schwer auf die Füße. Wir, die wir 2003 auf dem Leipziger Parteitag noch eine wirtschafts- und sozialpolitische Revolution wollten, kapitulieren nun. Wir verteilen süßes Gift – längeres Arbeitslosengeld, Mindestlöhne ... (Starke Unruhe, Pfuirufe) Ludwig Erhard wusste schon, warum er nie in die CDU eingetreten ist. Hören Sie die Geräusche vom Friedhof? Heute rotiert Erhard im Grab.

Heute ist Horst Köhler unser letzter Unbeirrbarer, der für den Umbau des Sozial- und Steuerstaats kämpft. Heute erscheint die FDP wie der outgesourcte wirtschaftspolitische Arbeitskreis der CDU. Stellen Sie sich vor, unser Wirtschaftsminister Michael Glos wäre Sozialdemokrat – wir würden ihn landauf, landab durch die Industrie- und Handelskammern prügeln! (Starker Beifall, vereinzelte Pfiffe) Meine Prognose ist düster, liebe Freunde. Bei den Wahlen 2009 werden sich fünf sozialdemokratische Parteien balgen: die Linke, die SPD, CDU, CSU und Grüne. Mit der Rettung des Weltklimas mag man einen Nobelpreis gewinnen, aber für »40 plus x« ist das zu wenig! Die Dame setzt auf die gute Konjunktur. Aber unter den Wählern überwiegen schon wieder die Konjunktur-Pessimisten gegenüber den Optimisten: 37 zu 32. Noch im Juli war es umgekehrt: 29 zu 38. Ich weiß, es rumort in der CDU. Mächtig. Aber das Rumoren reicht nicht. Eine Revolte wäre nötig. Haben Sie den Mut dazu! (Dünner Applaus, Rufe: Und du, Friedrich?)

Rache, kalt genossen
November 2007

Standing Ovations gab es, und viele hatten Tränen der Rührung in den Augen, als Franz Müntefering am Dienstag, dem 13., vor der SPD-Bundestagsfraktion seinen Rücktritt begründete. Selten hat eine Partei derart naiv ihrem eigenen Verhängnis applaudiert. 222 Abgeordnete stellt die SPD im Bundestag. Käme sie mit dem Ergebnis aus der Wahl 2009 heraus, auf das »Münte« seine Partei nun wieder demoskopisch zurückgeworfen hat – 24 Prozent, zwei Punkte weniger als vor seinem Abgang –, dann würden rund 80 dieser 222 Vertreter des sozialdemokratischen Volkes ihr Mandat verlieren. Mit ihrem Jubel für den heiligen Franz beklatschten diese 80 auch dessen verdecktes Spiel mit ihrer politischen Existenz. Nur wenige erkannten das Abgründige. Denn mindestens so bewegend wie der Rücktritt selbst war der Zeitpunkt seiner Verkündung: ausgerechnet am Tag nach der nächtlichen Sitzung des Koalitionsausschusses, in der die Verlängerung des Arbeitslosengeldes I für Ältere beschlossen wurde (und der Post-Mindestlohn am Widerstand der Kanzlerin scheiterte). Die Operation ALG war Kurt Becks Triumph, die strategische Wende, die der Mainzer seiner Partei gegen Münteferings Widerstand verordnet, die den Hamburger SPD-Parteitag bestimmt und Union wie Linkspartei über Wochen unter Druck gesetzt hatte. Zum ersten Mal hatte sich der SPD-Vorsitzende direkt in der Berliner Koalition durchgesetzt. Die CDU musste ihre Widerstandslinie räumen, die Reform der Reform komme nur kostenneutral in Frage.

Doch Beck hatte keine Chance, seinen Erfolg, die Neuausrichtung der SPD, ins Bewusstsein des Publikums zu rammen. Müntes Rücktritt zertrümmerte Becks Auftritt, trieb ihn in die Defensive, ließ ihn hölzern unbeholfen erscheinen – und fegte das Arbeitslosengeld von der Agenda, als ginge es um eine Petitesse des Regierungsgeschäfts. Am Abend des unseligen 13. war es dem »Heute-Journal« des ZDF nicht mal mehr eine Nachricht wert. Und am nächsten Morgen war es nicht Aufmacher auf den Titelseiten, sondern verdorrte als Einspalter auf Seite 3 von *Bild,* im Wirtschaftsteil der *FAZ* und auf Seite 5 der *Süddeutschen.* Müntes letzte Tat. Statt als »Big Bang« durchs Land zu hallen, verklang der Symbolbeschluss für die linkspopuläre Wiedererkennbarkeit der SPD mit einem Winseln. Statt des in Erfüllung gegangenen Projekts Kurt Becks beherrschte das unerfüllte Vermächtnis Franz Münteferings die Debatte: der Mindestlohn. Der innerparteilich geschlagene Vizekanzler hat seine Rache am Vorsitzenden kalt genossen – *à la minute.* Schon am Montag der vorangegangenen Woche war seine Frau operiert worden, zum fünften Mal. Wäre er sofort abgetreten, hätte er Beck in der Koalition das Feld überlassen und sich dem Verdacht ausgesetzt, er mache »den Lafontaine«. Wäre er erst eine Woche später aus dem Amt geschieden, wogegen nichts sprach, hätte der SPD-Chef seinen Durchbruch genießen können, Müntefering aber wäre nicht mit der Gloriole des letzten Aufrechten abgetreten, sondern als Gescheiterter.

So ging er auf dem Zenit seiner Wirkungsmöglichkeiten, mit

einer unangreifbaren, weil menschlich beeindruckenden Begründung – und mit einem grandiosen Auftritt, der die kritischen Instinkte der Medien einlullte und es nebenbei auch noch erlaubte,
die Kanzlerin als eiskalte Lohndrückerin zuzurichten. Abgetreten
ist nicht nur ein – verglichen mit den politisch Hinterbliebenen –
Großer, sondern auch ein großer Taktiker. Und ein großer Einzel-
gänger, der auf die Interessen seiner Partei, die sich am Ende gegen
ihn gewandt hatte, keine Rücksicht mehr nahm. Der sogar noch
seine Nachfolger mitbestimmen konnte: Wäre er später abgetreten, hätte Beck womöglich Andrea Nahles zur Arbeitsministerin
gemacht, die Führerin der Parteilinken, Einzige aus seiner Stell-
vertreterriege, die kein Regierungsamt hat – und für Müntes Rücktritt als SPD-Chef verantwortlich war. Vergessen ist nun auch, dass
das Umfrage-Elend der SPD in den ersten Jahren der Koalition
mehr Müntefings Anschmiegsamkeit an die Kanzlerin geschul-
det war als dem dafür mit Hingabe geprügelten Beck. Der hat nun
wieder zu haften, für den beträchtlichen Schaden, den Müntefings Abgang zur Unzeit hinterlassen hat. Nach der Verlängerung
des Arbeitslosengeldes gibt es nur noch ein einziges Stück, mit dem
der Mainzer bei den 22 Wahlen der nächsten beiden Jahre persönlich punkten könnte: das Jahrhundertprojekt der Kapitalbeteiligung für Arbeitnehmer. Frank-Walter Steinmeier, der neue Vizekanzler, muss nun leisten, was sein Vorgänger versäumt hat: der
SPD kantiges Profil geben und die Koalition halten. Müntefering
aber hat nicht nur Becks Befreiungsschlag vereitelt – er hat damit
auch Merkels Kanzlerinnenbonus gestärkt. Sie liegt nun schier un-
einholbare 41 Punkte vorn.

Steinmeiers Stunde
März 2008

Zweimal hat Kurt Beck einen Strategiewechsel im Interesse seiner
Partei vollzogen – beide Male hat er dafür persönlich teuer
bezahlt. Im vergangenen Jahr setzte er die Verlängerung des Arbeitslosengeldes I durch, die er zuvor vehement abgelehnt hatte.

Nun die Öffnung der SPD gegenüber der Linken im Westen, was er einst mit einer Art Beck-Doktrin für undenkbar erklärt hatte. Das erste Wendemanöver war in der Sache falsch, aber für die SPD richtig. Das falsche Signal für den Arbeitsmarkt, die richtige Entscheidung, um den Sozialdemokraten wieder Selbstvertrauen einzuflößen. Das zweite Manöver war in der Sache richtig, aber im Stil falsch. Die richtige Entscheidung, um das unhaltbare Tabu zu schleifen und eine Bündnisoption zu öffnen, aber falsch kommuniziert, nicht aufrichtig begründet.

Strategisch betrachtet, im langfristigen Interesse der SPD, waren beide Kurskorrekturen richtig. Aber falsch für die persönlichen Interessen Kurt Becks. Denn er hat seine Glaubwürdigkeit schwer beschädigt. Vermutlich auf lange, sehr lange Sicht. Beck hat sich selbst verbrannt, um seiner Partei wieder Feuer zu geben, sie unter Dampf zu setzen.

Das Urteil des Volkes ist eindeutig: Nur noch 14 Prozent der Deutschen würden Beck heute direkt zum Kanzler wählen – so wenig wie nie –, 56 Prozent dagegen Angela Merkel. Selbst von den eigenen Anhängern, den SPD-Wählern des Jahres 2005, will ihn bloß noch ein Viertel im Kanzleramt sehen, 40 Prozent dagegen die CDU-Vorsitzende. Das ist verheerend. Das ist weniger, als selbst Rudolf Scharping vor seinem Sturz als SPD-Chef auf dem Mannheimer Parteitag auf die Waage bringen konnte – ein historisches Tief.

Und das ist vernichtend für Becks Chancen als Kanzlerkandidat. Es ist die Stunde des Kanzlerkandidaten Frank-Walter Steinmeier. Aber für ihn spricht längst nicht nur die Beschädigung Becks. Der Außenminister wäre selbst dann als Kanzlerkandidat vorzuziehen, wenn es die aktuellen Turbulenzen um den Parteivorsitzenden gar nicht gäbe. Wenn Berliner Genossen nicht auf dem am Boden Liegenden herumtrampeln würden. Wenn sich der Hamburger Spitzenkandidat Michael Naumann nicht an ihm die Schuhe abgeputzt hätte, um die eigene Niederlage, den Blackout beim Fernsehduell mit Ole von Beust, wegzuwischen. Wenn Naumanns böses Wort vom Geisterfahrer, Wahlverderber an der Elbe, nicht als hanseatische Dolchstoßlegende an Beck haftete.

Denn Merkels absehbare Wahlkampagne verlangt eine adäquate Antwort, einen Herausforderer auf Augenhöhe. Der heißt Steinmeier, nicht Beck. Merkel plant einen Persönlichkeitswahlkampf, abgestellt auf Ruhe und Verlässlichkeit in unruhiger Zeit, auf ihre internationale Reputation. Die sonnendurchfluteten Bilder von Miss World in Heiligendamm liefern dafür die filmreife Kulisse. Der Außenminister und frühere Chef des Kanzleramts kann dem Paroli bieten, auch er verkörpert Ruhe, Kontinuität, Verlässlichkeit und nationale wie internationale Erfahrung. Auch er – silberhaarig, gelassen, vertrauenerweckend – liefert filmreife Bilder.

Beck hätte Merkel nichts Vergleichbares entgegenzusetzen. Für ihn sprachen anfangs die Kraft der Provinz, die Nähe zu den Menschen, die Glaubwürdigkeit und Authentizität eines uneitlen, ehrlichen Mannes. All das aber wäre eine Antwort auf ganz anderer Ebene gewesen. Nun ist es zudem noch entwertet, ins Gegenteil umgeschlagen: Aus der Kraft der Provinz wurde in der Wahrnehmung des Publikums die Unbeholfenheit eines Provinzlers.

Steinmeier hat hart an seinen Defiziten gearbeitet. Er wurde beraten, geschult und korrigiert. Er hat reden gelernt, besser als Beck – zugespitzt, emotionalisierend. Er hat, wie Unionsfraktionschef Volker Kauder scherzt, »den kleinen Partei-Tiger gemacht«. Nun stünde er als Autor der Agenda 2010 auch noch für einen reformorientierten, zur Mitte offenen, integrierenden Kurs, während Becks Attraktivität für die FDP, seine Regierungserfahrung mit den Liberalen verblasst sind. Der Mainzer Mann der Mitte gilt fortan als Stratege des Linksrucks – eigentlich ein Witz der Geschichte.

Brächte die SPD noch die Kraft auf, den quirligen Sigmar Gabriel vor 2009 anstelle von Peter Struck zum Fraktionschef zu machen, könnte sie zudem in Formation gegen die ziemlich einsam agierende Kanzlerin antreten. Beck oder Steinmeier, das kann die Wahl sein zwischen 30 oder 35 Prozent. Becks Erzrivale Franz Müntefering hat ein privates Strategiepapier verfasst, das Steinmeier empfiehlt. Als Putsch aber kann das Projekt nicht gelingen, Beck selbst muss die Wahl treffen, ganz allein, wenn die Zeit gekommen ist. Der Parteichef könnte darin Halt und Genugtuung finden – als Mann, der dreimal richtig entschieden hat. Und Größe beweist.

Allein mit der Meute
Juni 2008

Es reicht. Es ist Zeit, innezuhalten. Nachzudenken. Kritisch und selbstkritisch. Nicht nur darüber, was mit dem Mann passiert ist und tagtäglich aufs Neue passiert. Das ist schlimm genug. Sondern auch darüber, welchen Typus von Politiker die Medien, die sogenannte Öffentlichkeit, überhaupt noch zulassen. Und ob sich die Politik, am Ende gar: das Volk, dagegen behaupten können. Das ist noch wichtiger. Denn dabei geht es um nichts Geringeres als die Frage, ob und wie stark Medien die Demokratie verbiegen. Der Fall Kurt Beck muss Anlass sein, das zu reflektieren. Der SPD-Chef hat Fehler, und er hat Fehler gemacht. Jeder kennt sie. Aber diese Fehler – der schwerste war der »Wortbruch« nach der Hessen-Wahl – sind beileibe nicht extraordinärer als die Fehler, die andere in der Politik zu verantworten haben. Nehmen wir nur, weil von Hessen die Rede ist, die planmäßige Mobilisierung fremdenfeindlicher Affekte durch Roland Koch. Kurt Beck indes hat ganz andere Konsequenzen zu tragen. Die Begriffe dafür hat er vergangene Woche selbst gesetzt, in einem Ausbruch von Zorn, spitz und betroffen machend: Vernichtungsfeldzug, Mobbing, Herabwürdigung.

Das ist nicht das übliche Lamento skandalgeschüttelter Politiker über jene Medien, die ihre Skandale publik gemacht haben. Das ist das Notsignal, der Protestschrei eines ehrenhaften Mannes, der seine Ehre besudelt sieht, seine Integrität beschädigt, sein Bild zertrümmert. Und wie zum Beweis wurde ja selbst noch die Klage über die Vernichtung zum Instrument der Vernichtung auf Raten. Der Ausbruch, beim Wein mit Journalisten aus der Hauptstadt, war nach dem Komment vertraulich und füllte danach dennoch die Blätter. Als Ausweis der Dünnhäutigkeit, der Erschütterung, der Hilflosigkeit des SPD-Vorsitzenden, dessen Uhr abläuft.

90

Becks größte Fehler aber sind nicht politische, sondern ganz andere, über die man sich amüsiert, die man abschmeckt und genüsslich serviert in den Porträts und Expeditionsberichten aus der Pfalz. Wie er aussieht nämlich, rund und struppig. Wie er redet, ungeschliffen und verstellt. Mit wem er Umgang pflegt, einfachen Menschen. Und was er genießt, »Schnüffel« etwa, Schweineschnauzen vom Schlachtfest. Mit einem Wort: Kurt Beck wird als Politiker niedergemacht, aber gemeint ist der Provinzler, der Aufsteiger aus ärmlichen Verhältnissen, der Nicht-Studierte, der Exot aus dem Volk. Damit treibt die Häme ihr Spiel, daran regnet sich die Arroganz ab, darüber erhebt sich der Dünkel. Gesucht und gefunden wird nur noch, was ins Bild passt. Gedankenlos. Gnadenlos.

Nie ist einem deutschen Politiker nach dem Krieg solches derart massiv widerfahren – auch mit Helmut Kohl wurde nicht zimperlich umgesprungen, aber er war medial nicht allein. Nie haben sich Journalisten – gerade jene, die der SPD nahestehen, Empathie auf den Lippen tragen und Visionen beschwören – so geschlossen über einen hergemacht: als Meute. Wahrigs »Deutsches Wörterbuch« erklärt den Begriff: »Schar von Jagdhunden zur Hetzjagd; Schar zügelloser Menschen, wilde Horde, Bande.« Die Glaubwürdigkeit der meisten wird schon dadurch widerlegt, dass sie kein aufklärendes Wort verlieren über jene Büchsenspanner, die das Treiben inszenieren und sie so ausdauernd wie anonym mit Boshaftem füttern. Kritik musste und muss sein, auch scharf, aber zu viele bellen einfach nur noch besinnungslos mit dem Rudel.

Dahinter steht ein grundsätzliches Problem: Haben Politiker aus der »Provinz« noch eine Chance in Zeiten der Globalisierung, die eleganten und eloquenten Darstellern die Bühne bereitet? Erst recht, wenn diese »Provinzler« nicht in der Hauptstadt leben, sondern in Landschaften, deren Bewohner Bier- und Weinfeste bevölkern statt Lesben- und Schwulenparaden?

Auch Erwin Huber, der CSU-Chef, ist so ein Fall. Er stammt wie Beck aus einfachen Verhältnissen, ist ein hölzernmundartlicher Redner, wird in Abwesenheit von Berliner Parteifreunden gemobbt, anonym selbstverständlich, und in medialer Arroganz frittiert. Ob er noch mal »vier klare deutsche Sätze« sagen könne, fragte ihn unlängst – im Wortsinn unverschämt – ein Reporter auf einer Berliner Pressekonferenz, als er sich just in klaren deutschen Sätzen geäußert hatte. Er gehorchte, eingeschüchtert.

Beck ist ein ehrlicher Mann, auch und gerade, weil er fremd ist in dem notorisch lügenden, heuchelnden, intrigierenden Milieu der Metropole. Mediale Zurichtung aber hat ihn, nicht etwa seine falschen Freunde, zur Figur der Unaufrichtigkeit gemacht. Seine im Täuschen promovierten Gegner lasten ihm vor allem an, dass er den Kurswechsel gegenüber der Linken *vor* der Hamburg-Wahl zu erkennen gab – sie hätten es erst danach getan. Profis, die sie sind. Scheitert der Typus Beck, sind wir allein mit solchen Profis.

Geboren drei vor zwölf
Oktober 2008

Panik gegen Panik. Angela Merkel handelte, bevor die Finanzmarktkatastrophe zur Kanzlerinnendämmerung wurde. Zur Politik-Krise schlechthin. Im letzten Augenblick. Und mit einer Kühnheit, die so gar nicht passt zur Regentschaft der Zaudernden, Moderierenden, Glättenden. Blitzschnell war sie nun, zupackend, radikal: Staatsgarantie für alle Spareinlagen. Ein Paukenschlag, eine Staatsintervention ohne Vorbild in der deutschen Geschichte. Und doch zugleich auch ein Krisensignal, so schrill, wie es in der Finanzmarktkrise diesseits des Atlantiks noch nicht zu hören war. Alles steht auf dem Spiel, lautete die Botschaft, alles. Und Erinnerungen wurden wach an Hyperinflation und Währungsreform, an den Schwarzen Freitag, an den großen Börsenkrach 1929, an die Weltwirtschaftskrise.

Panik schien die Regenten in Berlin erfasst zu haben. Panik vor der Panik. Bevor ein Run auf die Bankschalter das gesamte Finanzsystem ins Chaos stürzt. Bevor der Nimbus der Kanzlerin in Scherben fällt, als ruhender Pol in unsicherer Zeit, als Anker des Vertrauens und der Verlässlichkeit. Und der Kanzlerinnenwahlkampf 2009 zu Ende ist, bevor er überhaupt begonnen hat. Bevor das Vertrauen in die Politik restlos zertrümmert wird und die Volksparteien – grell illuminiert vom Niedergang der CSU – zerfallen zu Resterampen. Bevor die Große Koalition, einstmals das Bündnis für besondere Herausforderungen, das Notbündnis, abdankt in Hilflosigkeit – und der Staat ins Trudeln kommt.

Kurzum: bevor all das, was die alte, glückliche Bundesrepublik ausmachte, vom Kollaps des Casino-Kapitalismus hinweggefegt wird. Der finstere Spuk wurde gebannt durch eine politische Garantieerklärung, diffus zunächst, von zweifelhaftem realem Gehalt, dann peu à peu gefüllt mit konkreten Zusagen. Der Bürger fühlte sich aus einem Alptraum geweckt – und in einen noch wüsteren hineinversetzt: So schlimm stand es? So schlimm steht es vielleicht noch? Der Staat setzt alles, was er hat, gegen den Systembankrott.

Die kühne Geste überdeckte das Versagen der Akteure. Ein Jahr lang, seit die Finanzkrise in ihren verheerenden Dimensionen erkennbar war, hatten sie die Dinge treiben lassen, von Transparenz der Märkte schwadroniert, Kontrollen oder gar Eingriffe aber gescheut. An die Banken, die heiligen Märkte, die Blinden und die Zocker wagte man sich nicht.

Nichts wurde getan, um die unfähige Bankenaufsicht – zersplittert zwischen Bafin und Bundesbank – grundlegend neu zu ordnen. Nichts, um den halsbrecherischen Handel der Banken mit Krediten zu stoppen. Nichts, um die Haftung der Banken zu verstärken. Nichts, um Einblick zu gewinnen in die Risiken der Geldhäuser. Nichts, um die überfällige Fusion der krisengeschüttelten Landesbanken voranzutreiben. Nichts, um Manager haftbar zu machen. Nichts, um den Schutz der Verbraucher vor riskanten Zertifikaten und irreführender Werbung zu verbessern. Nichts, um spekulative Derivate einer Genehmigung durch die Bankenaufsicht zu unterwerfen. Nichts, um rechtzeitig einen europäischen Schirm aufzuspannen gegen den Hagelsturm aus den USA. Es wird schon gut gehen. Unsere Banken sind ja stabiler.

Am Ende, als das erste Hilfspaket für die wankende Hypo Real Estate scheiterte, stellte sich auch noch heraus, dass die Milliardengarantie des Bundes zugesagt worden war, ohne vorher die

Bücher der Bank zu prüfen. Der gescheiterte Deal war ein Ausweis für die Inkompetenz der Politik, ihre bestürzende Naivität gegenüber den Banken. Die Kanzlerin schlingerte darüber in ihre schwerste Krise. Jahrelang hatte sie von glücklichen Umständen profitiert: bärenstarker Konjunktur, sprudelnden Steuerquellen, sinkender Arbeitslosigkeit. Nun wurden ihre Schwächen kenntlich: einsam in der Führung der Union, einer Union ohne personifizierte Wirtschaftskompetenz, mit mürber Machtbasis und schwindender Aussicht auf eine schwarz-gelbe Mehrheit bei der Wahl 2009.

Die Stunde der Not wurde, ein Jahr vor dem Ende der Großen Koalition, zur eigentlichen Geburtsstunde dieser Koalition. Zum ersten Mal begriff das Bündnis, wozu es eigentlich da ist – und handelte. Garantie der Spareinlagen, einheitlicher Krankenkassenbeitrag, Beitragssenkung in der Arbeitslosenversicherung, Kindergelderhöhung, Bundeswehreinsatz im Innern: im Nu beschlossen, ohne parteipolitischen Firlefanz. Im symbolischen Schulterschluss: die Kanzlerin und ihr Finanzminister. Für die Beteiligten eine prägende Erfahrung. Womöglich eine, die Kraft gibt für mehr – radikales Aufräumen des Finanzmarkts, Verschiebung eines ausgeglichenen Etats, stattdessen rasche Steuersenkungen gegen die aufkommende Rezession. Und eine, die Lust auf mehr geweckt hat – nach 2009.

Regierung der Besten
Dezember 2008

Auch die USA werden künftig von einer großen Koalition regiert. Barack Obama, Präsident der Demokraten und nach amerikanischem Verständnis ein Linksliberaler, holt Republikaner und kantige Konservative in seine Regierung. Robert Gates, zentrale Figur aus dem Team von George W. Bush, bleibt Verteidigungsminister. James Jones, Vier-Sterne-General, ehemaliger Kommandeur des Marine Corps und Nato-Oberbefehlshaber, ein ebenso kritischer wie unabhängiger Kopf mit Neigung zu Obamas republikanischem Herausforderer John McCain, übernimmt das einflussreiche Amt des Sicherheitsberaters. Der pensionierte Admiral Dennis Blair koordiniert die Geheimdienste. Amerikas Linke ist empört, die Rechte entzückt. Das allein macht das Obama-Projekt aber noch nicht zum Modell. Seine Faszination gewinnt es aus einem ganz anderen Umstand: Die Regierung ist eine große Koalition der Kompetenz, der Elite, der intellektuellen Brillanz. Obama holt die Besten. Keine Stiefelküsser. Hillary Clinton, die ihm als demokratische Rivalin einen einmalig aufreibenden Vorwahlkampf aufgezwungen hatte, wird seine Außenministerin. Timothy Geithner, Chef der New Yorker Notenbank und Reformer des Finanzsystems, rückt an die Spitze des Finanzministeriums. Steven Chu, Physik-Nobelpreisträger mit chinesischen Wurzeln, wird Energieminister. Eric Holder, glänzender Jurist aus Bill Clintons Mannschaft, soll als erster schwarzer Justizminister das Gefangenenlager in Guantánamo schließen. Susan Rice, unerbittliche Kritikerin der Ignoranz gegenüber den Massakern in Darfur, wird UN-Botschafterin mit Kabinettsrang. Und und und …

Auf Deutschland übertragen würde das etwa bedeuten, dass die Kanzlerin Friedrich Merz, ihren einst schärfsten Widersacher, als Wirtschaftsminister ins Kabinett holt, Klaus Naumann, den ehemaligen Generalinspekteur der Bundeswehr, zum Verteidigungsminister macht, Peter Gruss, den Präsidenten der Max-Planck-Gesellschaft, als Wissenschaftsminister beruft und den Klimaforscher Hartmut Graßl als Umweltminister. Undenkbar? Stimmt. Leider. Aber warum? Aktuell scheitert das an der Charakterprägung Angela Merkels. Obama möchte Stärke gewinnen durch ein starkes Team. Merkel erscheint stark in einem schwachen Team. Obama denkt und handelt im nationalen Interesse. Merkel in Kategorien persönlicher Macht. Obama riskiert. Merkel sichert ab. Da ist sie eisern: Loyalität schlägt Qualität – immer und unter allen Umständen. Koste es, was es wolle.

Der Gottesacker ihrer Führungskultur war auf dem Stuttgarter CDU-Parteitag zu besichtigen. Ein Kongress erstarrt in Furcht vor der Herrin. Geistig abgestorben. Komatös. Einzig Merz brach das dröhnende Schweigen durch ein Plädoyer für Steuersenkungen – keine Abrechnung zum Abschied, sondern eine wohltemperierte Rede, die das Tor zur CDU offenhalten sollte, ein Angebot auch an Merkel. Abgelehnt – mit müdem Händeklappen, ausweichendem Blick. Politik als Auswahl der Besten hat keine Tradition in Deutschland. Willy Brandt wagte einmal mehr Geist (und Glanz), berief den parteilosen Hochschullehrer Hans Leussink zum Bildungsminister, den Fernsehstar und Tierschützer Bernhard Grzimek zum Naturschutzbeauftragten. Gerhard Schröder versuchte es ihm anfangs gleichzutun, der IT-Unternehmer Jost Stollmann, ehedem in der CDU, trat das Amt des Wirtschaftsministers aber gar nicht erst an. Hastig wurde der Manager Werner Müller mobilisiert, beim Rasieren erreichte ihn Schröders Anruf, er solle sofort nach Bonn kommen. Doch die SPD verweigerte ihm ein Bundestagsmandat – zu fremd war sein Gencode. Heute sind Regierungen wie Parteien geschlossene Systeme. Posten werden zugeteilt, demokratische Auswahl ist zumeist fingiert, bloß formal legitimiert. Kabinette sind zusammengeflickt nach Koalitionsproporz, Parteibalance und regionaler Herkunft. Es zählt nicht, wer's kann, sondern wer darf. Personifizierung dieses Elends ist Michael Glos. Er musste den fliehenden Edmund Stoiber ersetzen, Wirtschaftsminister wollte er nie werden. Und ist er in Wahrheit nie geworden. Tiefpunkt des Verfalls aber ist die Berufung des Hinterbänklers Thorsten Schäfer-Gümbel zum Spitzenmann der Hessen-SPD: Volkspartei kurz vor Schluss. Seither ist nichts mehr undenkbar. Scham vor dem Wähler? Ach woher: Die schrullige TSG-Brille machen wir auch noch zum Reklame-Hype! Durchlüftung, Öffnung, Einschleusen von Brillanz könnten Ur- und Vorwahlen in den Parteien befördern, wie in den USA. Aber auch das garantiert nicht das Ende des Inzests. Letztlich hängt doch alles an der Souveränität der Führungsfiguren. Da hilft nur beten. Obama sei bei uns.

3

Wer fürchtet das Volk?

Die deutsche Malaise

Keinen Cent für niemand
April 2003

Dies ist ein Aufruf, kein Kommentar zur Schieflage der Nation –
davon sind wahrlich genug geschrieben. Bewirkt haben sie wenig,
um nicht gallenbitter zu bilanzieren: so gut wie nichts. Es ist ein
Appell an all jene, die – meist ohne sich dessen bewusst zu sein –
ein Instrument in der Hand halten, um die Dinge zu wenden.
Denn es ist Zeit zur Gegenwehr. Zur Notwehr. Zeit, die Politik
unter Druck zu setzen, statt das Land weiter von ihren Ausflüch-
ten, ihrer Mutlosigkeit, ihren Mätzchen erdrücken zu lassen. Es
ist Zeit, den Parteien die Nabelschnur abzuklemmen, aus der sie
sich nähren, denn das ist das Einzige, was sie beeindruckt – außer
dem Verlust von Macht und Pfründen.

Es ist Zeit für den Spendenstreik. Von Bürgern und Unternehmen. Unbefristet. Gegen alle in den Parlamenten von Bund und
Ländern vertretenen Parteien. Gewiss: Kollektivhaftung ist unge-
recht, aber in diesem Fall sollten wir das in Kauf nehmen. Denn
dort, wo gehandelt werden muss, im Vermittlungsausschuss von
Bundestag und Bundesrat, da mischen sie alle mit: die Sozial- und
die Christdemokraten, die Grünen und die Liberalen, ja selbst die
Postkommunisten. Das Streikziel: sie gemeinsam zum Entscheiden, zum Bewegen, zum Sanieren unseres Wirtschafts- und So-
zialsystems zu nötigen. Ja: nötigen. Bloß nicht zu zimperlich!

Denn geschieht das nicht, jetzt endlich, dann zerbricht und
versinkt vieles in diesem Land. Alle, ausnahmslos alle Indikato-

ren deuten in diesen Tagen auf Krise ohne Ende: Wirtschafts-
wachstum sinkend, Arbeitslosigkeit steigend, Steuereinnahmen
schrumpfend, Rentenkassen ausgefegt, Krankenkassen verschul-
det, Pflegeversicherung gefährdet, Bundesetat wurmstichig, Län-
derhaushalte verfassungswidrig. Deutschland, Land auf Sand.

Der Spendenstreik könnte zum Warnruf werden. Schmerzhaft
schrill in den Ohren der Parteivorstände – doch ohne Demokratie und Verfassung zu beschädigen. Brechen wir den Druck der
Untätigen mit dem Gegendruck der Ungeduldigen! Sparen wir die
Politik instand!

Die Erstattung der Wahlkampfkosten aus dem Steuersäckel
kann den Parteien ja niemand nehmen, diese verlockenden Pro-
paganda-Prämien setzen sie schließlich im Kränzchen der Kopf-
geldjäger selbst fest; aber da Mitglieder davonlaufen, ist die
Kassenlage prekär (die FDP hat 30 Millionen Euro Schulden auf-
gehäuft, wollte von Journalisten gar 30 Euro Eintrittsgeld für
ihren nächsten Parteitag kassieren). Ohne Spenden würde es dramatisch: Im Jahr 2000 hat die SPD 12,6 Millionen Euro aus den
Blüten staatsbürgerlicher Barmherzigkeit (oder lobbyistischen
Kalküls) gesaugt, die CDU 28,5, die CSU 6,9, die FDP 8,5, die Grünen 4,3 und die PDS 3,5 Millionen. Haben oder nicht haben
macht das Doppelte, sagt der Volksmund.

Und der spricht auch ein vernichtendes Urteil über die Kompetenz der Parteien. 52 Prozent der Deutschen glauben, dass keine
von ihnen mit den Problemen der Republik fertig wird, ermittelte
das Forsa-Institut für den *stern*. Der Kanzlerpartei SPD trauen das
jämmerliche 13, der Union kaum weniger klägliche 28 Prozent zu.
Ein durchaus gerechtes Urteil: Nach 20-jähriger nationaler Re-
formdebatte entdeckt die SPD gerade, dass sie erste zaudernde
Pläne ihres Vormannes zunächst dringend intern zu diskutieren
hat. Und die CDU schlägt erst mal gar nichts vor, denn es wäre ja
blöd, sich den Streit der anderen auch noch an den Hals zu holen.
Der grüne Reformmotor stottert dazu verhalten, der liberale ist
abgewürgt.

Dahinter verbirgt sich eine schwerwiegende Deformation des
demokratischen Systems: Die Parteien (und die in Wahrheit von

ihnen, nicht etwa vom Volk, ausgewählten Parlamentsfraktionen) sind von ihren Führungen rigoros kaltgestellt worden. Sie denken nicht mehr, sie folgen. Sie leisten nichts mehr für die Gesellschaft, sie ruhen auf ihr. Konzipiert (und konspiriert) wird in undurchsichtigen und demokratisch nicht legitimierten Zirkeln: in Hinterzimmern, Kommissionen und Talkshows.

Spendengeld für Parteien ist mithin da besser aufgehoben, wo es noch zum Denken gebraucht wird: in Stiftungen, Instituten, Schulen und Hochschulen. Stellen wir uns vor, die Vorstände und Geschäftsführungen spendabler Firmen beschlössen eine solche Umdüngung auf den Acker des Geistes. Und gäben das den Parteien auch noch schriftlich, unter Angabe der entgangenen Dotationen. Keinen Cent für niemand, bis zum Beweis des Wandels, könnte es in diesen Briefen heißen. Denn Leistung soll sich wieder lohnen.

Bundestag bankrott
Juli 2003

Das Kompliment war vergiftet. Nicht für die Gastgeberin, die es strahlend entgegennahm. Der es überbrachte, hätte daran würgen sollen. »Ihre Sendung bestimmt die politische Agenda in Deutschland mehr als der Bundestag«, schmalzte Friedrich Merz, stellvertretender Fraktionsvorsitzender der CDU/CSU, als er bei der 250. Sendung von Sabine Christiansen peinliche Honneurs machte. Auch wenn bei solchem Anlass manches nachzusehen ist: Es war ein haarsträubender Fall von Parlamentsverrat. Empören wollte sich freilich niemand. In der Fernsehrunde antwortete Heiterkeit. Aus der Volksvertretung Schweigen. Eine Erniedrigung wird zur Demütigung, wenn sie klaglos hingenommen wird. So leicht ist sie also angreifbar, die Würde des Hohen Hauses.

Es lohnt sich, Merzens Satz nachzulauschen. Das wichtigste Verfassungsorgan, berufen vom demokratischen Souverän, dem Volk, bestimmt also die politische Tagesordnung in Deutschland weniger als eine Talkshow, in der die Schlagzeilen der Woche vom immer gleichen Personal mit den immer gleichen Hohlformeln nachgehechelt werden – bei immer gleichem Ausgang in Ratlosigkeit und Verwirrung. Und diese vernichtende Feststellung wird von einem Hauptverantwortlichen unter allgemeinem Beifall selbst getroffen.

Bundestag bankrott. Wer vertritt da eigentlich noch wen wie wofür? Und wer zieht überhaupt ein ins Haus der Demokratie? Dass die Vertreter des Volkes nur formal vom Volk delegiert, in der Praxis aber durch den Filter der Listenaufstellung von Parteifunktionären ausgewählt werden, ist inzwischen auch diesem Volk bekannt. Nicht aber das Resultat der sozialen Selektion. Es verzerrt die Idee der repräsentativen Demokratie derart grotesk, dass sich über Selbstunterwerfung, Stillstand und Langeweile wirklich niemand mehr zu wundern braucht.

Mehr als die Hälfte der 603 Abgeordneten, exakt 54 Prozent, sind schon durch ihre berufliche Prägung Nutznießer des Status quo und Dressierte hierarchischer Verhältnisse: Angehörige des öffentlichen Dienstes und Funktionäre von Parteien und Verbänden. Alleine die Beamten stellen 33,5 Prozent der Abgeordneten, und sie durchsetzen in besonderer Weise die Fraktionen von SPD und CDU/CSU: 94 der 251 SPD-Abgeordneten sind Beamte, 83 der 248 Unionsleute. Bei der SPD kommen 42 Angestellte von Partei, Gewerkschaften und anderen Organisationen hinzu, bei der CDU/CSU 15. Die sozialdemokratische Beamtenlastigkeit ist vor allem ein Resultat der zahlreichen Lehrer, Professoren und sonstigen Hochschulmitarbeiter.

Selbständige, Freiberufler und Angestellte in der Wirtschaft – also Menschen, die sich unter Konkurrenzverhältnissen zu bewähren haben und wissen, was »draußen im Lande« wirklich los ist – sind dagegen im Bundestag nur mit 35,4 Prozent vertreten. Wobei der Anteil der Selbständigen sinkt, derzeit liegt er bei 6,8 Prozent. Die SPD bringt es auf 4, die Union auf 29.

Die CDU ist eindeutig die Arbeiterpartei Deutschlands: Sie bringt es auf ganze zwei ehemalige Malocher. Doppelt so viele wie die Sozialdemokraten: Einen einzigen Arbeiter haben sie in ihren Reihen. Der Exot verdient, mit Namen erwähnt zu werden: Anton Schaaf, Maurer aus Mülheim an der Ruhr. Für ihn sollte rechtzeitig eine Bronzetafel im Fraktionssaal angeschraubt werden, bevor man vergisst, wie er ausgesehen hat. Aber es ist ja nicht so, dass die Interessen der Arbeiterschaft nicht fulminant vertreten würden: Neben dem einsamen Anton Schaaf drücken 14 Gewerkschaftsfunktionäre die Bänke der einschlägig verwaisten Arbeiterpartei. Grüne, FDP und PDS haben keinen einzigen Arbeiter aufzubieten.

Ebenso wie Hausfrauen. Davon leistet sich die SPD drei, die CDU/CSU eine. Offenbar eine aussterbende Art der Gattung Mensch. Andere Bevölkerungsgruppen sind ja auch erheblich bedeutender: die Kriminalbeamten zum Beispiel, die alleine zwei Abgeordnete stellen, und die Müllermeister, die drei durchgebracht haben. 25 Parlamentarier, das sind 4,1 Prozent im Vergleich zu den 0,7 der Hausfrauen, haben übrigens überhaupt keine Berufserfahrung. Elf davon sind nicht älter als 30 Jahre. Politik als Beruf, das ist wenigstens ehrlich. Wie die grüne Fraktionschefin Krista Sager, die im Handbuch des Bundestags schlicht »Politikerin« als Profession ausweist.

Herrn Merz sei am Ende noch zugerufen: »Christiansen« ist nun wirklich nicht besser als der Bundestag, denn da hocken die gleichen Leute. Im Fernsehen reden sie kein Jota anders. Bloß mehr.

Zwei Köpfe, ein Ei
Juli 2003

Ob dieses schrundige Ei den Streit der Hennen wirklich wert war, sei dahingestellt. Von Interesse soll hier nur sein, dass überhaupt derart kontrovers und dann auch noch ohne erkennbaren Sieger um die Urheberschaft an jener Gesundheitsreform gerangelt wurde, die durch vieles diskussionswürdig ist, bloß nicht durch Reformen. Wie auch immer, schon die mediale Widerspiegelung war bizarr: »Union setzt ihre Gesundheitspolitik durch«, titelte die *Süddeutsche Zeitung* – »Schröder victory on healthcare reforms« die *Financial Times*. Und während Angela Merkel »die Handschrift der Union« entzifferte, pries Olaf Scholz das Werk als ganz und gar »sozialdemokratisch«.

Die Wahrheit ist: Das eine ist so richtig oder falsch wie das andere. Und nicht etwa bloß, weil es ein besonders raffinierter Kompromiss wäre. Das Ding, das die Parteien in unverschämtem Erzeugerstolz Gesundheitsreform nennen, macht vielmehr exemplarisch klar: Sozialdemokratie und Christdemokratie gibt es nicht mehr, weder programmatisch noch in der Praxis.

Über dem Fast-Food-Menü der Berliner Republik gießen die Köche nur noch die Einheitssauce ihrer ununterscheidbar vermatschten Ratlosigkeit aus. Denn einstige Gesellschaftsentwürfe sind längst in der Geschichte versunken, Grundsatz- und Programmarbeit mit Profil leisten beide großen Parteien nicht mehr. In ihrem ideengeschichtlichen Kern haben sich Sozialdemokratie und Christdemokratie schleichend aufgelöst. Inszenierter Streit, aufgeblasene Differenzen im Detail, artifiziell beleuchtetes Spitzenpersonal sollen das Publikum über diese epochale Einebnung der Politik hinwegtäuschen.

Wer genau hinschaut, erkennt: Selbst die Spitzenleute sind sich zum Verwechseln ähnlich. Machtwille treibt sie, längst nicht mehr Überzeugung. Gerhard Schröder und Angela Merkel sind politisch eineiige Zwillinge. Keine Idee, die das Etikett verdient, verbindet sich mit ihren Namen. Das »Schröder-Blair-Papier« war nicht mehr als eine propagandistisch motivierte England-Anleihe, Frau Merkels »neue soziale Marktwirtschaft« ein Gebet an der Gruft Ludwig Erhards. Beide irren durch die Probleme der Zeit, beide verbergen ihre Scheu vor Veränderung hinter Reformrhetorik, beide verdanken Aufstieg und Image allein der Hoffnung auf Erneuerung – und der Ausschaltung innerparteilicher Rivalen: Schröder brachte Scharping und Lafontaine zur Strecke, Merkel kippte Kohl, Schäuble und Merz.

Oben, Hauptsache oben. Aber wofür? Fundamental unterscheiden sich SPD und Union in nichts mehr. Der CDU ist mit dem Untergang des Sozialismus mehr als nur das Feindbild des Kalten Krieges abhanden gekommen; ohne gesellschaftlichen Gegner gibt es auch keinen politischen Gegenentwurf mehr. Die SPD wiederum hat ihre historische Daseinsberechtigung verloren: den Ausbau des Sozialstaats durch Umverteilung und damit den Dritten Weg zwischen Kapitalismus und Sozialismus. Die Krise der Gewerkschaften ist auch die Krise der SPD.

Olaf Scholz? Versuch, die »Verteilungsgerechtigkeit« aus dem Ideenschatz der Sozialdemokraten zu eliminieren und durch »Freiheit und Teilhabe« zu ersetzen, ist so ehrlich wie konsequent – aber Christdemokratie pur. Und Edmund Stoibers Barmen um das Leberkäs-Milieu der kleinen Leute klassische Sozialdemokratie. Alte Gegensätze sind kurios planiert. Keine Regierung hat seit dem Krieg so viele deutsche Soldaten ins Ausland geschickt wie die rot-grüne. Kein Innenminister hat Sicherheit so über Freiheit gestellt wie der »linke« Otto Schily.

Was bleibt, ist – siehe die Gesundheitsreform – Klempnerei mit Instrumenten aus ein und demselben Werkzeugkasten. Der Streit, zu welchem Instrument man im Einzelfall greift, verläuft nicht mehr zwischen den Parteien, sondern in ihren eigenen Reihen. Die »Agenda 2010« trennte nicht SPD und CDU, sondern Schröders Gefolgschaft. Über die Idee der Bürgerversicherung zerlegt sich die CDU ganz allein.

Vielleicht erklärt das auch ein wenig die Scheu vor der großen Koalition: Sie fiele den Partnern heute so leicht wie nie, weil es nicht mehr Feuer und Wasser zu versöhnen gilt. Aber dem Publikum gingen wohl rasch die Augen auf: Die sind ja alle gleich! Womöglich gleich schlecht. Schröder und Merkel jedenfalls könnten problemlos in einer Partei sein. Oder Merkel übernimmt den SPD-Vorsitz, und Schröder wird Kanzlerkandidat der Union. Warum nicht? Anything goes.

Verzicht – oder Krieg
August 2003

Wer führt hier eigentlich Krieg gegen wen? Die Jungen gegen die Alten? Die Unverschämtheit dieser Anklage wird nur noch durch ihre Dummheit übertroffen. Schon das herablassende Angebot, einen Ombudsmann für die Jungen einzusetzen, offenbart, wie die Macht in dieser Gesellschaft wirklich verteilt ist. Einen Ombudsmann gönnt die überwältigende Mehrheit einer erbarmungswürdigen Minderheit, deren Interessen von den etablierten Instanzen ignoriert werden, die mithin gnadenlos überrollt zu werden droht.

Nein, Deutschland, die sklerotisch erstarrte Nation mit ihrer Zeitlupenökonomie, ihren Schuldenexzessen und ihren bis zum Kollaps ausgebeuteten Sozialsystemen, wird nur von einer Gruppe beherrscht: den Alten und ihren von vielfältigen Tabus geschützten Interessen. Mag sein, dass ein Krieg der Generationen daraus erwachsen würde, entschlössen sich die Jungen endlich zur Rebellion. Aber nicht sie trügen dafür die Verantwortung. Es wäre der Krieg der Alten. Und sie rüsten ja schon, mit dem Vokabular des Hasses, der Ausgrenzung, der Vernichtung.

Philipp Mißfelder, der den Mut aufgebracht hat, das Schweigegebot zum Schutz der herrschsüchtigen Alten zu brechen, wird seither das Wörterbuch der Unterwerfung und Verächtlichmachung um den Kopf geschlagen. »Milchbubi« pflegt *Bild* den Vorsitzenden der Jungen Union zu titulieren, »Krücken-Mißfelder« nennen ihn andere Boulevard-Scharfrichter, die Gesichter im Staub vor den rasenden Alten in ihrer Leserschaft. Politisches Berufsverbot auf Lebenszeit ist noch das Harmloseste, was deren Rachephantasien entschlüpft. Wir haben dieses Land nach dem Krieg wieder aufgebaut, werfen sie sich in die Brust. Und denken: Also haben wir Anspruch auf die volle Ernte. Aber wer, ihr Hitlerjungen und Russlandfahrer, hat es vorher in Schutt und Asche gelegt?

Und die Altersgenossen der konkurrierenden Jugendorganisationen gefallen sich in erbärmlichem Generationenverrat: Ausgerechnet »populistisch« nennt die Grüne Jugend Mißfelders halsbrecherische Provokation; ihm sei wohl die Hitze nicht bekommen, höhnt ein junger Liberaler; von »menschenverachtenden« Umtrieben schwätzen die frühvergreisten Jusos.

Wenn alle so über einen herfallen, kann der nur recht haben. Und Mißfelder hat recht, sogar mit seinem anstößigsten Satz, er halte nichts davon, »wenn 85-Jährige noch künstliche Hüftgelenke auf Kosten der Solidargemeinschaft bekommen«. Wenn den Jungen zugemutet wird, Zahnersatz und Krankengeld selbst zu versichern, warum kann dann bessergestellten Alten nicht abverlangt werden, ebenso private Versicherungen für solch exorbitant teure Operationen abzuschließen? Weil die Alten zu arm sind? Bullshit.

Erstens trägt der Staat, und das heißt: der junge Steuerzahler, die Hälfte der Krankenversicherungsbeiträge der Rentner. Zweitens ist das mit Hingabe gepflegte Klischee der zahnlos Tütensuppen schlürfenden Kriegerwitwe von der Wirklichkeit widerlegt. Gerade hat eine Umfrage des Düsseldorfer Familienministeriums bei mehr als 5000 Haushalten aufgedeckt: Über 80 Prozent der 55- bis 80-Jährigen leben in finanziell guten bis sehr guten Verhältnissen. Sie verfügen im Schnitt über ein Nettoeinkommen von 2550 Euro im Monat, knapp 1500 Euro haben sie zur freien Verfügung. 87 Prozent der Seniorenhaushalte besitzen zudem Bar-, 62 Prozent Immobilienvermögen. Die über 60-Jährigen sitzen auf einem Netto-Vermögen von zwei Billionen Euro.

Den Jungen dagegen sind 1,3 Billionen Euro Staatsschulden, ein marodes Bildungssystem, Lehrstellenmangel, Kinder als größtes Armutsrisiko, steigende Lasten für Rente und Gesundheit und ein Kündigungsschutzrecht aufgebürdet, das sie bei Entlassungen in der Firma als Erste an die Luft setzt. Die Pflegeversicherung, die sie heute finanzieren, werden sie selbst mit Sicherheit nicht mehr genießen. Verteidigt wird das alles von den größten Nutznießern dieser Zustände: ergrauten Politikern. Wollte ein Junger die Altersversorgung Hans Eichels erreichen, hätte er in der Renaissance beginnen müssen, Beiträge einzuzahlen.

Ein Generationenaufstand dagegen ist so überfällig wie gerecht. Der Anfang wäre gemacht, wenn junge Abgeordnete aller Fraktionen die Traute hätten, neue Staatsschulden, wuchernde Sozialbeiträge und ad infinitum steigende Renten geschlossen zu blockieren. Betongraue Mehrheiten kämen ins Tanzen. Die Alten haben zu lernen – und zu wählen: Verzicht oder Krieg. Danke, Philipp Mißfelder!

Die verbohlte Republik
Dezember 2003

> Herr Bohlen, was läuft falsch in Deutschland?
> Alles.
>
> (Dieter Bohlen in *Gentlemen's Quarterly*,
> Neujahr 2003)

Das Krisensyndrom lässt sich physikalisch erklären oder psychologisch. Die Physik zuerst, denn die ist in unserem Fall bildhafter. In einer Vakuumkammer dehnen sich aufgeblasene Luftballons gewaltig aus – bis sie platzen. Wird ein ganzes Land zum geistigen und politischen Vakuum, können aufgeblasene Figuren überdimensionale Gestalt annehmen – und am Ende gleichfalls in tausend Stücke zerspringen. Aber ums Platzen geht's uns hier nicht, sondern um die Leere und ums Anschwellen. Dialektisch betrachtet öffnet uns die plötzliche und unnatürliche Ausdehnung der Objekte mitunter erst den Blick dafür, dass sie vom reinen Nichts umgeben sind. Unser Leerraum heißt Deutschland. Und die Gestalten, die jenes Nichts kenntlich machen durch ihr eigenes blitzartiges Wachstum, sind Dieter Bohlen und Harald Schmidt.

Luftgefüllt ist in ihrem Fall keineswegs abwertend, sondern ausschließlich physikalisch gemeint. Der Rhythmen-Bäcker, den sie Pop-Titan nennen, und der Fernseh-Entertainer, den sich selbst intellektuelle Zeitgenossen nicht scheuen Gott zu nennen, sind beileibe keine Hohlfiguren, gefüllt mit warmen Gasen. Sie sind klug, sehr klug sogar. Ja, auch Herr Bohlen. Ihn als platten Helden verprollter Massen zu verachten wäre ein grobes Fehlurteil.

Beide haben einen klaren Blick für die traurigen Umstände, in die sie geworfen sind. Beide haben sich das Gigantenformat, zu dem sie aufgepumpt wurden, nicht ausgesucht. Beide genießen es, und beide leiden doch auch darunter, denn am Ende des deutschen Vakuum-Jahres 2003 sind sie bis zum Zerplatzen angeschwollen.

Der eine, Bohlen, ist der Liebling der Massen, die Stimme des Volkes – Ersatzkanzler, Ersatzmanager und Ersatzidol in einem.

Der andere, Schmidt, ist der Götze der Gebildeten, die freche Schnauze des Widerstands – Oppositionsführer, Systemkritiker und Kulturanarchist im Fernsehformat. Beide geben das Modell ab für den Politiker der Zukunft: die Ich-AG, nur sich selbst verpflichtet, tabufrei, gierig und rücksichtslos bis zur Brutalität. Die Medien haben ihre Wahl getroffen: *Bild* wählt nicht Schröder oder Merkel, *Bild* wählt mit sicherem Instinkt Bohlen. Und Katja Kessler, die Frau des Chefredakteurs, wird zur Kanzlerberaterin, negert Bohlens Bestseller. Die *FAZ* wählt nicht Enzensberger oder Grass, die *FAZ* wählt in elitärer Selbstunterwerfung Schmidt. Und Frank Schirrmacher, der Herausgeber fürs Nachdenkliche, lässt zu Schmidts Abgang bei Sat.1 ganzseitig Staatstrauer flaggen im Aufmacher des Feuilletons: »Während er fürs Denken pausiert, pausiert für uns das Denken.« Mit vergleichbarem Bombast wurde zuletzt Stalins Tod in der kommunistischen Welt zelebriert. Damals hörte das Herz des Proletariats auf zu schlagen. Heute beweinen die Intellektuellen den eigenen Hirntod. Und keiner erhebt sich dagegen vom Totenbett.

Das Denken pausiert schon länger in Deutschland. Und nicht nur das Denken. Das Land steht. Still, aber geschwätzig. Der Reform-Voodoo am Jahresende ist nicht mehr als ein mattes Erzittern. Danach, in den 14 Wahlkämpfen des neuen Jahres, wird wieder alles beim Alten sein. Grell überschminkte Feigheit. Die Gesetze der Ökonomie diktieren nicht weniger als die Neugründung eines erstarrten Landes – erstarrt durch die Pervertierung der Sozialsysteme ins Unsoziale, die Infizierung der Wirtschaft mit der bürokratischen Sklerose des Staates, die Verirrung der Politik im Gestrüpp des Konsens-Dschungels. Die Ökonomen missionieren die Politik – und alle anderen wenden sich ab.

Die Großdenker der Siebziger und Achtziger sind erfüllt vom Ekel vor der Ökonomie, die Feuilletons beschweigen die Grundsteinlegung für eine andere Republik. Kein Diskurs, nirgends. Theater, Literatur und Film gehen Alltagsgeschäften nach. Der verwaiste deutsche Pavillon auf der Biennale in Venedig dokumentiert unter den Augen des Auslands ästhetische Erschöpfung – erhellender können die Künste nicht für ein Land sprechen.

Deutschland ergibt sich der Notwendigkeit zum ökonomischen Umsturz, resignierend. Wirklich überzeugt ist es nicht, schöpferisch inspiriert schon gar nicht.

Alternativen existieren nicht mehr – worüber also diskutieren? Rechts, links – lechts, rinks – terchs, klins: alles wurscht. Perdu, vergangen, versunken. Politik ist nur noch Wettbewerb ums bessere Management. Ratlosigkeit und Resignation regieren. Und die Politik kann sich nicht mehr verständlich machen, der dilettantische Aktionismus der Regierung mündet in eine Katastrophe der politischen Kommunikation. Glaubwürdigkeit, Vertrauen? Erinnerungen an glückliche Tage des alten Systems. Man wendet sich ab. Und die Fassaden wackeln. In Bayern holt die CSU satte 60 Prozent – aber nur noch bei denen, die überhaupt zur Wahl gehen. Wer genauer hinschaut, erkennt, dass nicht mehr als 34 von 100 Wahlberechtigten bei der Bayernpartei ihr Kreuz gemacht haben, elf bei der SPD.

In Brandenburg sackt die Beteiligung an der Kommunalwahl gen 40 Prozent. »Globalisierung! Globalisierung! Das ist ein Zauberwort, eine Mehrzweckwaffe, um Löhne, Steuern, Sozialabgaben zu senken«, wütet als Letzter der Jesuitenpater Friedhelm Hengsbach gegen die Diktatur der Notwendigkeit. Eine Alternative kennt auch er nicht, flüchtet ins Wolkenreich der Psychologie: »Es ist ein Wahn.« Volk im Wahn – darüber ließe sich reden.

Dieter Bohlen offeriert den Heerscharen der Leidenden und Verwirrten Zuflucht in seiner Parallelwelt der Pop-Politik; Harald Schmidt wird zum Alltagspartisanen der klügeren Kreise. Bohlen ist hochpolitisch, von Anfang an. Schon im Januar gibt er seine Regierungserklärung ab. »Wer arbeitslos ist und Schröder gewählt hat, weil er nett ist, darf sich nicht beklagen«, sagt er im Interview mit *GQ*. Stoiber? »Ein richtig flauschiges Rumgeeier.« Und: »Du kannst hinschauen, wo du willst, die Strukturen sind unheimlich verkrustet. Also? Ein bisschen Stroh hochschmeißen, damit Luft drankommt.« Er schmeißt.

Deutschland sucht den Superstar – das Motto der Musikshow wird zum Motto einer verirrten Gesellschaft, der Nummer-eins-Hit »We have a dream« zu ihrer Hymne. Was die Politiker verweigern, Wahrheit und Klarheit, lebt Bohlen auf RTL vor, wenn er seine Kandidaten prollig-saftig abfertigt: »Man hat das Gefühl, du kotzt gleich in die Tonne« oder »Du stehst da wie eine festgetackerte Fleischwurst«. Der Mann weiß, was er tut. »Wir haben genug Schleimer im Fernsehen«, spricht er fürs Volk. Und: »Es gibt heute viele Menschen, die sagen: Wir wollen jetzt die Wahrheit.« Auf die Politik übertragen hieße das etwa, dass Frau Merkel den Kanzler im Bundestag zur Rede stellt: »Herr Schröder, warum sind Sie eigentlich auf Schritt und Tritt von Weinflaschen umgeben – wird Deutschland von einem Alkoholiker regiert?«, oder umgekehrt der Kanzler die CDU-Vorsitzende: »Frau Merkel, finden Sie es nicht infam, dass Sie alles dafür tun, damit Wolfgang Schäuble nicht Bundespräsident wird?«

Der Fortgang des Jahres und die anschwellende Verzweiflung der Deutschen ließen sich leicht in Bohlen messen. Es ist die neue Maßeinheit auf der nach oben offenen Skala politischer Enttäuschung. Der Gambler aus Tötensen spielt damit, die Werbung wird sein Bundestag. Er gründet eine »Müller-Partei« – Motto: »Unser Land soll becher werden« –, und als im Werbespot eine Parlamentsdebatte nachgestellt wird, bei der ein »Abgeordneter« Milchreis löffelnd verkündet: »Jetzt brauch ich endlich mal was Ehrliches«, flippen die Berliner Zelebritäten aus. Exakt so verbiestert, wie sie das Volk im Zerrspiegel ihrer Rituale erkennt: »Verunglimpfung eines Verfassungsorgans!«

Das ist vor allem ein K.o.-Sieg für Bohlen. Im Oktober beherrscht er die Frankfurter Buchmesse, im November ersetzt er den abwesenden Kanzler auf dem Berliner Presseball und rückt dem Bundespräsidenten zu Leibe. Bohlen wird geliebt dafür. Wenn er in der Lufthansa-Lounge sitze, bäten ihn »Männer im Nadelstreifenanzug um ein Autogramm«. Auch deren Held ist er schließlich geworden. Was er anfasst, wird zu Gold – was die Daimlers, Telekoms und Thyssens anschieben, eher zum Problem. »Es gibt nur mich und mein Handy«, sagt er. »Bei jedem Projekt, egal, ob Buch oder Popsong, überlege ich mir vorher, wie ich die Menschen erreiche.« Lernen könnten davon beide: Politiker und Manager. Nur ein einziges Mal verstößt er gegen die selbstgesetzte Maxime

(»Mein Erfolg ist, dass ich wie die Masse fühle«), als er bei Gottschalk daherredet wie Westerwelle aus der Westentasche – und ausgebuht wird.

Die Leipziger Uni bietet ihm eine Honorarprofessur für Betriebswirtschaft an. Ein Mitarbeiter des niedersächsischen Ministerpräsidenten besucht ihn daheim, um zu schauen und zu begreifen. Auf der Straße fragen ihn Menschen, ob er nicht Kanzler werden wolle. »Ich habe geantwortet: Mann, bist du denn vollkommen bescheuert? Aber er sagte: Ich fänd's klasse.« Volk im Wahn. Bohlen vor dem Platzen. *GQ* lässt ihn von einer Jury zum »Mann des Jahres« wählen, er phantasiert von einer Comedyshow »Deutschland sucht den Superkanzler«: »Der Kanzler wird gecastet. Wir machen dann verschiedene Mottoshows: Arbeitslosigkeit, Gesundheit.« In der Jury säßen Wissenschaftler und Psychologen, »die einen Charaktercheck machen«. Sonntagabends ausgestrahlt – das wäre das Ende von Sabine Christiansen.

Und eine echte Konkurrenz für Harald Schmidt im Feuilleton. Womöglich würden sich die »Agenten des wilden Denkens« *(FAZ)* einen anderen Fixstern suchen. Wie auch immer: Nichts spricht am Ende dieses angeblichen Reformjahres dafür, dass sich das deutsche Vakuum demnächst mit anderem füllt als mit Ballons. Und dass die anderes enthalten als einen Hauch von Wahn.

Gleich geht es prickelnd weiter mit Schöfferhofer Weizen und TV-Spielfilm.

Wo der Mensch beginnt
November 2003

Die Empörungskette schleppt Sandsäcke. Wieder mal. Wider den Dammbruch, die Aushöhlung der Menschenwürde, die Überflutung des Abendlandes, die lauernde Armada von Forschung und Kapital. Prall gefüllt sind die Säcke, mit schwerer Erde aus deutscher Geschichte. »Selektion«, ruft Manfred Kock, der Ratsvorsitzende der Evangelischen Kirche – und die Vokabel beleuchtet die Rampe von Auschwitz. Es werde »aus Menschen Material« gemacht, protestiert Maria Böhmer, die katholische Vorsitzende der CDU-Frauenunion – und das Licht wird angeknipst in den düsteren Labors der NS-Rassezüchter. Die Grünen spenden Sandsäcke.

Was ist geschehen? Wer legt Hand an die heiligen Werte der Humanität? Wo bricht der deutsche Damm? Brigitte Zypries, als Bundesministerin der Justiz Hüterin der Verfassung und Wegbegleiterin des Kanzlers, hat gewagt, öffentlich zu denken. Einen in Deutschland streng verbotenen Gedanken, der jenseits des großen Dammes treibt, auf dessen Krone grell die Leuchtschrift blinkt: »Wehret den Anfängen.« Wer solches tut, der wird bestraft: mit aufgeschäumter Erregung, mit Stigmatisierung, mit intellektueller Unterschlagung.

Es braucht Mut, sich solcher Tortur auszusetzen. Und es braucht stoische Gelassenheit, darüber nicht die Hoffnung auf die Überwindbarkeit betonierter Meinungskartelle zu verlieren. Brigitte Zypries hat in einem Vortrag an der Berliner Humboldt-Universität bestritten, dass Artikel eins des Grundgesetzes (»Die Würde des Menschen ist unantastbar«) auch das im Reagenzglas gezeugte Klümpchen aus Ei- und Samenzelle bedingungslos schützt. »Die lediglich abstrakte Möglichkeit, sich in diesem Sinne weiterzuentwickeln, reicht meines Erachtens für die Zuerkennung von Menschenwürde nicht aus.«

Für die gentechnische Forschung, für die Medizin der Neuzeit, ist das im Großen so existentiell wie für Eltern, Kranke und Behinderte im Kleinen. Denn aus dem Zellklümpchen ließen sich durch therapeutisches Klonen nicht nur rettende Ersatzgewebe für schwere Krankheiten gewinnen: Alzheimer, Parkinson, Multiple Sklerose, Querschnittslähmung und Herzinfarkt. Es ließen sich bei künstlicher Befruchtung auch vor Einpflanzung des Embryos in die Gebärmutter Behinderungen erkennen.

Beides ist in Deutschland verboten – in England ist das therapeutische Klonen in den ersten 14 Tagen des embryonalen Wachstums erlaubt. Brigitte Zypries hat das in einer abwägenden, differenzierten Rede hin- und hergewendet, Skepsis angemeldet gegenüber dem therapeutischen Klonen, die Präimplantationsdiagnostik (PID) gar verworfen. Und dennoch eine Lockerung des erst ein Jahr alten Stammzellgesetzes, das nur den streng kontrollierten Import embryonaler Zelllinien für die Forschung erlaubt, für verfassungsgemäß und damit denkbar erklärt. Wer die Verhältnisse zum Tanzen bringen will, sollte seine Liedlein erst mal leise aufspielen. Die Pauke kommt von ganz allein – manchmal aus dem Publikum. Wie geschehen.

Bricht hier ein Damm? Jene, die vorgeben, ihn zu verteidigen, stehen längst bis zur Schulter im Wasser. In einer Flut haarsträubender Widersprüche, umspült von Wogen der Heuchelei. Denn dieselbe Gesellschaft, die der im Reagenzglas befruchteten Eizelle die Unantastbarkeit der Menschenwürde zuspricht, schweigt zu 130 000 Abtreibungen, im Jahrbuch des Statistischen Bundesamtes akribisch klassifiziert. Sie erlaubt den Import embryonaler Stammzellen, als wären sie minderwertiger als deutsche. Sie gestattet Samenspenden, verbietet aber die Spende von Eizellen – dafür dürfen Forscher Keimzellen aus abgetriebenen Föten entnehmen. Sie untersagt die Verwendung von Embryonen, die bei künstlicher Befruchtung übriggeblieben sind, toleriert aber deren Vernichtung. Sie verteidigt künstlich befruchtete Eizellen, akzeptiert aber, dass natürlich befruchtete durch Spiralen oder die »Pille danach« in den Abort gespült werden. Sie verbietet die vorbeugende PID, gestattet aber – bis zur Geburt! – die blutige Abtreibung schwerbehinderter Föten. Was ist hier human, was inhuman?

Ethisch konsequent ist einzig die katholische Kirche; sie kämpft kompromisslos für den Lebensschutz vom Moment der Zeugung an. Wer aber schon bei der befruchteten Eizelle Menschenwürde schreit und zur Abtreibung schweigt, der erstickt in himmelschreienden Widersprüchen. Der hat selbst den Damm gebrochen, und für den gilt, an seinen doppelten Standards gemessen: Hinter der edlen Maske der Humanität grinst die Fratze der Unmenschlichkeit.

Kein Kreuz, nirgends

Februar 2004

Rückgrat, aufrechter Gang, Würde. Drei Begriffe, die sich wechselseitig durchdringen und einen vierten zeugen: Respekt. Wer Rückgrat hat, geht aufrecht, in einer Aura der Würde – und wird mit Respekt belohnt. Menschen ohne Rückgrat sind kollabierende Charaktere, robben auf Knien oder Ellbogen, im schlimmsten Fall als Kriecher. Rückgrat birgt das Mark des Charakters. Rückgrat zu beweisen kann viel kosten – manchmal alles. Niemals aber Würde. Opportunismus versaftet Würde. Mäht Vertrauen. Düngt Verachtung.

Am Rückgrat hängt alles. Auch in der Politik. Rückgrat heißt indes nicht Stehen um jeden Preis. Mancher, der steht und steht und steht, hält das für den Ausweis von Rückgrat. Es gibt viele, die stehen. Eisern. Aber doch nur gehalten werden. Geduldet. Benutzt. Und entwürdigt.

Rückgrat, aufrechter Gang, Würde sind selten geworden in der Politik. Einer der Letzten, der sie bewiesen hat, war vor einem Jahrzehnt Rudolf Seiters, seinerzeit Innenminister im Kabinett Kohl. Er trat am 7. Juli 1993 zurück, gegen den Rat vieler Parteifreunde, die bereit waren, ihn zu halten, falls er sein Rückgrat drangäbe. Er wählte die Würde. Und ging aufrecht aus dem Amt, weil es bei einem Anti-Terror-Einsatz im mecklenburgischen Bad Kleinen Pannen und zwei Tote gegeben hatte, für die er persönlich nichts konnte. Die SPD-Minister Alex Möller und Karl Schiller traten 1971 bzw. 1972 nur deshalb zurück, weil sie ihre Finanzpolitik nicht durchhalten konnten.

Politische Verantwortung nannte man das damals. Die ist heute aus der Mode gekommen wie karierte Hosen beim Golf. Heute klebt man am Stuhl und glaubt sich aufrecht. Das Kabinett ist voller Hocker, die sich für Steher halten. Und in Alpträumen die weiche Stelle befingern, wo ein Rückgrat zu erhoffen wäre. Nichts Hartes, nirgends. Wie Manfred Stolpe, den eine Zeitung wegen seines unaufhaltsamen Aufstiegs in zwei Systemen und des durchaus aufhaltbaren Abstiegs seiner Maut-Pläne knapp und treffend

»IM Maut« nannte. Oder Heidi Wieczorek-Zeul, die in Wiesbaden eine Demonstration gegen die Pläne ihres Kollegen Otto Schily zur Heimholung des Bundeskriminalamtes nach Berlin anführt, aber gar nicht daran denkt, den Stuhl am Kabinettstisch neben eben diesem Otto Schily zu räumen. Oder Schily selbst, der das Kabinett nicht gefragt hatte und nun dem Protest aus dieser Runde ausgesetzt ist, wenn auch aus sicherer Distanz.

Oder Edelgard Bulmahn, die an der strategischen Planung für die Elite-Offensive der Regierung gar nicht erst beteiligt wurde, dann den Fanfarenstoß der SPD für eine Elite-Uni mit dem Schlachtruf nach zehnen übertönte, schließlich fünfe zur Förderung aus der Staatskasse vorschlug und am Ende bei allen Bundesländern, den SPD- wie den unionsregierten, ins Sperrfeuer lief. War überhaupt was? Oder Ulla Schmidt, die ihre stümperhafte Reform der Pflegeversicherung von Gerhard Schröder im Handstreich einkassieren ließ und doch lächelnd aus dem Kanzleramt kroch. Na, dann machen wir's halt anders. Irgendwie. War ja nur ein Versuch. Oder, um die orthopädische Diagnose auf die Koalition zu erweitern, die Grünen, die geradezu an chronischer Rückgraterweichung leiden, aber dem Weichmacher im Kanzleramt schon die Treue bis nach 2006 geschworen haben. Die schweigend hinnahmen, wie der Kanzler ihrem Joschka die Außenpolitik enteignete. Die erst schreiend, dann greinend, dann verstummend zuschauten, wie er eine angeblich hundsgemein gefährliche Atomanlage nach China verkaufte. Die wie Frau Bulmahn von den Elite-Plänen überrascht wurden, sie verwarfen, aber duldeten, dass sie weiterverfolgt wurden. Die staunend wie Kinder erfuhren, dass der Kanzler den Pflegeplan abgeräumt und einen Reformstopp verhängt hatte. Als gäbe es die Grünen gar nicht. Echt gemein. Sprotzend stottert der grüne Reformmotor.

Oder, um noch weiter auszuholen, Olaf Scholz, der SPD-Generalsekretär, der als einziger Kandidat auf dem SPD-Parteitag mit 50 Prozent plus x gerade noch mal davongekommen war und die Misstrauenswahl dann auch noch annahm. Oder Béla Anda, der Regierungssprecher, der die Kommunikationskatastrophe der Koalition zu verantworten hat, aber von der Kanzlergattin gehalten wird. Hier stehen sie, aber sie könnten auch anders.

Oder? Ja, oder der Kanzler selbst. Gibt es für ihn eigentlich ein Limit der Entwürdigung? Wann geht er? Wenn die SPD 20 Prozent touchiert? Irgendwo muss doch noch Rückgrat zu ertasten sein.

Fette Katzen, arme Hunde
April 2004

Es ist hohe Zeit, über Gier zu reden. Über ethische Entwurzelung und politische Verantwortungslosigkeit – über aberwitzige Millionen-Bezüge deutscher Spitzenmanager in Zeiten des Verzichts von Millionen. Denn die Selbstbedienung bei Gehältern, Prämien, Aktienoptionen und Pensionszusagen wirft längst nicht mehr nur die Frage nach dem Wertegerüst der Wirtschaftselite auf, nach dem Verhaltenskodex, den sie selbst Corporate Governance nennt. Sie wird zur Bedrohung für jede Reformpolitik, untergräbt, diskreditiert, ja sabotiert die Akzeptanz jener sozialen Schnitte, nach denen die Wirtschaft selbst ruft. Die Millionen der Manager sind keineswegs Privatsache, achselzuckend beschwiegene Zwangsläufigkeit rasender Globalisierung, sie sind Politikum.

Die größte Bedrohung nach dem Zerfall des Sozialismus sei der Kapitalismus, sagt der Investment-Milliardär George Soros. Der Kapitalismus hat den Sozialismus besiegt – nun ist er selbst dabei, ihn wieder auferstehen zu lassen, weil er Vertrauen und Glaubwürdigkeit zermalmt. Der Triumph der Linken in Frankreich über die bürgerliche Reformpolitik war ein erstes Symptom; die gewerkschaftlichen Massenproteste und die symbolische Rötung der SPD sind die Folgen hierzulande.

Bolko von Oetinger, Spitzenmann der Unternehmensberatung Boston Consulting, mahnt den Kapitalismus zur »Wiedereinbindung in die Gesellschaft«. Denn die Kaste der Manager löst sich aus ihr. Die Debatte über die Vaterlandslosigkeit des Kapitals, das deutsche Subventionen einstreicht und Jobs wie Vermögen in Lohn- oder Steuerparadiese verschiebt, ist nur eine milde Eruption schlummernder Wut – Vorbote dessen, was noch kommt. Kommen muss. Für die deutschen Aktiengesellschaften beginnt die Saison der Hauptversammlungen. Das Salär der Vorstände wird vielfach attackiert werden – von Aktionären, die sich ausgeplündert fühlen. Das ist nichts gegen die lodernde Empörung der Besitzlosen.

Denn vor den Augen des Volkes laufen zwei Filme ab, die sich gegenseitig dementieren. Im Kino der Politik spielt der Reform-Krimi »Sad times, poor dogs«: Rentenkürzung, Praxisgebühr, Lohnstillstand, Arbeitszeitverlängerung, Lockerung von Kündigungsschutz und Tarifverträgen. Im Lichtspielhaus der Wirtschaft flimmert die Luxus-Komödie »Happy days, fat cats«: beste Bilanz der Dax-Konzerne seit 1996, 30 Prozent mehr Gewinn; sattes Plus bei den Vorstandsbezügen – 108 Prozent bei Eon, 57,5 Prozent bei Thyssen-Krupp, 45,6 Prozent bei der Allianz. Josef Ackermann, Chef der Deutschen Bank, kassierte vergangenes Jahr 11,1 Millionen Euro – fast 60 Prozent mehr als im Vorjahr. Klaus Esser, Ex-Mannesmann-Lenker, brüstete sich vor Gericht, 30 Millionen Euro Handgeld beim Verkauf des Konzerns seien für ihn eigentlich zu wenig gewesen. Nun wird er wohl auch noch freigesprochen.

»Hier fehlt es an ethischem Bewusstsein«, urteilt Horst Köhler, Bundespräsident in spe. Solches Fehlverhalten könne »das Unternehmertum insgesamt in Misskredit bringen«. Nicht nur das Unternehmertum, auch die Politik. Denn wie sollen die Parteien – gleichgültig, ob SPD oder CDU – Vertrauen und Mehrheiten für zwingende Sozialreformen mobilisieren, wenn das Volk den Eindruck haben muss, in Wahrheit werde nur Geld von unten nach oben geschaufelt? Wie soll speziell die CDU das ohnehin gewagte, aber überaus sinnvolle Kopfprämien-Konzept für die Krankenversicherung populär machen, wenn doch der Millionen scheffelnde Chef den gleichen Beitrag zahlt wie sein kurz gehaltener Chauffeur? Nicht die Projekte der Politik sind unsozial, die »fetten Katzen« tauchen sie ins Zwielicht sozialer Ungerechtigkeit.

Was also tun? Wer Reformen will, muss auch persönlich für sie einstehen – und das Klima dafür schaffen. Zumutungen für ein ganzes Volkes lassen sich nur legitimieren, wenn die Eliten Vorbild sind, die Politik vom Verdacht befreien, sie diene privater Bereicherung. Zeit also für einen patriotischen Pakt der Manager mit der Politik, organisiert von den Spitzenverbänden der Wirtschaft: Bis 2008, zwei Jahre nach der nächsten Wahl, verzichten Deutschlands Manager freiwillig auf zehn Prozent ihres Einkommens – und speisen damit einen Fonds zur Finanzierung von Spitzenleistungen der Universitäten. 250 Millionen Euro will der Bund dafür mobilisieren; die Wirtschaft könnte 100 Millionen drauflegen. Für Josef Ackermann hieße das eine Einkommenskürzung auf jährlich zehn Millionen. Der Mann würde nicht verarmen.

Vom Tod eines Traums
Juni 2004

Die Beerdigung fand in aller Stille statt. Geräuschlos. Verschämt. Ohne Nachrufe oder Tränen. Die Leiche wurde totgeschwiegen. Und anonym verscharrt. Gestorben ist die Berliner Republik. Nicht erst in diesen Tagen. Plötzlich und unerwartet, wie es im Jargon der Trauer heißt, ist sie von uns gegangen. So plötzlich, dass die Frage drängt, ob sie je wirklich gelebt hat. Jetzt, rückblickend, bleibt festzustellen: Die Berliner Republik wurde schon in der Wiege dahingerafft.

Mit welch grandiosen Hoffnungen, mit welch düsteren Befürchtungen war sie geboren worden! Alles sollte, musste, würde anders werden im vereinten Deutschland mit der gen Osten verschobenen Achse. Beglückend oder beängstigend, je nach Standpunkt, großartig oder großmannssüchtig. Groß auf jeden Fall.

Gar nichts ist groß geworden. Die Euphorie wie der Alp starben, kaum hatten sie das Licht der Bonner Republik erblickt. 15 Jahre ist das her. Zeit für einen verspäteten, aber notwendigen Nachruf.

Das Ende der Ängste ist rasch beschrieben. Gottlob. Zu Trauer besteht wahrlich kein Anlass. Ein »Viertes Reich« werde nun seine garstige Fratze zeigen, waffenklirrend und machttrunken. In London bebte Maggie Thatchers Handtasche. Der Moloch Berlin werde alles an sich reißen, die Provinzen ausweiden, die Filets von Wirtschaft und Kultur verschlingen. In München und Düsseldorf zitterten die Platzhalter. Gespenster, Gespinste. Aus dem »Vierten Reich« wurde die »Friedensmacht« Gerhard Schröders, die ihre frisch gewonnene Souveränität im Irak-Streit bis zur Verweigerung gegenüber dem Imperium Americanum ausschöpfte. In der Außenpolitik, und nur da, winkte die Berliner Republik einmal keck aus der Wiege – nicht mit der Faust, mit der Peace-Geste. Die Hauptstadt indes ist bis auf die Knochen abgemagert. Kein Konzernchef, kein Kulturlenker denkt noch daran, ins Armenhaus der Nation zu ziehen. Berlin ist fertig. Und feiert die Pleite, zwanghaft fröhlich wie eine Trauergesellschaft nach der Beerdigung. Die Leiche wird versoffen.

Tränen verdienen indes die begrabenen Hoffnungen. Hoffnungen »auf nicht weniger als eine kulturelle Revolution der deutschen Politik«, wie ich selbst im Wonnemonat Mai 1998 schrieb. Nur in Bonn, träumte der Illusionist, seien »die Jahre des Stillstands denkbar« gewesen. In Berlin betrete die Politik »einen anderen Stern«, werde »brutal mit der sozialen Wirklichkeit des unselig vereinten Landes konfrontiert«.

Der *Spiegel* träumte den gleichen Traum: »Neue Regierung, neue Politikergeneration, neue Hauptstadt, neue Währung, neues Jahrtausend«, schwärmte er im Oktober 1998, beim Machtwechsel von Helmut Kohl zu Gerhard Schröder. Feierte »Aufbruchstimmung«, eine neu prägende »Generation Berlin« und den »ersten Kanzler der Berliner Republik«, der »schon vor Dienstantritt seinen Platz in der Geschichte sicher« habe. »Mit der Wahl haben der neue Kanzler und sein grüner Vize Joseph Fischer die Interpretationshoheit über die Zukunft gewonnen.« Sie hatten. Aber sie haben sie verschenkt. Willy Brandts Motto »Wir wollen mehr Demokratie wagen« und Helmut Kohls Formel von der »geistigmoralischen Wende« folgte dröhnendes Schweigen, das bis heute anhält. Die Eltern verweigerten der jungen Berliner Republik Auftrag und Sinngebung. Daran verzweifeln sie nun selbst.

Revolution der Politik? Welcher Irrtum! Das Raumschiff Bonn

ist in Berlin gelandet. Das ist alles. Auch die Schwulenbar beim Arbeits-, der Straßenstrich beim Bildungsministerium vermochten nicht, die Politik in die Realität zu zerren. Nie waren ihre Erstarrung, ihre Entfremdung vom Volk, der Verlust an Vertrauen größer als in diesen Zeiten. Nie zuvor auch war die handwerkliche Qualität von Politik, ja die Qualität der Politiker miserabler. Und ihre Entwurzelung bestürzender: Sachverstand und Erfahrung werden durch bauchgesteuerte Ad-hoc-Entscheidungen ersetzt, diskursive Meinungsbildung von unten nach oben durch Diktate von oben nach unten. Statt der Berliner wuchert eine Hinterzimmer-Republik. Der Osten hat darin noch weniger Stimme als in Bonn.

Der misslingenden Politik entspricht das Land, dem nichts mehr gelingen will: von der Maut bis zur Olympia-Bewerbung. Selbstquälerisch fruchtlos bespiegelt im Ballyhoo-Parlament der Talkshows. Die Intelligenz kapselt sich ein; Comedy-Clowns sind die irrwitzigen Leitfiguren des öffentlichen Gesprächs. Es darf geweint werden. Niemand braucht sich seiner Tränen zu schämen.

Der Chor der Hirnwäscher
Januar 2005

Sie haben es schon geschafft. Das Grundgesetz verbogen. Und den freien, nur seinem Gewissen unterworfenen Abgeordneten, Vertreter des ganzen Volkes, zum Nebenerwerbs-Parlamentarier mit privatem Arbeitsvertrag umdefiniert. Wer Volksvertreter wolle, die »im Leben stehen«, Unternehmer, Ärzte und Rechtsanwälte, missioniert die größte denkbare Koalition das Volk, wer ein Beamtenparlament ablehne, der müsse einfach den berufstätigen Abgeordneten akzeptieren. Und das irritierte Volk, von braven Medien folgsam hirngepudert, beugt sich der scheinbar zwingenden Logik.

Ich nicht. Sorry. Ich bin Exot. Ich will ein gesetzliches Verbot der Berufstätigkeit von Abgeordneten. Ich lass mich nicht veralbern durch die Debatte über den gläsernen Abgeordneten, den sie unisono gar nicht wollen, oder Meldepflichten für geheime Archive. Ich habe andere Vorstellungen von den Aufgaben des Bundestags, von der Pflicht, der Würde, ja der Ehre, dort dem Land zu dienen. Für mich ist das Mandat kein Job. Und der Job neben dem Mandat ein Anschlag auf das Mandat. Entweder ist der Job gar kein richtiger, dann ist das Tor zu Lobbyismus und Korruption aufgestoßen. Oder der Job wird vernachlässigt, dann fließt Geld ohne Leistung, was zu jenem Tor führt. Oder das Mandat wird vernachlässigt, was die Demokratie unterspült und Verfassung wie Abgeordnetengesetz verhöhnt.

Die nämlich gehen ganz unzweideutig vom Vollzeit-Abgeordneten im Bundestag aus. Nur damit ist die Höhe der Diäten zu rechtfertigen (7009 Euro plus 3589 Euro steuerfreie Kostenpauschale im Monat), nur damit die überaus luxuriöse Altersversorgung, nur damit die vielen sonstigen Privilegien. Und eben aus diesem Grund hat die vom Bundestag selbst eingesetzte Kommission unter Vorsitz von Rudolf Kissel, ehemem Präsident des Bundesarbeitsgerichts, 1993 bei ihren Reformvorschlägen für die Abgeordnetenversorgung die »Unvereinbarkeit von Erwerbsberuf und Mandat« konstatiert. Dieses glasklare Verdikt wird bis heute ignoriert – und der große, schillernd bunte Thierse-Chor versucht es nun endgültig aus den Hirnen zu singen.

Aber, aber, klingt das Tremolo, der Abgeordnete soll doch im Leben …! Ach ja? Wie steht einer im Leben, wie nimmt er die Realität seiner Wähler wahr, wenn er nicht nur zwei Einkommen hat, sondern womöglich auch noch Anspruch auf drei Altersversorgungen: Polit-Pension, Rente und Betriebsrente? Und: Welchen Sinn hat eine laut Grundgesetz »die Unabhängigkeit sichernde Entschädigung«, wenn sich Abgeordnete daneben doch in die Abhängigkeit eines Jobs begeben dürfen?

Ja, aber welcher Arzt, welcher Unternehmer wollte seinen Beruf für ein Mandat an den Nagel hangen, hören wir den Chor der Hirnwäscher, sie müssen einfach nebenher …! Pure Propaganda. Sie können gar nicht nebenher. Der Arzt muss seine Praxis abgeben oder aus der Klinik ausscheiden. Der Unternehmer, sofern er Eigentümer ist, einen Geschäftsführer berufen, oder, falls er Manager ist, den Job ruhen lassen. Deshalb sitzen ja auch praktisch keine Ärzte, Unternehmer und Vorstände in den Parlamenten. Und: Die soziale Schieflage der Volksvertretungen ist vor allem Resultat der Personalauswahl der Parteien. Deshalb gibt es nur drei Arbeiter im Bundestag, deshalb sind ein Drittel der Abgeordneten Beamte, deshalb insgesamt 54 Prozent Angehörige des öffentlichen Dienstes und Funktionäre von Parteien oder Verbänden.

Hier geht es um ganz anderes. Und viel mehr. Um die Qualität von Politik und die Funktionsfähigkeit des Parlaments. Um Nebenerwerbs-Abgeordnete mit Vollzeit-Diäten oder Voll-Parlamentarier ohne Nebeninteressen. Die nicht lügen (müssen), wenn gefragt wird, warum das Plenum wieder mal so leer ist. Die im Bundestag und seinen Ausschüssen sitzen – statt in Kanzleien und Kontoren und damit den Beamten, die nebenher nicht arbeiten dürfen, das Terrain überlassen. Die anstelle anonymer Berater und Beamter jene Gesetze entwerfen oder zumindest verstehen, zu denen sie die Hände heben. Die sich den Küchenkabinetten und Kungelklubs widersetzen, die Parlamentarier und Parlamente als Marionetten und Puppentheater begreifen. Die Regierung und Fraktionsführung auf die Finger schauen. Die im Leben stehen, weil sie sich um das Leben ihrer Wähler in den Wahlkreisen kümmern.

Wer das nicht kann oder will, darf nicht Abgeordneter werden. So einfach ist das. Gewerkschaftsvorsitzende zum Beispiel, die große Apparate zu lenken haben. Oder Verbandsführer, die das Parlament als Vorzimmer begreifen. Oder Anwälte, die als MdBs für ihre Kanzleien werben. Wer Abgeordneter wird, dessen Arbeitsvertrag soll ruhen (ohne Bezüge), bis er in den Beruf zurückkehrt. Nebeneinkünfte etwa aus Vorträgen sind auf 15 Prozent der Diäten zu begrenzen. Für die Fluktuation in der Politik wäre das nur gut. Für die Rückgewinnung von Vertrauen in die Politik unübertrefflich.

Braune Maus spielt Katze
Februar 2005

Es sind Notreflexe. Unverkennbar. Und deshalb, so sympathisch sie auch erscheinen mögen, mindestens zwiespältig, wenn nicht gar gefährlich. An diesem Sonntag wollen Dresdner Bürger, aufgerufen von Prominenten, mit Kerzen und weißen Rosen auf die Straße gehen, um das Gedenken am 60. Jahrestag der Zerstörung der Stadt durch alliierte Bomber nicht allein der dumpf trommelnden NPD zu überlassen. Am 8. Mai sollen die Spitzen von Staat und Gesellschaft, schlägt der Kanzler vor, ihre Gedenkstunde zum 60. Jahrestag des Kriegsendes vom Reichstag vor das Brandenburger Tor verlegen, um dort eine Kundgebung der NPD zu verdrängen.

Gut, dass sich Bürger und Staat regen. Schlecht, dass sie nach der Pfeife der NPD tanzen. Denn so aufgewertet wurden die Braunen noch nie. Sie hätten erreicht, dass sich hier eine ganze Stadt, dort gar Bundespräsident, Bundestag, Bundesrat, Bundesregierung, Parteien, Gewerkschaften, Wirtschaft und Kirchen in der Hauptstadt an ihren Aufmarschplänen ausrichten. Welcher Triumph der einen! Welche Demütigung der anderen! Die NPD in der Offensive, die Demokraten in der Defensive, kündet die Symbolik.

Warum haben Politik und Gesellschaft in Dresden nicht aus eigener Initiative, Verantwortung und Würde ein öffentliches Gedenken geplant, das den Neonazis nur die ihnen gebührende, kaum zur Kenntnis genommene Randexistenz ließ? Warum haben die Verfassungsorgane der Bundesrepublik Deutschland den historischen 8. Mai nicht von vornherein als Demonstration unter direkter Beteiligung des Volkes geplant – in der Mitte Berlins, die damit höchstens in der Peripherie der NPD gehört hätte? Aus Furcht vor dem schwierigen Bombengedenktag die einen, aus gedankenloser Gedenkroutine die anderen. Beides dient der NPD. Die braune Maus spielt Katze. Und die Demokraten fügen sich in die Rolle der *mighty mouse*, die sich einbildet, sie sei mit scharfen Krallen auf der Jagd. Das Gedenkjahr 2005 droht darüber zum Alptraumjahr zu werden. Die Nation, die glaubte, sie könne 60 Jahre danach im Wissen um historische Verantwortung den Blick nach vorn richten, sich selbst und anderen beweisen, wie »normal« sie geworden sei, zeigt wieder nur, dass sie nicht loskommt von der Vergangenheit. Verstört, traumatisiert.

Das Gedenken muss überdacht werden, soll das je anders werden. Die Rhetorik des »Nie wieder«, die immer gleichen Beschwörungen des deutschen »Jahrtausendverbrechens«, des »Zivilisationsbruchs« von Auschwitz, in den immer gleichen Parlamenten, Sälen und Synagogen von den immer gleichen Rednern vom Blatt gelesen vor den immer gleichen geladenen Gästen, die sich wechselseitig längst ihrer lauteren Gesinnung sicher sein können, kulturell »umrahmt« von den immer gleichen Streichquartetten, immunisieren nicht mehr. Immer mehr immer Jüngere wenden sich ab, hören weg. Routine wird routiniert verdrängt.

Auch Lehrer scheitern damit im Unterricht. »Juden sind die Menschen, die Geld dafür kriegen, dass ihre Eltern ermordet wurden«, zitiert ein Pädagoge im Berliner *Tagesspiegel* einen Kreuzberger Gymnasiasten. Mit der herkömmlichen Holocaust-Erziehung und »Betroffenheitspädagogik«, Gedenkstättenfahrten und Auschwitz-Bildern komme man nicht weiter, resümiert der Mann. Und plant mit anderen anderes: Gespräche über »Israelkritik«, rassistische Stereotype und »islamischen Antisemitismus«.

Hinausgehen, raus aus den Sälen, unter die Menschen, reden, zuhören, den offenen Dialog wagen über gestern und heute, das ist nach 60 Jahren das Gebot auch für die Politik. Und wenn schon Gedenken im Bundestag, warum dann nicht einmal ohne Manuskript, in fraktionsübergreifend verabredeter freier und damit ganz persönlicher Rede? Da würde zugehört, weil es packt, ergreift. Brüche und Widersprüche kenntlich macht. Auch Irrtümer.

Oder warum sollten sich die Vorstände der Bundestagsparteien nicht darauf verständigen können, an einem Gedenktag statt einer zentralen Mahnstunde auszuschwärmen und sich zur selben Stunde an Schulen offener Diskussion zu stellen, ohne abgelesene Belehrungen? Warum sollten Ähnliches nicht alle 601 Abgeordneten des Bundestages an einem Tag in allen 299 Wahlkreisen wagen?

Und warum sollte der Bundespräsident oder der Bundeskanzler nicht in einer Fabrikhalle über Deutschlands Rolle in der Welt sprechen – und sich anschließender Diskussion stellen? »Unverkrampft«, wie es Roman Herzog einst für sich postulierte?

Jedes Jahr übrigens, am Schicksalstag 9. November, bietet sich in Berlin die Gelegenheit für einen überaus lehrreichen Gang durch die deutsche Geschichte: vom Reichstag, wo 1918 die Republik ausgerufen wurde, über eine Synagoge, die 1938 von den Nazis niedergebrannt wurde, zur Mauer, wo die Menschen 1989 die Teilung überwanden. Überall dort hätte die NPD keine Chance. Sie wäre braune Maus.

Leitkultur Toleranz
Februar 2006

Wir brauchen den Begriff nicht zu fürchten. Also sollten wir auch die Debatte nicht scheuen. Norbert Lammert, der Bundestagspräsident, weicht aus, wenn er nach christlich-abendländischer Leitkultur ruft statt nach deutscher, wie es Friedrich Merz fünf Jahre zuvor getan hatte. Der Reflex des Zurückweichens, des Deckungsuchens, des Eintauchens in die europäische Kulturgeschichte ist verständlich – aber falsch.

Verständlich, weil »deutsche Leitkultur« nun einmal alle Klischees und Empfindlichkeiten historischen Schuldbewusstseins bedient, nur Missverständnis und Missbrauch zu provozieren scheint – nichts ist einfacher, aber auch infamer, als »deutsche Leitkultur« als Herrenmenschentum, kulturellen Größenwahn und begriffliche Auslieferung an Rechtsradikale zu denunzieren. Falsch, weil »deutsche Leitkultur« bei aufgeklärter Debatte und sorgfältiger Bestimmung des Sinngehalts eben etwas anderes meint als christlich-abendlandische Tradition – gerade wegen der besonderen deutschen Geschichte und der Lehren, die das Land daraus gezogen hat. Vor allem aber, weil ein so geführter Streit nicht etwa nur der Bestimmung jener Werte dient, die Ausländer zu akzeptieren haben, wenn sie hier leben oder dauerhaft bleiben wollen, sondern auch der Selbstvergewisserung der Deutschen. Die Debatte über »deutsche Leitkultur« ist also keineswegs bloß eine Schule für »die Ausländer«, womit in diesen Tagen vor allem die türkischen Muslime gemeint sind, sie ist eine Nach-Schulung der Nation.

Nationalhymne, Gebete und Gedichte in der Schule – all das ist läppisch. Wenn nicht gar kontraproduktiv. Auf jeden Fall irreführend. Es geht nicht um »Brüh im Kranze dieses Lichtes«, um »Mein Herz ist fein« oder »Fest gewachsen in der Erden«, um einen Musikantenstadl gegen die Idiotie also. Selbst mit Deutsch als Leitsprache auf den Schulhöfen ist es nicht getan – so umstritten diese Selbstverständlichkeit auch ist und so unverzichtbar für die Bildungschancen von Ausländerkindern. Wir müssen schon eine Schaufel tiefer graben, in jene Schichten, wo die historisch gewachsenen, geduldig erlernten oder mühsam erkämpften Werte dieser Gesellschaft verschüttet liegen. Die Leitkultur, auf die wir da stoßen, hat einen festen Kern, einen Leitwert, der der aktuellen Debatte Gewicht und Richtung geben kann: die Toleranz.

Gewachsen im frühen Preußen, das Philosophen der Aufklärung, andernorts diskriminierten Juden und verfolgten Hugenotten eine Heimat gab. Deformiert durch den preußischen Militarismus. Zerschlagen und verschüttet im Massenmord der Nationalsozialisten. Geborgen, zusammengefügt und poliert in den Jahrzehnten danach. Und wieder gefährdet durch den frisch entbrannten Kampf der Kulturen. Die Islamwissenschaftlerin Christine Schirrmacher warnt davor, der Intoleranz der Islamisten nachzugeben. Sie wollten den Islam auch in Europa unangreifbar machen. »Das führt zu einer moslemischen Leitkultur.« Für uns heißt das:

Intoleranz gegenüber Intoleranten beweisen – Toleranz als Leitkultur erzwingen. Also das verteidigen und durchsetzen, woran es in den islamischen Ländern mangelt: Demokratie, Minderheitenschutz, Frauenrechte, Aufklärung, Trennung von Kirche und Staat.

Offenbar sind wir zu borniert und befangen durch den ritualisierten Meinungskampf, um zu begreifen, wie weit wir dabei

schon sind. Der baden-württembergische Einbürgerungsfragebo-
gen, der auf Toleranz gegenüber Homosexuellen in öffentlichen
Ämtern und der Homo-Partnerschaft besteht, ist in seiner Nütz-
lichkeit gewiss kritikwürdig. Aber dass eine CDU-Regierung in
einem provinziell gefärbten Bundesland diese Quasi-Ehe zum
Kernbestand deutscher Leitkultur erklärt, ist doch höchst bemer-
kenswert. Es werden Witze darüber gemacht, dennoch ist klar:
Das gilt dann auch als Leitkultur für die Deutschen. Und für die
CDU. So verstanden, sollte die Debatte nicht als »Gesinnungstest«
niedergemacht, sondern aufgenommen und nach beiden Seiten geführt werden. Sie wäre auch an den Schulen höchst lehrreich. Und
nicht nur dort. Und nicht allein zu diesem Thema.

Lammert möchte über die »geistige Verfassung der Nation« reden. Da hat er recht. Das Nachdenken darüber, was wir »den Aus-
ländern« abverlangen wollen, verlangt auch uns etwas ab. Die Be-
sinnung auf jene Werte, die wir für uns als unabdingbar erachten:
Toleranz, Respekt und Solidarität erfordern Konkretion; Gerechtigkeit in Zeiten eines rasenden Kapitalismus ruft nach neuen Lösungen – der Gewinn- und Kapitalbeteiligung für Arbeitnehmer
beispielsweise. Die soziale Verpflichtung des Islam kann da übrigens beispielhaft sein. Der Inhalt der geplanten Einbürgerungs-
kurse für Ausländer sollte mithin breit diskutiert und dann ins
Internet gestellt werden: für die Inländer. Deutsche Leitkultur? Her
damit!

Diät-Kur für Volksvertreter
April 2006

Es gibt nicht den Bundestagsabgeordneten. Auch finanziell
betrachtet haben wir es mit höchst unterschiedlichen Volksvertretern zu tun. Die einen leben nur von ihren Diäten, andere
verdienen noch ordentlich dazu – manche so viel, dass ihre Par-
lamentsarbeit geradezu als Nebenberuf erscheint. Da den Man-
datsträgern Nebentätigkeiten nicht untersagt sind, ist es eine
schier unlösbare Aufgabe, eine gerechte wie angemessene Lösung
zu finden. Die Diäten – jener Betrag, den der Abgeordnete ver-

steuern muss wie jeder Bürger – sind noch das geringste Problem, auch wenn die immer wiederkehrenden Debatten über Erhöhungen Furcht (unter den Volksvertretern) und Zorn (beim Volk) auslösen. 7009 Euro brutto sind das derzeit im Monat – eher zu wenig für einen Parlamentarier, der nur davon existiert und nicht bestechlich sein soll.

Die steuerfreie Kostenpauschale, die obendrauf kommt und zum Beispiel ein Wahlkreisbüro, eine Zweitwohnung in Berlin und Kilometergeld im heimischen Sprengel finanzieren soll, ist schon problematischer. Denn die 3647 Euro im Monat reichen dem einen kaum, dem anderen aber dicke – wenn er etwa sowieso in Berlin lebt und gar keine Zweitwohnung braucht, er den Rest also steuerfrei einstecken kann. Den höchsten Pegel erreicht die – leicht zu schürende – Empörung im Volk aber dann, wenn die Altersversorgung der Abgeordneten vorgerechnet wird. Nach acht Jahren Bundestag hat einer schon Anspruch auf 1682 Euro Pension, ab dem 65. Lebensjahr. Mit jedem weiteren Parlamentsjahr, bis zum achtzehnten, wird die kontinuierlich steigende Pension sogar ein Lebensjahr früher ausgezahlt. Mit anderen Worten: Nach 18 Abgeordnetenjahren gibt es schon vom 55. Lebensjahr an monatlich 3780 Euro, nach 23 Jahren die Höchstpension von 4836 Euro. Ohne dass Beiträge gezahlt worden wären – das absonderlichste Privileg, das die Demokratie vergeben hat. Dafür müsste ein Arbeitnehmer in der bescheidenen Rentenversicherung Jahrhunderte rackern und »kleben«.

Das alles muss, das soll geändert werden. Norbert Lammert, der Bundestagspräsident, hat als Erstes die Anpassung der Diäten – seit 2003 nicht mehr erhöht – entsprechend der Bruttolohnentwicklung der Arbeitnehmer vorgeschlagen: Das wären 7100 statt 7009 Euro im Monat. Kein Anlass zur Aufregung. Eine wahre Bombe verbirgt sich dagegen in einem Modell zur Neuordnung der Pensionen nach der Wahl 2009, das in den Hinterzimmern des Bundestags diskutiert wird. Würden die Diäten nämlich so weit aufgestockt, dass die Parlamentarier mit eigenen Beitragszahlungen ihre heutigen Pensionsansprüche wahren könnten, müssten sie auf etwa 14 000 Euro verdoppelt werden. Das aber macht der

Wähler und Steuerzahler nicht mit, es wäre ein Adrenalinbad für Politikerverachtung.

Dabei könnte alles so einfach sein, wenn das Abgeordnetengesetz nur konsequent und mit gesundem Menschenverstand angewendet würde. Dort ist nämlich festgehalten, dass sich die Diäten »an einem Zwölftel der Jahresbezüge eines Richters bei einem obersten Gerichtshof des Bundes (Besoldungsgruppe R 6)« orientieren sollen. Das wären aktuell runde 8050 Euro brutto. Stockt die Diäten also auf, Damen und Herren Abgeordnete, in einem oder mehreren Schritten – aber bitte erst, wenn ihr reformerisch fürs Land etwas geleistet habt und nicht wie Maurer erscheint, die vor der Arbeit erst mal vespern. Frühestens 2007. Und dann bleibt dabei, die Diäten mit »R 6« automatisch wachsen oder schrumpfen zu lassen. Zweiter Schritt: Die steuerfreie Kostenpauschale wird auf 1000 Euro gekürzt, darüber hinaus werden Aufwendungen nur nach geprüftem Einzelnachweis bis höchstens 3000 Euro erstattet.

Nun zur Altersversorgung: wenn schon Bundesrichter, dann auch hier. Das heißt: Die Pension wird, egal wie lange jemand im Bundestag saß, erst vom 65., später vom 67. Lebensjahr an gezahlt. Und sie orientiert sich an der Pension der Richter, nicht an den Bezügen der aktiven Abgeordneten, wie das heute der Fall ist. Drei Prozent der Diäten von 7009 Euro ergeben für jedes Jahr im Bundestag rund 210 Euro Pension. Der Anspruch des Richters nach 40 Dienstjahren liegt aber bei 75 Prozent der letzten Bezüge – grob gerechnet nur 150 Euro pro Berufsjahr (gut 6000 von 8050 Euro). Das hat Folgen: Nach acht Abgeordnetenjahren ergäbe das Richter-Modell einen Anspruch auf 1200 statt heute 1682 Euro, nach 16 Jahren auf 2400 statt 3364 Euro und nach 23 Jahren auf 3450 statt 4836 Euro. Sitzt jemand 40 Jahre im Parlament, soll er auch das haben, was der Richter nach 40 Jahren hat: gute 6000 Euro.

Konsequenz dann aber bitte auch in anderer Hinsicht: Hat der Parlamentarier aus beruflicher Nebentätigkeit eine Altersversorgung aufgebaut, die 500 Euro im Monat übersteigt, wird die Abgeordnetenpension um ein Viertel gekürzt, bei mehr als 1000 Euro um ein Drittel, bei über 1500 Euro wird sie halbiert. Denn der Bundesrichter hat keinen zweiten Job.

Der Kommunismus siegt
Mai 2006

Die Utopie triumphiert, der Kommunismus hält Einzug in Deutschland. Kommunismus, das sollte nach Karl Marx der Übergang vom eher anstrengenden Sozialismus – »Jeder nach seinen Fähigkeiten, jedem nach seiner Leistung« – zum Paradies auf Erden sein: »Die knechtende Unterordnung der Individuen unter die Teilung der Arbeit« sei überwunden, schrieb er in seiner »Kritik des Gothaer Programms« der Sozialdemokratie, nun gelte der Grundsatz: »Jeder nach seinen Fähigkeiten, jedem nach seinen Bedürfnissen«. Die Befreiung von Arbeit, die Alimentierung der Bedürfnisse, das garantiert heute ausgerechnet jenes System, das unter heftigen politischen Wehen geboren wurde, um Arbeitsuchende wie Arbeitsverweigerer zu jeder Art von Beschäftigung zu pressen: Hartz IV.

Sie wussten nicht, was sie taten. Sie ahnten nicht, was sie anrichten würden. Die Fusion von Arbeitslosen- und Sozialhilfe unter dem Patronat Gerhard Schröders und Angela Merkels wurde nicht etwa, was beabsichtigt war, was die Sozialdemokraten schier zerriss und die Geburtsstunde der Linkspartei illuminierte, sondern das glatte Gegenteil: Der scheinbar brutalste Abbau staatlicher Stütze in der deutschen Sozialgeschichte entpuppte sich als ihr komfortabelster Ausbau. Statt Arbeit unter allen Umständen zu erzwingen, eröffnete Hartz den Weg zu einem gesellschaftlichen Grundeinkommen, das Arbeit verhöhnt und Nichtstun belohnt. Ungewollt und unheimlich.

Denn nicht etwa bloß das täuschend schäbig anmutende Arbeitslosengeld II von monatlich 345 Euro, das ab Juli auch im Osten gezahlt wird, prägt die Existenz von Hartz-IV-Empfängern, sondern ein ausgewuchertes System der Zusatzleistungen – von der Miete bis zum Kinderwagen –, mit dem die Politik das Elend lindern wollte. Eine Familie mit zwei Kindern kann es unter günstigsten Umständen auf monatlich fast 2000 Euro bringen, was einem Stundenlohn von gut 12 Euro brutto entspricht. Ohne Arbeit. Das ist deutlich mehr, als ein Bauarbeiter in der Stunde verdient. Unter Schweiß.

Es kommt immer noch was drauf. Etwa das von der Koalition beschlossene Elterngeld, das eigentlich nur Lohnersatz sein soll, wenn Mutter oder Vater den Beruf wegen eines Kindes vorübergehend an den Nagel hängen. Begünstigt werden nun aber, da sie das alte Erziehungsgeld verlieren, auch arbeitslose Hartz-IV-Empfänger, ein Jahr lang mit monatlich 300 Euro.

Eine wahre Honigroute zum Kommunismus eröffnet die Möglichkeit, das Arbeitseinkommen auf Hartz-IV-Niveau zu heben, falls es unter der vielfach gepolsterten Stütze liegt. Mehr als eine Million Menschen haben sich als »Aufstocker« registrieren lassen, bald könnten es zwei Millionen sein, schätzt das Diakonische Werk. Selbst Unternehmer, Ärzte und Rechtsanwälte zählen dazu. Wer Familie hat, kann sich noch bei brutto 2000 Euro im Monat subventionieren lassen. Ein staatlich garantiertes Mindesteinkommen ist damit entstanden, zudem noch ein flächendeckender Kombi-Lohn, den die Große Koalition eigentlich erst im Herbst einführen möchte, und das auch nur für Niedriglöhner unter 25 und über 50 Jahren. Will das die Gesellschaft – und kann sie es bezahlen?

Sie kann offenkundig immer weniger. Denn die Hartz-IV-Leistungen überspülen den Bundesetat wie eine Tsunami-Welle. Schon im vergangenen Jahr schwollen die Zahlungen für Arbeitslosengeld II auf 25 Milliarden Euro an, zehn Milliarden mehr als geplant. 2006 könnten noch einmal drei bis vier Milliarden dazukommen. Im März gab es rund vier Millionen Bedarfsgemeinschaften für Hartz IV, allein in Berlin leben davon 335 000 Haushalte, fast ein Viertel mehr als Anfang 2005 – trotz sinkender Arbeitslosenquote. Eine Großstadt von Gestützten, verpuppt in der Hauptstadt. Die Dämme der Scham scheinen zu brechen. Galt es früher selbst bei Bedürftigen als Makel, zum Sozialamt zu gehen, wird heute phantasievoll erkundet, wie ein Platz an den Fleischtöpfen des Sozialstaats erobert werden kann. 3,2 Millionen Deutsche sind inzwischen von den Rundfunkgebühren befreit, 2004 waren es nur 2,7 Millionen. Ganz nach dem neudeutschen Abgreif-Motto: »Ich bin doch nicht blöd.«

Blöd sind all jene, die dafür mit Steuern und Gebühren geradezustehen haben. Aber das ist fatalerweise eine Minderheit, denn nur noch 39 Prozent der Deutschen leben von Arbeit. Also ist die Politik vorsichtig mit Kürzungen. Wer zupackt, könnte bei Wahlen bestraft werden. Der Regelsatz von 345 Euro gilt als unantastbar. Um Nebenleistungen und Missbrauch wird gerungen. Doch eigentlich müssten die »Aufstocker« aus dem System gekippt werden. Franz Müntefering, der zuständige Arbeitsminister, testete in der SPD-Fraktion schon mal den Aufstand der Plebejer. »Wer nicht arbeitet, soll auch nicht essen«, zitierte er im Tumult den sozialdemokratischen Urvater August Bebel. Das klang wie eine Kampfansage an den sozialstaatlichen Kommunismus.

Das unerlöste Land
August 2006

Ein Wort ist verschollen. So plötzlich verschwunden, wie es auftauchte war. Die es hervorgezerrt und herumgestoßen hatten, unaufhörlich und besitzerstolz, ein paar bewegte Wochen lang, die kennen es nun nicht mehr. Schon die Erinnerung daran erscheint ihnen irgendwie peinlich. Fast schämen sie sich dafür. Für ihre Seligkeit. Für ihre Naivität.

Patriotismus. Ach Gott. Ach ja.

War da was? Doch, da war was. Da war ein Land, das sich erstaunt ganz neu kennenlernte. Das ganz spontan, ganz unorganisiert, ganz jugendbewegt und zukunftsfroh den deutschen Mehltau abschüttelte. Ein Volk, das seinen Eliten, den chronisch übelgelaunten Damen und Herren mit den notorisch hängenden Mundwinkeln, bewies, zu welchen Energien es fähig ist. Und ahnen ließ, was mit diesen Energien anzufangen wäre, wenn sie denn aus den Fußballstadien und von den Straßen abgeholt und für anderes – sagen wir: für die Erneuerung des Landes, oder noch naiver: fürs Gemeinwohl – nutzbar gemacht würden. Und wenn sich jene Eliten, die ihr eigenes Volk nicht wiedererkannten, davon anstecken, verändern, verpflichten ließen.

Nehmen wir beispielsweise die Abonnementpatrioten der deutschen Industrie, die den Taumel zum Zwecke der Umsatzförderung sponserten wie noch nie und den Patriotismus über ihre Zungen paradieren ließen, als wären sie die Offiziere des gemeinen Wohls. Was hätte es für Eindruck gemacht, wenn sie verkündet hätten, allen Jugendlichen werde ein Ausbildungsplatz garantiert. Dafür stehen wir ein, als Patrioten. Oder wenn sie eine große Initiative für Gewinn- und Kapitalbeteiligung der Arbeitnehmer beschlossen hätten. Darum wollen wir uns kümmern, als Patrioten. Naiv. So läuft der Laden nicht. Das wissen wir doch. Oder? Die Herren der Industrie intrigierten lieber gegeneinander. Machtversessen, selbstvergessen. Die Politik, die soll es richten. Alles. Immer. Die Politik, die ist schuld. An allem.

Nehmen wir die Verbalpatrioten der Politik. Die spürten immerhin so etwas wie eine Verpflichtung – oder Verlockung –, sich von der Hochstimmung ihres Volkes anspornen zu lassen zu Außergewöhnlichem. Sie dachten darüber nach, was daraus zu machen wäre, doch der Gedanke verdorrte rasch. Denn das wäre doch zu riskant, sich selbst Maßstäbe zu setzen, Ziele zu benennen, an denen man künftig zu messen wäre.

Also verdrückte sich die Kanzlerin das wegweisende Interview über den Einbruch des Patriotismus in das Gehege ihres politischen Kleinmuts. Und zündete lieber ein Feuerwerk von Interviews über die angeblichen Erfolge bisheriger Politik.

Patriotismus? Das ist was für die da unten, für die mit den Fähnchen am Autofenster und den Farben im Gesicht. Patriotismus, das war mal. Eine Erinnerung. Bloß Fußball. Bloß Fanmeile. Gottlob, seufzen die da oben, ist der Klinsmann ja auch weg. Verschollen. Verschwunden wie das Wort, das nun niemand mehr in den Mund nehmen möchte. Eine Schattengestalt versiegelter Erinnerung. Ein paar Wochen lang war Klinsmann die Erlöserfigur, die die Sehnsüchte eines Volkes weckte. Wäre er geblieben, hätte er gestört. Nicht nur das deutsche Fußballkartell, sondern alle deutschen Kartelle. Weil er daran erinnert hätte, dass es auch anders geht. Sie hätten ihn klein machen müssen – und sie hätten es getan. Er wusste das. Deshalb ging er.

Und das unerlöste Land bleibt unerlöst. Politisch gesehen ist es ein Land ohne Heilsversprechen. Zum ersten Mal in seiner Geschichte. Als die Adenauer-Ära vorüber war, versprach eine Große Koalition Erneuerung. Danach Willy Brandt und das sozial-liberale Bündnis. Als das unter Helmut Schmidt erschöpft war, versprach Helmut Kohl die »geistig-moralische Wende«. Als der das Land 16 Jahre lang ausgesessen hatte, weckte Rot-Grün Euphorie für die Überwindung des Reformstaus. Als Gerhard Schröder resignierte, standen Horst Köhler und Angela Merkel für einen radikalreformerischen Schub mit Schwarz-Gelb. Als das schiefging, mobilisierte das Notbündnis der Großen Koalition letzte Hoffnungen auf ein Wunder aus Einsicht in die Notwendigkeiten.

Das Wunder ist ausgeblieben. Die Union ist auf 31 Prozent Zustimmung abgestürzt, so tief wie nie zuvor und kaum noch unterscheidbar von den 29 Prozent der Sozialdemokraten. Nun gibt es kein politisches Farbenspiel mehr, das – wenigstens für einen relevanten Teil der Wähler – Zukunft verspricht und Energien freisetzt. Rot-Gelb, Schwarz-Gelb, Rot-Grün: wahlarithmetisch schier unerreichbar. Oder verbraucht. Jamaika, das Vier-Parteien-Rätsel aus CDU, CSU, FDP und Grünen, könnte nicht mehr sein als ein Experiment. Ein Sudoku der Politik. Euphorische Erwartungen vermag es nicht zu mobilisieren. Andere Länder kennen solche Verhältnisse schon lange. Wir müssen damit erst mal klarkommen.

Taubstumm in Berlin
November 2006

So sieht ein Erdbeben des Vertrauens aus. So misst man die Erschütterungswerte einer Katastrophe – einer Katastrophe der politischen Kommunikation, der Verständigung zwischen Regierung und Volk. Drei Viertel der Deutschen glauben, dass die Gesundheitsreform die medizinische Versorgung verschlechtern und gleichzeitig teurer machen wird. Am selben Tag, an dem der verheerende Befund des ZDF-Politbarometers verbreitet wird, verirren sich die Fachchinesen der Großen Koalition bei der Debatte des Reformwerks im Bundestag im Kauderwelsch ihrer Rechtfer-

133

tigungsversuche. Sie begreifen nicht, was sich draußen abspielt. Sie reden ins Leere. Sie können nicht überzeugen, weil sie selbst nicht überzeugt sind. Denn das ist noch nie passiert in der unendlichen Geschichte politischer Irrtümer: Niemand in der Koalition ist von dieser Reform überzeugt. Ja, in der Union halten den Weg in die Staatsmedizin mit dem behördlich festgelegten Krankenkassenbeitrag und dem monströsen Gesundheitsfonds sogar alle für falsch. Alle. Tief drinnen in ihren Herzen. Aber ihre Kanzlerin will es nun mal so.

Wenn drei Viertel des Volkes das glatte Gegenteil dessen glauben, was ihnen versichert wird, dann müsste Politik eigentlich innehalten. Stoppen, was geplant ist, hören, was die Menschen sagen – und die Kraft, den Mut, die Souveränität aufbringen, neu zu denken, neu zu beginnen. Wenn das Volk nicht überzeugt ist, hat die politische Kommunikation versagt – und die Politik ist gescheitert. Dann reißt der Draht zwischen Regierenden und Regierten. Wenn taub und stumm regiert wird, dann zersetzt sich Demokratie. Dann blühen auf dem Kompost Ideen wie die Oskar Lafontaines, politische Streiks gesetzlich zu erlauben, damit sich das Volk wehren kann.

Es geht auch anders. Ganz anders. Und die Menschen können das gerade in diesen Tagen beobachten. Wenn's ums Geld geht, das Geld von Politikern. Als perfekt organisierte Walze rollt das Marketing für Gerhard Schröders Memoiren übers Land. Des Kanzlers, der in seiner Regierungserklärung zur Agenda 2010 ganze sechs Sätze auf die Hartz-IV-Reform verwandte. Des Gerhard Schröder, der im *Spiegel* nur Wahlkämpfe zu »Zeiten direkter Kommunikation mit dem Volk« erklärt: »Das direkte Gespräch über die gesamte Legislaturperiode ist faktisch unmöglich, nicht aus Zeitgründen, sondern weil es einen Mangel an Aufmerksamkeit gibt.« Das Volk ist schuld?

Schröder ist daran gescheitert. Die nach ihm kamen, haben nichts daraus gelernt. Als die Gesundheitsreform von den Spitzen der Koalition final verabredet wurde, stellten sie sich nachts um 2.15 Uhr der Presse zu Kurz-Statements. Am Vormittag bequemte sich Ulla Schmidt zu einer Kurz-Pressekonferenz: »Noch fünf

Minuten, weil ich zum Flughafen muss.« Angela Merkel gab Kurz-Interviews fürs Fernsehen, Fragen verboten, weil sie in die Türkei wollte. Das Volk ist bis heute zu kurz gekommen – niemand hat auch nur den Versuch unternommen, ihm die Sinnhaftigkeit der Beschlüsse in Ruhe und im Zusammenhang zu erläutern, etwa in einer Regierungserklärung der Kanzlerin.

Regieren über die Köpfe hinweg, von oben nach unten, autistisch und eingekapselt. Das ist zur Methode geworden. Im nächsten Wahlkampf, pfeifen die Regenten im dunklen Keller, werden sie uns schon wieder folgen. Ach ja, haben die vergangenen Wahlkämpfe nicht einige Überraschungen gebracht? Haben sie nicht demonstriert, dass Politik ohne kluge, beständige und ehrliche Kommunikation misslingt?

Doch dafür fehlt heute alles: gesprächsfähige und -willige Leitfiguren mit Charisma, Überzeugungen und einprägsamen Überschriften für ihre Projekte – ausgestorben. Parlamente als Foren für das offene Gespräch mit dem Volk – stillgelegt. Parteitage als Schauplätze für produktiven Streit und Initiativen von unten – entkernt. Die Politik begibt sich ganz in die Hände der Medien – und lässt ihre eigenen Möglichkeiten verkümmern.

Neue werden nicht entwickelt. Oder verschenkt. Podcasts wie die wöchentliche Video-Botschaft der Kanzlerin ans Volk geben sich der Lächerlichkeit preis. Internetportale sind nicht mehr als öde Instrumente der Schönfärberei, des immer gleichen Dozierens von oben nach unten. Dabei könnten sie genutzt werden, um Stimmungen durch Stimmen von unten in Diskussionsforen zu erkunden. Und direkte Demokratie zu entfalten – durch Abstimmungen über Kandidaten und Programme der Parteien.

Es gibt geborene Genies der Kommunikation, doch die sind selten. Kommunikation ist ein Handwerk, das Ausbildung, Erfahrung und strategisches Denken erfordert – Experten eben. Regierungssprecher gehören nicht als Dementi-Papageien auf Kanzler-Schultern, sondern als populäre und eigenständig agierende Kommunikationschefs mitten hinein in die Öffentlichkeit. Und im Ministerrang mit Sitz und Stimme an den Kabinettstisch – als politische Katastrophenschützer.

Demokratie ohne Volk
Dezember 2006

Das ist kein politischer Beinbruch mehr, der rasch zu gipsen wäre. Was die Meinungsforschung am Ende dieses Jahres diagnostiziert, ist Knochenfraß der repräsentativen Demokratie, wie er in dieser Dramatik, in derart fortgeschrittenem Stadium nie zu messen war. Nur noch fünf Prozent der Deutschen glauben, dass sie die Politik durch Wahlen »in starkem Maße« mitbestimmen können. 48 Prozent meinen, dass sie »etwas« mitbestimmen können. 47 Prozent, im Osten sogar 56, antworten indes: »gar nicht«. Es kommt noch schlimmer: Ganze 18 Prozent haben den Eindruck, das Volk habe »etwas zu sagen« in Deutschland. »Nein, man nimmt auf die Interessen des Volkes keine Rücksicht«, urteilen dagegen 82, in Ostdeutschland sogar 90 Prozent. Für 36 Prozent ist das aber längst kein Problem des politischen Alltags mehr, sondern ein Ergebnis des demokratischen Systems, wie es im Grundgesetz verankert ist – sie sind damit prinzipiell »unzufrieden«. Im Osten sogar 51 Prozent. Das Berliner Forsa-Institut hat diese Daten am 14. und 15. Dezember für den *stern* erhoben und dazu 1001 Bürger befragt. Die repräsentative Demokratie, die Herrschaft des Volkes durch gewählte Vertreter, verliert rasant ihre Legitimation.

Eine solche Diagnose verlangt ganz andere Antworten als jene, die in der Politik üblich ist: Das wird schon wieder. Und schon gar nicht eine Volksanklage wie die Franz Münteferings, der es unfair nannte, die Parteien an ihren Wahlversprechen zu messen. Der Satz, vor großem Publikum guten Gewissens ausgesprochen, beschreibt den Abgrund zwischen Volk und Politik nur von der anderen Seite. Und der Mann kann gar nicht begreifen, warum anderen dabei der Atem stockt.

Wenn es so ist, und daran kann kein vernünftiger Zweifel mehr bestehen, dass die reprasentative Demokratie in der Wahrnehmung jener nicht mehr funktioniert, die die Vertretung ihrer Interessen gewählten Spezialisten überantworten, dann muss dieses System gründlich modernisiert, durch neue Instrumente der direkten politischen Einflussnahme untermauert und ergänzt werden. So überwältigende Mehrheiten, wie sie nun gemessen wurden, bilden keine obskuren Milieus, deren demokratische Zuverlässigkeit oder deren Realitätsbezug prinzipiell in Frage gestellt werden könnte. Solche Mehrheiten irren nicht. Es ist davon auszugehen: Sie sind weder dumpf noch dumm. Sie haben einfach recht.

Es stimmt ja, dass die Politik in ihrer blutleeren, verquasten Sprache ständig von oben herab auf das Volk einredet, aber nicht mit ihm spricht – und schon gar nicht auf es hört. Dass stur über die Köpfe hinwegregiert wird: Drei Viertel zweifeln massiv an der Gesundheitsreform – aber folgenlos. Dass das Volk auch über existentielle Fragen nicht abstimmen darf – wie das Grundgesetz der wiedervereinigten Nation, die Euro-Einführung und die Europäische Verfassung. Dass Entscheidungen zunehmend in verfassungsfremden Zirkeln fallen. Dass die Parlamente an Bedeutung verlieren. Dass sich Parteiführungen keinen Deut um die Meinungen ihrer Mitglieder scheren.

Teilhabe des Volkes lautet der Auftrag. Unter- und oberhalb der Verfassungsschwelle. Es darf keine Tabus geben für die unausweichliche Diskussion. Die Deutschen sind nicht unzuverlässiger als andere demokratisch organisierte Völker. Für die Demokratisierung und Wiederbelebung der unaufhörlich austrocknenden Volksparteien ist keine Grundgesetzänderung vonnöten. Auf die Tagesordnung gehören also: Direktwahl von Kandidaten für politische Ämter, Aufstellung der Listen mindestens durch die Parteimitglieder, wenn möglich und sinnvoll sogar durch alle betroffenen Bürger. Frankreichs Sozialisten haben ihre Präsidentschaftskandidatin direkt bestimmt. Warum sollten die deutschen Sozialdemokraten ihren Kanzlerkandidaten nicht ebenso wählen? Auch über Sachfragen und Programme könnte so abgestimmt werden. Daneben gehören die Parlamente grundlegend reformiert, um sie wieder zu vitalen, relevanten und beachteten Foren der Demokratie zu machen.

Grundgesetzänderungen wären hingegen für einschneidendere Systemreformen nötig: Direktwahl des Bundespräsidenten durch das Volk, gezielte Auswahl oder Streichen von Kandidaten auf den Parteilisten bei Wahlen, Einführung des Mehrheitswahl-rechts, um einen klaren Regierungsauftrag ohne lähmende Ko-alitionen zu ermöglichen. Vor allem aber: Volksbegehren und Volksentscheide auch auf Bundesebene. 80 Prozent der Deutschen wollen das, ergab die Forsa-Erhebung für den *stern*. In den Me-dien wird heute über »user generated content« diskutiert – The-men und Beiträge, die Leser, Hörer und Zuschauer selbst bestim-men. Ähnlich muss das Motto der Politik formuliert werden: »voter generated politics«. Frei übersetzt: Der Wähler hat das Sagen. Oder fürchtet jemand das Volk? Wer das tut, den wird es irgendwann das Fürchten lehren.

Wie Freiheit stirbt
Februar 2007

Was haben die Frankfurter Oberbürgermeisterin und die Ge-sundheitsreform gemeinsam? Beide haben keine Mehrheit – und dennoch haben sie sich durchgesetzt. Das klingt wie ein Scherz, aber es ist weit davon entfernt. Die Wiederwahl von Petra Roth durch die Bürger der Bankenmetropole Frankfurt am Main wie die Verabschiedung der Gesundheitsreform durch den Deutschen Bundestag erfüllten formal die Regeln der Demokratie – und kün-den doch auf dramatische Weise von der Auszehrung ihrer Legi-timation. Nicht die Wahl und der Beschluss als solche dürften mit-hin im Fokus von Publikum und Medien stehen, sondern die Umstände, unter denen sie zustande kamen.

Diese Umstände sind unerhört, Marksteine auf dem Weg zum Ruin der Parteiendemokratie. Dass darüber wenig oder gar nicht geredet und geschrieben wird, ist ein weiterer solcher Markstein. Es wird ernst – und dennoch nehmen die Handelnden die Zeichen nicht ernst. Sie verschließen auf skandalöse Weise die Augen vor dem Skandal.

Als die CDU-Kandidatin am 28. Januar erneut zum Stadtober-haupt gewählt wurde, erhielt sie 60,5 Prozent der Stimmen, und ihr Parteifreund Roland Koch, Hessens Ministerpräsident, bejubelte das »großartige Ergebnis«. Doch nur 33,6 Prozent der Wahlberechtigten hatten ihre Stimme abgegeben – so wenig wie nie zuvor, eine rasante Beschleunigung der Wahlenthaltung in Deutschland.

Petra Roth wurde also in Tat und Wahrheit nur von einem Fünftel der Frankfurter gewählt. Doch den Makel bereinigte die Unerschütterliche mit polit-professioneller Kaltschnäuzigkeit, indem sie die Abstinenten flugs zu Anhängern erklärte: »Die, die nicht gewählt haben, wollten keine Veränderung.«

Als der Bundestag am 2. Februar die Gesundheitsreform beschloss, wurden 378 von 593 abgegebenen Stimmen als »Ja« gezählt, nur 51 Abgeordnete der Großen Koalition votierten mit »Nein« oder Enthaltung, und die Kanzlerin, die im Plenum kein einziges Wort verloren hatte, an dem sie später zu messen wäre, sprach anschließend von einem »sehr bedeutenden Werk«. Doch alle wussten, dass das vom Volk vehement verworfene Gesetz die Mehrheit verfehlt hätte, wenn die Abgeordneten frei vom Druck ihrer Anführer nur nach Artikel 38, Absatz 1 des Grundgesetzes abgestimmt hätten – jenem Artikel, der bestimmt, dass die Parlamentarier »Vertreter des ganzen Volkes« sind, »an Aufträge und Weisungen nicht gebunden und nur ihrem Gewissen unterworfen«.

Die Formel aber ist durch die Praxis kalter Unterwerfung derart ausgehöhlt, dass nicht einmal mehr Abstimmungen über Krieg und Frieden als Gewissensfragen durchgehen. »Die zittern wie Espenlaub«, berichtete ein Abtrünniger über Angst und Bedrohung in den Reihen der SPD.

Das aber war längst noch nicht alles, was diesen »dunklen Tag für die Freiheit«, so der FDP-Abgeordnete Konrad Schily, zu einem der dunkelsten in der Parlamentsgeschichte machte. Denn die überwältigende Mehrheit der Volksvertreter wusste nicht, konnte im Detail gar nicht wissen, was sie da beschloss. 81 Änderungsanträge, eine Flut von Änderungen zu Änderungen, wurden noch zwei Tage vorher im Gesundheitsausschuss des Parlaments durchgepeitscht. Am Vorabend der Abstimmung wurde der mehr als hundertseitige Bericht des Ausschusses an das Plenum mit Brachialgewalt durchgedrückt – die Grüne Birgitt Bender, eine in

Sorgfalt geschulte Juristin, erhielt ihn von der Koalitionsmehrheit um 19.35 Uhr, um 20.10 Uhr sollte sie ihn »gefälligst« unterschreiben – so knapp also, dass die Masse der Volksvertreter die Erläuterungen der Fachleute vor der Abstimmung unmöglich noch lesen konnte. Das Chaos im Dickicht der Paragraphen war so überwältigend, dass selbst die Gesundheitsexperten am Schluss noch im Plenum über Interpretationen stritten.

Doch die Mehrheit stimmte zu. Sie votierte blind oder geblendet. Sie vergaß Grundgesetz und Auftrag. Sie verschenkte ihre Würde. Der Fall wirft alte Fragen neu auf: Wie sollen Abgeordnete, die so gedemütigt werden und sich so demütigen lassen, eine Regierung kontrollieren, wenn sie neben dem Mandat auch noch einem Beruf nachgehen? Der letzte Parlamentarier, der im Bundestag gegen seine Entwürdigung rebellierte, war der Grüne Werner Schulz, ein ostdeutscher Bürgerrechtler, dem die Freiheit nicht geschenkt worden war. Am 1. Juli 2005 widersprach er als Letzter in der Debatte über die Vertrauensfrage Gerhard Schröders in einer persönlichen Erklärung dem abgekarteten Votum für vorgezogene Neuwahlen. »Echte Demokratie ist doch kein leerer Wahn«, zitierte er Albert Einstein. Schulz sitzt nicht mehr im Parlament. Seine Partei ertrug ihn nicht, er wurde ausgeschwitzt.

Vor der Abstimmung über die Gesundheitsreform wagte es kein Einziger aus der Koalition, Zweifel oder Ablehnung mutig im Plenum zu begründen. 83 gaben am Ende persönliche Erklärungen ab – auf Papier, stumm. Die kleine Freiheit verschwand im Protokoll des Bundestags.

Kauf dir die Gewerkschaft
April 2007

Die Schlagworte sind irreführend, die Begriffe verschleiernd. Mannesmann-Prozess. VW-Skandal. Siemens-Affäre. Reine Firmenkatastrophen, so scheint es. »Untreue« lautete oder lautet der Vorwurf respektive Verdacht bei der juristischen Bewältigung – als ginge es allein um den Missbrauch von Geldern der Aktionäre.

Auch die Sprache der Bilder lenkt ab, verwischt, statt aufzuklären, zum Kern zu führen. Der Mannesmann-Prozess – es ging um exorbitante Abfindungen und Prämien für Manager beim Verkauf des Konzerns – wurde symbolisch beherrscht von den zum Victory-Zeichen gespreizten Fingern Josef Ackermanns, Mannesmann-Aufsichtsrat und Chef der Deutschen Bank. Den VW-Skandal bebilderten käufliche Schönheiten für gierige Betriebsräte und den gefallenen Großreformer Peter Hartz. In der Siemens-Affäre steht das Gesicht des Aufsichtsratsvorsitzenden und Kanzlerberaters Heinrich von Pierer für bohrende Fragen nach schwarzen Kassen und Schmiergeldern in atemberaubender Höhe.

Drei Firmenskandale, verknüpft nur durch fragwürdige Moral einzelner Protagonisten? Diese Interpretation liegt nahe, da doch mit anschwellender Empörung über Schamlosigkeit in Konzernetagen disputiert wird. Doch das ist trügerisch, reine Oberfläche. Hinter den Firmenskandalen grinst ein Systemskandal. Die Entstellung der Mitbestimmung, die moralische und materielle Korrumpierung der Arbeit durch das Kapital verbindet sie. Hinter Josef Ackermann duckte sich im Mannesmann-Prozess Klaus Zwickel, ehedem Vorsitzender der IG Metall, der mächtigsten Einzelgewerkschaft der Welt. Er hatte den anrüchigen Millionen im paritätisch mitbestimmten Aufsichtsrat nicht widersprochen – und sie damit de facto freigegeben. Die Mitbestimmung saß mit auf der Anklagebank, aber heimlich. Kein Staatsanwalt nahm sie ins Kreuzverhör.

Im VW-Prozess bog Hartz das Verhör ab. Sein Anwalt verlas ein Geständnis, um die Vorladung von Prostituierten zu vermeiden und einen Deal mit dem Gericht zu ermöglichen. Der Personalvorstand habe Klaus Volkert, den Chef des Konzernbetriebsrats, mit Prämien von fast zwei Millionen Euro und kostspieligen Geliebten bei Laune gehalten. »Es ging um eine Position, in der man den anderen kauft, ihn einkauft.« Da wurde der VW-Skandal zum Justizskandal: Das Gericht, das sich mit dem Deal selbst die Hände gebunden hatte, verweigerte der Öffentlichkeit, worauf die Anspruch gehabt hätte: Aufklärung nämlich, zu welchen prekären Projekten des mitbestimmten Unternehmens der geschmierte Betriebsrat seine Zustimmung gab. Wieder war die Mitbestimmung gnädig davongekommen.

Bei VW wurde ein Betriebsrat der IG Metall gekauft, bei Siemens womöglich eine ganze bundesweite Arbeitnehmerorganisation mit Firmengeldern ausgehalten und gefügig gemacht, über Jahrzehnte. Gegen die IG Metall. Die »Arbeitsgemeinschaft Unabhängiger Betriebsangehöriger« (AUB), die ihre »große Flexibilität« anpreist, ist wohl nicht zufällig so alt wie das wertvollste Instrument gewerkschaftlicher Macht. Die paritätische Mitbestimmung – Gleichstellung von Kapital und Arbeit in den Aufsichtsräten von Großunternehmen – wurde 1976 eingeführt. Seit 1975 treten bei Betriebsratswahlen gewerkschaftsunabhängige Kandidaten an. Der Verdacht liegt nahe, dass die AUB gegründet und benutzt wurde, um der Mitbestimmung die Spitze zu nehmen.

Damit werden die Affären zum politischen Fall. Wenn bei VW der Betriebsrat gekauft wurde und bei Siemens die nach eigenen Angaben zweitgrößte Arbeitnehmerorganisation nach dem DGB – wie ist dann die Praxis in anderen Großunternehmen? Wenn zwei Topadressen der deutschen Industrie so agiert haben – wie verhalten sich minder prominente Firmen? Wenn IG-Metall-Funktionäre bei VW korrumpierbar waren – wie unanfechtbar sind sie woanders? Wenn die AUB 19 000 Betriebsräte stellt – wie unabhängig sind die generell? Eine Kommission von Arbeitgebern, Gewerkschaftern und Wissenschaftlern, die noch Gerhard Schröder unter Leitung des CDU-Moderators Kurt Biedenkopf eingesetzt hatte, ist kürzlich dabei gescheitert, einen gemeinsamen Reformvorschlag für die Mitbestimmung auszuarbeiten. Biedenkopf und die Wissenschaftler alleine sahen in ihrem Minderheitengutachten keinen grundsätzlichen Korrekturbedarf.

Den diktieren nun die Affären aufs Neue. Auch wenn weder Union noch SPD vor Wahlen Lust verspüren, sich mit den Gewerkschaften anzulegen. Im Kern muss es darum gehen, die mafiose Umarmung von Kapital und Arbeit zu stoppen. Das heißt mindestens, die Mitbestimmung bei Vorstandsverträgen zu beseitigen – und damit Erpressungspotenzial und Begehrlichkeiten bei den Belegschaftsvertretern. Das kann aber auch heißen, die Parität im Aufsichtsrat durch eine Drittel-Beteiligung der Arbeit zu ersetzen. Die Trennung der Sphären und Interessen entzöge der Korruption den Boden.

Wenn Glut zu Asche wird
Dezember 2007

Was vorne rauskommt, war mal entscheidend. Aber das ist lange her. Gemessen: mehr als 2000 Jahre. Gefühlt: Lichtjahre. Der römische Feldherr, Historiker und Schriftsteller Marcus Porcius Cato beschrieb den Staatsmann um 200 vor Christus als »vir bonus decendi peritus«, als »ehrenwerten Mann, der die Redekunst beherrscht«. Bei Helmut Kohl, das vertraute der große Pfälzer selbst den Geschichtsbüchern an, hatte nur noch das Geltung, »was hinten rauskommt«. Vorne quollen Knödelsätze aus dem Kanzler.

Kurt Beck, der kleine Pfälzer, präzisierte das Kohl'sche Paradigma: »Von nix kommt auch vorne gar nix raus.« Den unvergänglichen Satz schob er auf dem Hamburger SPD-Parteitag über die stolpernde Zunge, und um ihn herum erstarrten die Genossen ob des grauenerregenden Vortrags. Fremdschämen mochten sich auch all jene, deren Profession es ist, aus solcher Rhetorik Ideen-Rohlinge herauszufieseln und zu Schlagzeilen zu veredeln – die Journalisten.

Ein zunehmend verzweifelnder Berufsstand. Denn es steht schlecht um die Kunst der Rede in der Politik. Sehr schlecht. Die folgt der schwarz-rot-güldenen Regel: Es reicht nicht, keine Ideen zu haben, man muss auch unfähig sein, sie auszudrücken. Verblassende Mythen sind die großen Redeschlachten im Parlament, von atemlosem Publikum im Fernsehen verfolgt, Konserven für Connaisseure die Gefechte der Willy Brandt, Herbert Wehner, Helmut Schmidt, Franz Josef Strauß, Rainer Barzel, Heiner Geißler, Hans-Dietrich Genscher und Otto Graf Lambsdorff. Nostalgischen Speichelfluss weckt die Erinnerung an das offene Wort Joschka Fischers: »Mit Verlaub, Herr Präsident, Sie sind ein Arschloch.«

Heute werden Referate vom Blatt gelesen im Bundestag. Unheilige Einfalt. Aus dem Forum der Demokratie ist die Sondermülldeponie der Rhetorik geworden. Bester Redner, nicht mitreißend, aber analytisch scharf und sprachlich auf dem Punkt, ist Guido Westerwelle. Besser noch als Oskar Lafontaine, der keinen Gegner mehr findet, der ihn fordert, das gefährliche Feuer seiner Rede entfacht, wie 1995 in Mannheim, wo er auf dem SPD-Parteitag mit einem fulminanten Auftritt den hilflosen Rudolf Scharping aus dem Vorsitz kippte. Die Glut von Lafontaines Redekunst glimmt heute nur noch auf Marktplätzen – wenn die Menge hineinbläst. In den Parteien ist der feurige, der mitreißende, der begeisternde Redner nicht mehr gefragt. Hinterzimmer-Strategen verteilen Posten und Karrieren unter sich. Sigmar Gabriel, rhetorisches Naturtalent, war der Einzige, der den Hamburger SPD-Parteitag zu Begeisterungsstürmen hinzureißen vermochte – bei den Wahlen zum Parteipräsidium fiel er durch.

Peer Steinbrück, Meister von Ironie und Spott, gilt als gemeingefährlich, weil die Wähler solche Brillanz angeblich falsch verstehen. Kanzlerkandidat kann einer mit solcher Schwertgosche nie werden. Sagen die Drögen in seiner Partei, die er als »Heulsusen« beleidigt hat. Und in der CDU legt man keinen Wert mehr auf Friedrich Merz, den Letzten aus der Großklasse des rhetorischen Degens bei den Schwarzen. Roland Koch, der in freier Rede gegen einen tobenden Landtag anzureiten vermochte, ist intellektuell domestiziert – das putschistische Potential hat man ihm ausgetrieben.

Unter den Einsilbigen ist (oder war) der Dreisilbige König. Wie Franz Müntefering, dessen doppelbödig-humorvolle Drei-Satz-Siege im sauerländischen Tonfall früher eher unter Niveau erschienen, später aber Blockbuster wurden. Weil um ihn herum alles in sprachliche Asche versank. Oder wie Angela Merkel, die vor großem Publikum wirkt, als wäre sie ziemlich rasant von der Hilfs- in die Gesamtschule der Redner aufgestiegen. In kleiner Runde sogar ins Elite-Gymnasium – da sprüht ihr uckermärkischer Humor, da plaudert und sprudelt sie, da karikiert sie die Männer, dass das Frauenherz lacht. Im gedruckten Interview freilich erscheint sie wie aus Holz gedrechselt, weil man im Kanzleramt – zum Grausen ihrer Sprecher – alles Leben, jede originelle Formulierung, den kleinsten Geistesblitz tilgt wie die Küchenschaben in der Kantine. Nie sollt ihr sie erkennen …

Und nie hat sie einen Begriff geprägt, an dem sich politische Debatten aufhängen lassen wie der Streit um gefräßige Kapitalfonds an dem unvergänglichen Bild der Heuschrecken. Diese Kunst ist Erbmasse Franz Münteferings. Und Gerhard Schröders, der die Karikaturisten beim Agenda-Krach mit Moses und den Zehn Geboten entzückte. Niemand möchte dieses Erbe antreten. Es fällt an die Feigheit.

Dafür gilt: Das Schlechtere ist der Feind des Schlechten. Wer hätte gedacht, dass Edmund Stoiber, Kultfigur der Irrgarten-Rhetorik, zu unterbieten wäre? Ist er. Seine Nachfolger bringen die gludernde Lot erst richtig zum Leuchten.

Das Ende der Qual
Januar 2008

Das Denkverbot ist gebrochen. Nicht bei uns. Noch nicht. Aber bei unseren Nachbarn. In Österreich, von einer Großen Koalition nicht weniger gequält und gelähmt als Deutschland, bekennt sich die konservative ÖVP zu einer einschneidenden Reform des Wahlrechts: zum Mehrheits- anstelle des Verhältniswahlrechts, wie es in beiden Ländern gilt. Das bedeutet: Nur die vom Volk direkt gewählten Kandidaten in den Wahlkreisen ziehen ins Parlament ein, wie in Großbritannien oder Frankreich, niemand über Listen, deren Aufstellung die Parteien nach Gutdünken diktieren.

Das bedeutet aber auch und vor allem: Schluss, für alle Zeit, mit Großen Koalitionen, denn das Mehrheitswahlrecht beschert in der Regel einer der großen Volksparteien allein eine regierungs- und damit gestaltungsfähige Mehrheit. Und falls es allein nicht reicht, dann sicher im Bündnis mit einer kleinen Partei, nicht mit *zweien* oder *dreien*, was in Deutschland die Alternative zur Großen Koalition wäre.

Das Wunder von Wien wird noch wundersamer dadurch, dass die ÖVP, der kleinere Partner in der Großen Koalition, mit dem Mehrheitswahlrecht gar nicht an der Macht wäre. Nach dem Ergebnis der letzten Wahl würden die Sozialdemokraten allein regieren. Die SPÖ aber lehnt die Reform ab. Was beweist: Man kann auch denken und Mut beweisen, ohne sich daraus unmittelbaren Vorteil zu versprechen. Gelobt sei also die ÖVP. Denn sie könnte, sie sollte zum Vorbild werden für Deutschland – und auch hier eine Debatte anstoßen. Die Große Koalition in Berlin, sie demonstriert das gerade, ist schon nach der Hälfte ihrer Regierungszeit erschöpft, am Ende mit ihren Gemeinsamkeiten, bis aufs Blut gereizt von Wut und Widersprüchen.

Dennoch muss sie womöglich nach 2009 fortgesetzt werden. Denn eine schwarz-gelbe Mehrheit ist höchst fraglich. Und die denkbaren Dreier-Bündnisse – eine Ampelkoalition aus SPD, FDP und Grünen, eine Jamaika-Koalition von Union, FDP und Grünen und ein Linksblock von SPD, Grünen und Linkspartei – sind erstens nicht minder zweifelhaft und versprechen zweitens keine Erlösung durch stringenteres Regieren. Im Gegenteil: Jede dieser Konstellationen würde wohl die Qual noch unerträglicher machen, weil die Gegensätze und der Zwang zur Profilierung permanenten Aufruhr versprechen statt Klarheit und Stetigkeit.

Die stabile Verankerung der Linkspartei hat das parlamentarische System dramatisch verändert. Mit fünf Fraktionen und sechs Parteien – inklusive CSU – ist die Seligkeit stabiler Zweierkoalitionen Geschichte. Zunehmend auch in den Ländern. Lähmung und Instabilität aber bergen das Risiko einer permanenten Krise des Parlamentarismus, mit wachsender Wahlenthaltung und einem notleidenden Land, dem Gestaltung verweigert wird. Zudem ist die Opposition unter einer Großen Koalition auf unerträgliche Weise geschwächt: Nur gemeinsam können FDP, Grüne und Linke einen Untersuchungsausschuss durchsetzen, und nicht einmal gemeinsam können sie beim Bundesverfassungsgericht gegen eine Entscheidung des Regierungsbündnisses klagen.

Ein Ausweg ist das Mehrheitswahlrecht. Zum einen hat der Bürger unmittelbaren Einfluss auf seinen Abgeordneten – und der ist unabhängiger von seiner Partei. Zu beobachten war das etwa bei der Abstimmung über die missratene Gesundheitsreform: Zwei Drittel der Nein-Stimmen und der zu Protokoll gegebenen Einwände aus der Großen Koalition kamen von direkt gewählten Volksvertretern. Sie fühlten sich so frei. Zum anderen ist der faule Kompromiss passé. Hätte es das Mehrheitswahlrecht 2005 gegeben, könnte die Union mit knapper Mehrheit allein regieren. Sie kam auf 150 direkt gewählte Abgeordnete, die SPD auf 145, die Linke auf drei, die Grünen auf einen. Die FDP freilich wäre aus dem – halb so großen! – Bundestag verschwunden.

Das ist ein starker Einwand gegen das Mehrheitswahlrecht, aber kein schlagender. In Großbritannien sitzen auch die Liberaldemokraten komfortabel im Unterhaus. Kleine Parteien müssen eben populäre Kandidaten aufstellen – als Ein-Mann-Show sind sie verloren. Und: Es gibt auch Modelle für eine »gemäßigte Mehrheitswahl«, wie sie etwa der junge Passauer Politologe Gerd Strohmeier propagiert, die eine »proportionale Zusatzliste« für kleine Parteien empfehlen.

Bislang hat das Mehrheitswahlrecht – von der Großen Koalition 1966 schon einmal angedacht, dann aber wegen des Widerstands der FDP aufgegeben – in Berlin nur einen offenen Anhänger: Friedrich Merz. »Wer diesen Diskurs jetzt noch verweigert«, meint der CDU-Dissident, »der lässt mit zu, dass das deutsche Parlament erneut vor die Hunde geht.« In Wien hat die Debatte begonnen. Wer findet den Mut in Berlin?

Die vergrabene Bombe
Juli 2008

Zahlen beschreiben die Dramatik treffender als jedes Wort. Also sollen zunächst Zahlen sprechen, wobei wir Menschen mit »Migrationshintergrund« – das sind seit 1950 Zugewanderte und deren Nachkommen, viele davon inzwischen mit deutscher Staatsangehörigkeit – der Einfachheit halber nur Migranten nennen.

Migranten in Deutschland: 15,3 Millionen; Anteil der Migrantenfamilien: 27 Prozent; Migrantenquote bei Kindern bis zwei Jahre: 34 Prozent; Migranten ohne Berufsabschluss: 44 Prozent; Migranten im Alter zwischen 22 und 24 Jahren ohne Berufsabschluss: 54 Prozent; türkische Migranten ohne Berufsabschluss: 72 Prozent; erwerbslose Migranten: 29 Prozent; einkommensschwache Migranten: 43,9 Prozent; Migranten in Armut: 28,2 Prozent; Migrantenkinder in Armut: 36,2 Prozent; türkische Migrantenkinder mit Misshandlungen und schweren Züchtigungen in den Familien: 44,5 Prozent; Berliner Migrantenkinder mit Förderbedarf in deutscher Sprache: 54,4 Prozent; Migrantenquote an der Eberhard-Klein-Schule, Berlin-Kreuzberg: 100 Prozent; Migrantenanteil bei Jugendlichen mit über zehn Straftaten in Berlin: 79 Prozent.

Diese Daten sind nicht geheim. Aber sie sind auch nicht leicht zugänglich. Viele finden sich – hartes Brot der Statistik – im Jahresbericht von Maria Böhmer, der Integrationsbeauftragten der Bundesregierung. Extrem schwierig ist es, an Daten über Ausländerkriminalität zu kommen. Es gilt noch immer als politisch inkorrekt und gefährlich, solche Zahlen an die Öffentlichkeit zu geben. Sie werden beschwiegen und weggeschlossen, die übrigen Daten still in Reserve gehalten.

Würden sie offen und öffentlich diskutiert, wäre die Erkenntnis unabweisbar: Die ungelöste Integration von Zuwanderern ist das soziale Problem in Deutschland. Vom Kindergarten über die Schule und die Berufsbildung bis zum Arbeitsmarkt – und Gefängnis. Es ist einiges geschehen – aber längst nicht genug. Maria Böhmer sitzt, mit kleinem Stab, als »Beauftragte für Migration, Flüchtlinge und Integration« im Range einer Staatsministerin im Kanzleramt, auf Angela Merkels Büro-Ebene, Blick auf den Reichstag. Zweimal, im Juli 2006 und im Juli 2007, hat die Kanzlerin inzwischen zu Integrationsgipfeln eingeladen. Beim zweiten Mal wurde ein »Nationaler Integrationsplan« mit mehr als 400 konkreten Maßnahmen vorgestellt. Parallel dazu lud Innenminister Wolfgang Schäuble zur Islam-Konferenz.

Für die Union waren das gewaltige Schritte in die Wirklichkeit: Sie verabschiedete sich von nationalkonservativen Illusionen, akzeptierte, dass Deutschland Zuwanderungsland ist – und wegen schrumpfender Bevölkerung auch sein soll. Der CDU-Reformer Armin Laschet wurde in Nordrhein-Westfalen erster deutscher Integrationsminister – jedenfalls trägt er diese Aufgabe im Titel, neben »Gedöns« (Generationen, Familie und Frauen), wie Gerhard Schröder solches zu nennen pflegte. Gleichzeitig trennten sich Sozialdemokraten und Grüne von alter Multikulti-Ignoranz.

Wo Probleme kulminieren – Berlin-Mitte hat einen Migrantenanteil von 44,5 Prozent –, duckt sich der Senat noch gern weg. Die Problembezirke fühlen sich allein gelassen von der um Glanz bemühten Party-Elite. Wird Klaus Wowereit nach Kompetenzen für seine bundespolitischen Ambitionen gefragt, nennt er gern Gesundheit und Pflege. Was aber, wenn nicht Integration, müsste Ziel seines Ehrgeizes sein, könnte Berlin zum Modell machen für das ganze Land?

Es ist Zeit für einen entschlossenen Schritt: die Schaffung eines eigenständigen Integrationsministeriums nach der Wahl 2009 – ohne »Gedöns«. Siegte Merkel, hätte sie in Helmut Kohl ein Vorbild: Der berief 1986 Walter Wallmann zum ersten Umweltminister und Rita Süssmuth zur ersten Frauenministerin. In der EU, in Frankreich etwa, führen schon fünf Minister Integration im Titel. Würde Maria Böhmer zur Integrationsministerin, könnte sie nicht nur ein weiteres Kompetenzfeld für die CDU besetzen, wie schon Ursula von der Leyen die Familienpolitik.

Sie könnte auch aufhorchen lassen, indem sie zwei höchst erfahrene Staatssekretäre beriefe: Heinz Buschkowsky, den beeindruckend agilen SPD-Bezirksbürgermeister von Neukölln, der Wowereit »Wirklichkeitsverweigerung« vorwirft, neben Seyran Ateş, der türkischstämmigen Frauenrechtlerin. Schon bald aber sollten, viermal im Jahr, griffige Daten veröffentlicht werden, um die soziale Entwicklung der Migranten zu messen.

Aussterbende Alpha-Tiere
Juli 2008

Neid – auf sein Charisma? Eifersucht – weil er Massen in Verzückung versetzt? Ist es das, was die Kanzlerin bewogen hat, Barack Obama die Bühne am Brandenburger Tor zu verweigern? So konsternierend, so undiplomatisch, so belastend für die künftige Beziehung. Wenn es so wäre, wovor hätte sich selbst eine Angela Merkel zu fürchten, die doch hinreichend unter Beweis gestellt hat, dass sie national wie international nichts und niemanden zu fürchten braucht? Es lohnt, die Obama-Formel in ihre Bestandteile zu zerlegen, um zu beurteilen, was ihn so einzigartig erscheinen lässt – aber auch unheimlich, bedrohlich gar.

Die Obama-Formel also, in der immer gleichen Inszenierung: Charisma, Jugendlichkeit, Machtwillen, rhetorische Brillanz, Überzeugung, Vision. Das alles zusammen erzeugt jene Gänsehaut, die das Publikum überläuft bei seinen Auftritten, wenn er – frei redend, mit kühler, fast arroganter Miene – die Schraube andreht, noch eine Drehung und noch eine und noch eine: »America, this is our moment! This is our time!« Bis es die Menschen von den Sitzen reißt und sie von Zuhörern in berauschte Gefolgschaft verwandelt. In Jünger.

Das führt zur letzten, vielleicht entscheidenden Ingredienz der Obama-Formel: zum Messianischen, Erlöserhaften, Quasi-Religiösen seiner Erscheinung. Nicht nur Amerika, die ganze Welt verspricht er zu verändern, ach was: zu retten aus Armut, Krankheit, Arbeitslosigkeit, Krieg und Terror. Und die Gläubigen – betört, wie in Trance – skandieren: Yes, we can! Ja, das können wir! Das wollen wir! Dabei folgen wir dir!

Dieser Klimax bricht die Figur. Die Erlösergestalt wird fragwürdig. Die Gänsehaut wird zum Gruseln. Denn im Moment der emotionalen Entladung triumphiert das Irrationale über den Verstand. Und die Vernunft sagt: Das kann Politik nicht. Diesen Anspruch wird sie enttäuschen. Daran muss sie scheitern. Denn Politik ist nicht Religion, darf sie nicht sein, nicht einmal sein wollen. Barack Obama, der Erweckungsprediger in der Wüste der

Politik, verdient also kritische Distanz, Selbstreflexion seines Publikums, Misstrauen sogar. Vielleicht ist es das, weniger Neid oder Eifersucht, was Angela Merkel, die Physikerin, den Vernunftmenschen, auf Distanz gehen ließ zu dem Heiland Obama, der seinen ersten globalen Feldgottesdienst am Brandenburger Tor plante, vor ihrer Haustüre, ohne zu fragen. Es wäre eine verdeckte Warnung: Wollt ihr das wirklich? Denkt nach, bevor ihr jubelt

Distanz selbst um den Preis, dass die Lichtgestalt der amerikanischen Demokraten nun quasi den deutschen Sozialdemokraten »gehört«, sein Wahltriumph im November irgendwie auch der ihre würde. Aber wie lange und mit welchen Folgen, wenn der Präsident Obama mit messianischem Eifer deutsche Kampftruppen und deutsches Geld – mehr, viel mehr als heute – in Afghanistan verlangt? Für seinen heiligen Krieg gegen den Terror – den wahren, den gerechten Krieg?

Noch aber verzaubert er, scheint der Augenblick der Ernüchterung fern. Noch dient uns der Gänsehautmann als Maßstab dafür, was wir vermissen in der deutschen Politik – und was deren Hauptdarstellern fehlt. Dieser Vergleich ist rasch gezogen. Lassen wir das Messianische beiseite, fehlt allen irgendetwas von der Obama-Formel: die mitreißende Jugendlichkeit, die brillante Rhetorik, die Überzeugung, für die sie sich schlagen, die Vision, für die sie werben. Den meisten fehlt alles. Und allen fehlt es an einem: Charisma, massenwirksamer Ausstrahlung, die ein vom Volk gewählter Politiker braucht, eine Parteiendemokratie hingegen verkümmern, verzichtbar erscheinen lässt. Europa wird von Anti-Charismatikern beherrscht. Nicolas Sarkozy, Frankreichs direkt gewählter Präsident mit der betörenden Carla Bruni an seiner Seite, ist die einzige Ausnahme. Großes Theater. Aber auch: Surrogat, Politik-Ersatz.

In Deutschland sind wir schon froh über Alpha-Tiere. Besser: Wir wären froh – wenn wir sie denn hätten. Alpha-Tiere reduzieren die Obama-Formel auf Machtwillen. Notfalls pur, unter Verzicht auf Ausstrahlung, Jugendlichkeit, große Rhetorik, Überzeugung, gar Vision. Das Alpha-Tier aber steht hierzulande auf der Roten Liste. Es ist vom Aussterben bedroht.

Wir hatten sie einst, und nicht wenige. Es waren Männer, die den Tag begannen, indem sie mit Testosteron gurgelten. Helmut Kohl, der sich zwei Jahrzehnte gegen eine mediale Ablehnungsfront behauptete, einen Putschversuch innerparteilicher Rivalen lustvoll erstickte, den Deutschen ihr Liebstes nahm, die D-Mark, und ihnen schwer Verdauliches schmackhaft machte, die Einheit. Gerhard Schröder, der sich emporkämpfte aus sozialem Elend, mit rüpeliger Ironie am Zaun des Kohl'schen Kanzleramts rüttelte, seinen schärfsten Widersacher, Oskar Lafontaine, in die Resignation mobbte und den Deutschen, mehr noch: seiner eigenen Partei, ein Reformprogramm aufzwang, das sie heute noch nicht wirklich angenommen haben, die SPD so wenig wie die Deutschen. Joschka Fischer, der die Anti-Parteien-Partei zur Machtpartei umformte, die Fundamentalisten aus ihr vertrieb, ein System von Satrapen installierte und am Ende alles abwarf, was ihn einst ausgemacht hatte, vom oppositionellen Straßenkämpfer mit der struppigen »Herr Präsident, Sie sind ein Arschloch«-Rhetorik zum sprachgekämmten Außenminister aufstieg. Selbst Edmund Stoiber, der als Aktentaschenträger von Franz Josef Strauß begann, dessen Spezl-Wirtschaft zerschlug und schließlich von dem Gedanken besessen wurde, er könne, er müsse Kanzler werden. Sie waren Rudelführer. Bissig und behütend zugleich.

Diese Alpha-Männchen haben etwas gemeinsam: Sie sind an sich selbst gescheitert, wurden nicht weggebissen, im eigenen Rudel im Kampf erledigt. Kohl verschied politisch an Überalterung, moralisch an seinem Spendenskandal. Schröder gab auf, in vorgezogenen Neuwahlen. Fischer zog sich als letzter Live-Rock-'n'-Roll-Musiker in die Oldie-Charts zurück. Stoiber zerstörte den Mythos CSU, weil er die halbe Macht in Berlin scheute – und darüber die ganze in Bayern verlor.

Keiner wurde von einem Jüngeren, Stärkeren gelegt. Sie ließen keinen hochkommen, und die Rudel brachten keine neuen Alpha-Tiere hervor. Bei der SPD resignierte Franz Müntefering als Vorsitzender, weil er einen Vertrauten nicht als Generalsekretär durchzusetzen vermochte. Dann bekam Matthias Platzeck das Pfeifen in den Ohren, weil er den Druck nicht aushielt. Schließlich fiel Kurt

Beck der Vorsitz in den Schoß wie ein fauler Apfel. Frank-Walter Steinmeier, Peer Steinbrück, Sigmar Gabriel, Klaus Wowereit und Andrea Nahles mögen manches haben, aber nicht den unbedingten Willen zur Macht. Sie lauern, aber sie greifen nicht an.

Für die Grünen reicht ein einziger Satz: Sie haben kein Alpha-Tier mehr – und von den Beta-Tieren zu viele. Für die Liberalen auch: Sie haben ein Alpha-Tier, aber das respektieren sie mehr, als dass sie es fürchten – und von den Beta-Tieren gibt es zu wenige.

Ein komplizierterer Fall ist die Union. Angela Merkel hat Kohl nicht beseitigt, sein Ende nur beschleunigt. Sie hat Wolfgang Schäuble sanft aus dem CDU-Vorsitz gedrängt und Friedrich Merz brutal in die Resignation. Darüber wurde sie zum Alpha-Weibchen – nicht alleine der Union, sondern der deutschen Politik insgesamt. Alle anderen Rivalen und Rivälchen haben sich selbst erledigt. Aus jungen Wilden, einst vereint im Willen zur Macht, wurden graue Kater. Roland Koch fiel einer populistischen Fehlkalkulation zum Opfer, seiner Wahlkampagne gegen Ausländer, und darüber wurde er charakterlich kenntlich: Er sei »nicht unmoralisch, sondern amoralisch«, urteilte ein Spitzenmann der Union. Jürgen Rüttgers mutierte zum wunderlichen Arbeiterführer. Günther Oettinger versank in Skandälchen. Peter Müller erwartet die Niederlage bei der Saar-Wahl 2009. Ole von Beust war Hamburg schon immer genug. Die Gebrüder Ingrimm der CSU wären schon froh, wenn sie in Bayern ihr Auskommen hätten.

Nun hat sich auch noch der letzte und aussichtsreichste Konkurrent, Christian Wulff, aus dem Rennen genommen. »Junge Union in kurzen Hosen«, hat ihn einst Franz Müntefering genannt. So harmlos mag er erscheinen, aber das verkennt den Zorn, der in ihm lodert. Zorn über das Alpha-Weibchen. Man muss seine Worte gegen den Strich lesen, um die Botschaft zu erkennen. Er sei kein Alpha-Tier, traue sich die Kanzlerschaft nicht zu, sagte er dem *stern*, denn ihm fehle »der unbedingte Wille zur Macht und die Bereitschaft, dem alles andere unterzuordnen«. Das heißt: Sie ist machtversessen und darum prinzipienlos. Merkel solle auch den CDU-Vorsitz behalten, denn sie vertraue niemandem außer ihrer Büroleiterin Beate Baumann. Das heißt: Sie herrscht autokratisch, voller Misstrauen, gibt keinen Zipfel der Macht ab. Und: Er mache keine Witze mehr über Merkel, das habe er einmal getan, und sie habe es »nicht so witzig« gefunden. Das heißt: Sie ist obendrein noch humorlos und hat ihre Ohren überall. Zusammengenommen ist das ein in Demutshaltung vorgetragener Angriff, ein bemerkenswertes Stück verschlüsselter Kommunikation.

Die Wiese der Union ist gemäht. Die der SPD ist sauer. Vorläufig blüht nur eine Blume. Die heißt weder Angela Obama noch Maggie Merkel. Sie ist weder charismatische Führerin noch entschlossene Reformerin. Aber sie scheint die Gefahr zu wittern, die im Ungefähren liegt, zu spüren, dass Leadership die größte Mangelerscheinung der Zeit ist; zu messen an dramatisch sinkender Wahlbeteiligung, an Auszehrung der Volksparteien und an einer grassierenden Vertrauenskrise der Eliten, auch in Wirtschaft, Gewerkschaften und Kultur. Leadership heißt, Überzeugung kenntlich zu machen, ihr auch gegen Widerstände zu folgen – und gerade damit Vertrauen zu gewinnen. Merkels unpopulärer, aber in der Sache gerechtfertigter Widerstand gegen die Pendlerpauschale ist eine Übung in Leadership.

Verweigerte sie Führung – wie auch die um Neuformierung bemühte SPD-Spitze –, könnte das zwei versprengten Alpha-Männchen aus alter Zeit Auftrieb geben, mit höchst turbulenten Folgen für die Rudel. In Lauerstellung der eine: Friedrich Merz, der »einen Weg zurück« in die Politik nicht ausschließt, falls das Alpha-Weibchen schwach wird. Aggressiv schon heute der andere: Oskar Lafontaine, der seinen Weg in die Geschichtsbücher sucht. Merz und Lafontaine, die im Wahlkampf 2005 im packendsten aller Fernsehduelle ihre Kräfte maßen, haben sogar Spuren dessen, was allen anderen abgeht: Charisma. Führte der eine die Konservativen, der andere eine vereinigte Linke, wäre mangelnde Wahlbeteiligung kein Thema mehr. Wir hätten zwei Obamachen.

Im Land der Puppen
Januar 2009

Matrjoschkas nennt man in Russland jene aus Lindenholz gefrästen, bunt lackierten Puppen, die im Innern eine Reihe immer kleiner werdender Figuren verbergen – nur die letzte und kleinste ist aus massivem Holz. Wer den Niedergang der Eliten in Deutschland beobachtet, den Verlust von Leitfiguren, der fühlt sich in ein Matrjoschka-Land versetzt. In der Folge der Generationen, so scheint es, aber auch im Wechsel der Verantwortung schlüpft aus jeder Figur eine kleinere. Bloß gelangt man nie zur kleinsten. Es findet sich stets eine noch kleinere.

Thorsten Schäfer-Gümbel, der Hinterbänkler, der über Nacht zum Spitzenkandidaten wurde, ist eine Symbolfigur für diesen Prozess. Er schlüpfte am Ende einer langen Folge aus Georg August Zinn, einem Sozialdemokraten von unvergesslichem Format, der das Motto »Hessen vorn« prägte und sein Land 19 Jahre regierte. Auch TSG ist nur die vorerst letzte Puppe. Es geht noch kleiner.

Eine andere gewaltige Matrjoschka ist Willy Brandt. In gut zwei Jahrzehnten wurden neun Figuren aus dem Charismatiker herausgeschraubt, eine davon – Franz Müntefering – gleich zweimal, um den rasenden Prozess der Verkleinerung zu stoppen. Doch es wird nicht lange dauern, dann folgt die zehnte Puppe. Erstmals vielleicht eine Frau: Andrea Nahles. Man kann das Matrjoschka-System auch als Schäfergümbelisierung der Gesellschaft bezeichnen. Sie ist beileibe nicht auf die Politik beschränkt. Grob geurteilt und Ausnahmen als Bestätigung der Regel gewertet, sind auch Banken, Industrie, Kultur und Medien davon erfasst. Aus A wie Abs wurde A wie Ackermann – und danach? Die Neckermanns, Grundigs und Oetkers schrumpften zu Grupp – das ist der Talkshow-Unternehmer mit dem steilen Kragen, der vor der »Tagesschau« einen Affen sprechen lässt. Im Geistesleben, vom Feuilleton verzweifelt gefeiert, gilt Harald Schmidt als 1-a-Intellektueller. Erich Böhme, der die *Berliner Zeitung* zur *Washington Post* machen wollte, entschlüpfte Josef Depenbrock, der eine Heuschrecke zu sättigen suchte.

Das Publikum, dem die Matrjoschkas auf dem deutschen Jahrmarkt als Glücksbringer feilgeboten werden, scheint sich an die fortschreitende Verkleinerung zu gewöhnen. Man müht sich, das Putzige potent zu träumen, säuft sich das Unansehnliche schön. Fachleute für Vergrößerung verteilen Lupen, das Gewerbe der Optik-Berater blüht wie kein zweites. Dennoch kennen oder erspüren die Jahrmarktbesucher den faulen Zauber. Leitfiguren gibt's nur noch en miniature, das Vertrauen in die Eliten läuft ein wie ein gekochter Pullover. Der kratzt – und passt nicht mehr.

Was hat die alten Puppen groß gemacht? Die Brüche, die Erfahrungen, die Prägungen eines gelebten, bezwungenen, oft erlittenen Schicksals – statt eines arrangierten, geglätteten, ungebrochenen. Das war kein Verdienst, es war Ergebnis der Zeiten und sozialer Verwerfungen, denen sie ausgesetzt waren. Oft Krieg, Emigration, Aufbau, Armut. Willy Brandt kehrte heim aus schwedischem Exil. Gerhard Schröder und Oskar Lafontaine, seine politischen Enkel, waren Söhne von Kriegerwitwen, kämpften sich aus dem Elend. Joschka Fischer war Schulabbrecher, zeitlebens Abenteurer.

Auf den Trümmern des Krieges, mit wenig oder nichts, bauten Leitfiguren wie Werner Otto, Max Grundig, Reinhard Mohn, Rudolf Augstein oder Günter Grass ihre Karrieren. Den Nachfolgenden blieb das erspart. Aber ihnen fehlten auch die Erfahrungen, die Verletzungen und die Kanten solcher Biographien. Aus der Bürgerstube, aus dem Betriebswirtschaftsseminar, aus dem Traineeprogramm eines Bank- oder Konzernvorstands kommt selten eine umwälzende Idee – zu schweigen vom Mut und von der Kraft, sie durchzusetzen.

Dennoch gibt es auch heute Bruchstellen der Gesellschaft, die interessante Figuren prägen. Aber andere als früher. Angela Merkel fiel an der Bruchkante der deutschen Einheit in die Politik. Der Dresdner Schriftsteller Uwe Tellkamp, 1968 geboren, verdankt seinen überwältigenden Roman »Der Turm« denselben Erfahrungen.

Modellhaft aber ist unter heutigen Bedingungen der Aufstieg Barack Obamas. Der Präsident mit dem kenianischen Vater offenbart die Kraft und Inspiration von Menschen aus dem Migrantenmilieu. Philipp Rösler, 1973 in Vietnam geboren und in Deutschland adoptiert, drängt in der FDP nach oben, nun wird er Wirtschaftsminister in Niedersachsen. Der türkischstämmige Cem Özdemir hat es zum Vorsitzenden der Grünen gebracht. In der Migrantengesellschaft sind viele Matrjoschkas verborgen – große, die dann wieder kleinere in sich tragen. Unternehmer, Künstler, vielleicht auch ein Bundeskanzler. Nur Geduld. Und ein wenig Glück.

4

Auf der Rasierklinge

Oskar Lafontaine und die Spaltung der Linken

Die letzte Schlacht
Juli 2004

Sie haben das Projekt gemeinsam begonnen. In nagender, intriganter, wässrig überschminkter Rivalität. Womöglich werden sie es auch gemeinsam zu Ende bringen. Diesmal in heißer, zerstörerischer, offen ausgelebter Feindschaft. 1998 trugen Gerhard Schröder und Oskar Lafontaine die SPD zur Macht. Womöglich werden sie sie 2006 auch aus der Macht stoßen. Die Rechnung ist offen. Sie könnte beglichen werden.

La Lutte Finale, die letzte Schlacht der Antipoden um die Seele der Sozialdemokratie und ums Geschichtsbuch, hat begonnen. Schröder hat sie eröffnet. Er sucht der Trümmerlandschaft seiner Politik durch Selbstüberhöhung und Historisierung zu entfliehen. Alles, was er tut und sagt seit dem Wahldesaster vom 13. Juni, dient dem Meißeln am eigenen Denkmal. »Ich kann nur diese Politik«, verkündete er am Tag nach der Katastrophe. Das erinnerte – nicht zufällig – an Martin Luther: »Hier stehe ich, ich kann nicht anders.«

Dem folgte das selbst gesungene Heldenepos aus linker Trotz-Geschichte: »Wer kämpft, kann verlieren. Wer nicht kämpft, hat schon verloren.« Ausgerechnet vor dem in Anbetung versammelten Bundesverband der Deutschen Industrie. Guter Mann, unser Mann, rief die Managerkaste den am eigenen Kanzler (ver-)zweifelnden SPD-Anhängern zu. Als wolle sie ihn ganz kaputtmachen. Der ließ es geschehen, statt den Lohn seiner Qualen bei der Wirt-

schaft einzufordern: Jobs. Holte wenig später gar zur Publikums-
beschimpfung aus: Das Volk sei einfach zu unbeweglich, mäkelte
der allzu schwer, allzu unkalkulierbar und allzu spät Bewegliche.

Ich habe verstanden, pflegte Schröder das Volk einst nach Wahl-
debakeln zu besänftigen. Ihr kapiert's einfach nicht, schleudert er
ihm heute entgegen. Bereitet seinen Abschied vor, redet über sich
und sein Volk wie der rückblickend bilanzierende Historiker. Das
dient, psychologisch nur einleuchtend, dem Vergessenmachen, der
Planierung seiner bizarr zerklüfteten Regentschaft: Kippen zag-
hafter Kohl'scher Reformen nach 1998; Einstampfen des reform-
revolutionären Schröder-Blair-Papiers 1999; Schönfärberei im
Wahlkampf 2002; Salbung der Gewerkschaften nach der Wahl;
Kurswechsel, Reformstakkato und Klempnerei im fünften Jahr
der Kanzlerschaft; Reformstopp im sechsten. Ich habe Deutschland zur Macht auf der Weltbühne erhoben, ich habe das Tor zur
Erneuerung im Innern aufgestoßen, tragisch unverstanden – das
soll als Erbe bleiben.

Es gibt nur einen Ausweg für ihn aus den Ruinen der Sozialdemokratie, das ist er. Schröder ist ganz bei sich selbst, jetzt endlich.
Betoniert sein Kabinett, löst sich von der SPD, stilisiert Einsamkeit
zu präsidialer Attitüde. Er hofft auf ein Wunder, beschwört es,
doch er glaubt nicht daran.

Die Gewerkschaften auch nicht, ihre Führer haben mit Schröder abgeschlossen, richten sich auf die Kampfzeit nach ihm ein.
Und die Linke gönnt ihm das Wunder nicht. Beide Lager sind dabei, sich zu vereinen, um ihm die letzte Chance zu nehmen. An diesem Wochenende wollen sich die Splittergruppen zur Gründung
einer neuen Partei links von der SPD zusammenschließen, zur
»Wahlalternative Arbeit und soziale Gerechtigkeit«. Das schrundige Ding mit dem sperrigen Namen verdient höchste Beachtung,
es könnte ein politischer Sprengsatz daraus werden. Wenn es sich
ein einprägsames Firmenschild zulegt. Und einen Kopf.

Lafontaines Partei überfliegt die Fünf-Prozent-Hürde. Er thront
im Bundestag, Schröder ist am Ende. Die Kulissen der Republik
wanken. Die SPD ist zerrissen: Die einen wollen ihren Oskar zurück oder träumen Rosa-Rot-Grün, die anderen verfluchen ihn.

Schröder sucht eine neue Heimat in der Wirtschaft, Lafontaine wird zum Führer einer gärenden Linken, PDS inklusive. Spannend, wer dann ins Geschichtsbuch eingeht, im Text triumphiert oder in der Fußnote versinkt.

Der Geist aus der Flasche
Mai 2005

Die Pläne sind gemacht, die Strategie ist geklärt. Die Wahl in Nordrhein-Westfalen und die folgenden Wochen entscheiden, ob die historische Stunde schlägt. Das Projekt heißt: Spaltung der Sozialdemokratie, Neuformierung der deutschen Linken unter Einschluss der PDS, Rückkehr von Oskar Lafontaine und Gregor Gysi in die Politik. Das Ziel lautet: Sturz Gerhard Schröders als Kanzler. Die Ironie der Geschichte: Nur Schröders rasches Ende könnte die Pläne noch stoppen und seinen späteren Untergang obsolet machen – jedenfalls aus Sicht der Strategen.

Oskar Lafontaine ist der Chefplaner, Ottmar Schreiner sein Trojanisches Pferd, Franz Müntefering sein Gegenspieler. Der Erste kämpft, sechs Jahre nach seiner Flucht aus Regierung und Parteivorsitz, die letzte Schlacht gegen Schröder, einen Kampf für persönliche wie historische Rehabilitation. Der Zweite, Saarländer wie Lafontaine und als Vorsitzender der SPD-Arbeitsgemeinschaft für Arbeitnehmerfragen vollständig isoliert von Schröders Leuten, soll den Kanzler kippen oder irre gewordene Linke in die neue Partei führen. Der Dritte, als SPD-Chef nur der Rettung seiner Partei verpflichtet, ist ahnender Mitwisser der Spaltungspläne und sucht sie durch seine Kapitalismuskritik zu durchkreuzen.

Seit Monaten führen sie einen verdeckten Kampf, nun wird er öffentlich. Nordrhein-Westfalen entscheidet alles. Gewänne die SPD wider Erwarten, dann nur wegen Müntefering – und der Rausch des Sieges würde Schröder faktisch entmachten, seine Regierung durch heftige Turbulenzen auf die neue, linke Parteilinie zwingen. Lafontaine bliebe in Deckung.

Verliert die SPD hingegen, und davon gehen Lafontaine wie

Müntefering aus, könnte sich Schröders Schicksal rasch entscheiden. Am 1. Juli, wenn im Bundestag über die Senkung der Unternehmensteuern und die Steuerfreiheit für das Vererben mittelständischer Firmen abgestimmt wird. Wäre Schröder gezwungen, das Votum mit der Vertrauensfrage zu verbinden, um die SPD-Fraktion beisammenzuhalten und die murrende Linke zu disziplinieren, setzte er alles auf eine Karte. Rot-Grün kommt auf 304 der 601 Abgeordneten, drei könnten also äußerstenfalls abspringen. Sechs Wackelkandidaten sind derzeit identifiziert. Schreiner, der Lockvogel, formuliert harte Bedingungen: Die Senkung der Körperschaftsteuer müsse – auf Kosten der Konzerne selbstverständlich – »bis ins Letzte gegenfinanziert«, zudem die Erbschaftsteuer auf »große Privatvermögen« heraufgesetzt werden. Verliert Schröder das Vertrauensvotum, hat der Bundespräsident 21 Tage Zeit, den Bundestag aufzulösen. Spätestens nach 60 Tagen folgten dann Neuwahlen. Da in Bayern die Schulferien erst am 12. September zu Ende gehen, käme der 18. September als Wahltermin in Frage. Vermutlich ohne Lafontaine, denn die Zeit reicht kaum für eine Parteigründung. Und Schröder wäre ja schon gestrauchelt, wohl endgültig.

Siegt Schröder aber im Bundestag, rettet er sich und seine Steuerpläne, könnte Lafontaines Maschinerie anlaufen. Austritt aus der SPD, Gründung einer neuen Partei. Die saugt die erfolglose, sektiererische »Wahlalternative Arbeit und soziale Gerechtigkeit« (WASG) auf und nennt sich anders: populär und eingängig etwa nur »Die Linke« oder in historischer Anlehnung an die SPD-Abspaltung nach dem Ersten Weltkrieg »Unabhängige Sozialdemokratische Partei Deutschlands« (USPD). Schreiner wird ihr Generalsekretär, frustrierte SPD-Linke folgen ihm. Zeitgleich verkündet Gysi, genesen von Herzproblemen und einer Schädeloperation, seine Rückkehr in die Politik als PDS-Spitzenkandidat bei der Bundestagswahl 2006.

Lafontaines Neue und Gysis Alte teilen sich die Reviere auf: Die Neue kandidiert nur im Westen, die PDS nur im Osten, denn in den alten Ländern ist sie historisch gescheitert – bei der Bundestagswahl 2002 konnte sie selbst in Nordrhein-Westfalen nur 1,2 Prozent holen. Die überlässt sie nun Lafontaine – und der ihr den

Osten, wo er neben der PDS nichts zu gewinnen hätte. Öffentlich treten beide Parteien als Wahlbündnis auf, nach dem Vorbild von CDU und CSU: eine linke Sammlungsbewegung mit populären Spitzenleuten und einem populistischen Programm.

Kämen die beiden 2006 in den Bundestag, würden sie eine Fraktionsgemeinschaft bilden, der in drei oder vier Jahren die Fusion der Parteien folgen könnte. Die PDS wäre damit historisch – endlich – von ihrem DDR-Erbe erlöst. Die SPD mit Schröder hätte wohl 2006 beim Kampf um die Macht nichts zu gewinnen, die SPD ohne Schröder in dem Rivalen zugleich einen potentiellen Partner gefunden. Lafontaine hat das in seinem Buch »Politik für alle« schon klipp und klar beschrieben: »Die neue Partei könnte, wenn sie den Sprung ins Parlament schafft, sich nur mit einer SPD einlassen, die den neoliberalen Weg verlässt.« Er bliebe der linke, quälende Geist, den Müntefering – unbeabsichtigt – aus der Flasche ließ.

Das Fenster der Linken
Juli 2005

Die Neuen beginnen als Aussätzige. Das kennt man, aus der Gründerzeit der Grünen. Auf der Rechten ignoriert man sie, wohlgefällig. Sie sind ja dabei, den Gegner, die SPD, zu skelettieren. Auf der Linken stigmatisiert man sie, hasserfüllt: Verräter und rachsüchtig der eine, Talkshow-geil und unseriös der andere. Und programmatisch von vorgestern alle beide. Oskar Lafontaine und Gregor Gysi betreten als Randständige, Unberührbare die politische Bühne. Doch die haben sie schon jetzt rasant umdekoriert, und das wird so weitergehen. Die Linkspartei, aus PDS und WASG in abenteuerlicher Hast zusammengenagelt, ist dabei, die deutsche Politik gründlich zu verändern. Das historisch zu nennen ist nicht zu gewagt.

Denn ein relevanter Teil der Wähler sieht sie völlig anders als die Etablierten, auch die Medien, fühlt sich gerade wegen der ausgekübelten Verachtung von ihr angesprochen. Aus purem Protest oder politisch wohlbedacht. Dass die Linkspartei noch vor ihrer offiziellen Gründung zweistellige Zustimmung bei Umfragen findet, ist nichts weniger als eine Sensation. Helmut Schmidt hatte den Umweltschutz heimatlos werden lassen – und das historische Zeitfenster für die Gründung der Grünen geöffnet. Gerhard Schröder hat das Linkssoziale heimatlos gemacht – nun steigen Lafontaine und Gysi durchs Zeitfenster der Neuwahl ins politische Haus.

Alle Versuche, es noch rasch von innen zu schließen, sind vergebens. Sie sind schon drin. Heuschrecken-Tapete, Reichensteuer, Reform der Hartz-Reform – kurzum: rote Girlanden – machen die SPD nicht sympathischer, sondern unglaubwürdig. Bestätigen das linke Original, überführen das halblinke Plagiat. In solcher Dekoration dürfen Lafontaine und Gysi gar darauf hoffen, kulturelle Hegemonie zu erobern. Allein der Schatten, den sie vorausgeworfen haben, hat schon genügt, um die gesamte Parteiendebatte nach links zu verrücken. Von der SPD über die Grünen bis tief hinein in die CDU. Steuerentlastung für »Reiche« wagt keiner mehr.

Die Menschen sind klug, sie beobachten das mit feinem Gespür für Opportunismus – und ein Teil von ihnen nimmt es als klare Empfehlung für die Linkspartei. Lafontaine und Gysi gewinnen verbitterte Nichtwähler, herumirrende Protestwähler, auch aus dem Magnetfeld der Rechtsradikalen, und traditionelle Linkswähler. Das verändert die Parteienarithmetik fundamental. Die Wahlbeteiligung steigt – und der Anteil der Konservativen, die in ihrem Spektrum längst alles mobilisiert haben, was zu mobilisieren ist, sinkt relativ. Die Union muss die Hoffnung auf eine absolute Mehrheit fahren lassen, für die FDP wird die Wahl zum Existenzkampf. Die Lager, das rot-rosarot-grüne und das schwarzgelbe, rücken im Wahlergebnis enger aneinander, als zu erwarten war. Mit anderen Worten: Union und FDP dürften knapper siegen, als sie erhofft haben. Womöglich muss die Union die Liberalen gar huckepack nehmen, mit Leihstimmen. Reichte auch das nicht, käme die große Koalition, denn miteinander bündnisfähig werden SPD, Linkspartei und Grüne nach den Emotionen dieses Wahlkampfs sicher nicht sein.

Die SPD verabschiedet sich einstweilen als mehrheitsfähige Volkspartei. Das beginnt im Bund und dürfte sich in den Ländern fortsetzen. Die Linkspartei kann dort ähnlich reüssieren wie einst die Grünen. Damit verlieren die Sozialdemokraten nach Schröder ihre politische Gestaltungskraft. Sie werden zurückgeworfen auf die Rolle des kleineren Partners in großen Koalitionen, zur Macht adoptiert von der dominierenden CDU, die nun gleich zwischen drei Partnern wählen kann: SPD, FDP und Grünen. Oder sie sind, bittere Alternative, in einem höchst fragilen Bündnis eingezwängt zwischen Linkspartei und Grünen, ihren historischen Zerfallsprodukten – und das unter dem politischen Diktat Lafontaines, der die Bedingungen stellen kann.

Und der es in der Hand hat, die SPD aus dieser ungemütlichen Lage zu befreien. Denn der Abtrünnige träumt davon, im *stern*-Gespräch hat er es vergangene Woche offenbart, die Linkspartei in eine dann wieder große linke Volkspartei SPD hineinzuführen. Der Fusion von PDS und WASG vom Wahlbündnis zu einer einzigen Partei, deren Vorsitzender Lafontaine heißen dürfte, würde also die Fusion dieser Linkspartei mit der SPD folgen, deren Vorsitzender zu werden Lafontaines nicht einmal mehr verheimlichter Wunsch ist. Das klingt verwegen heute, und die erste Riege der Sozialdemokraten zeigt ihm dafür den Vogel. Aber diese Riege wird bald nach der Wahl von der Bühne abtreten oder heruntergeschubst werden. Und dann beginnt eine neue Ära, mit neuen Figuren und neuem Kompass. Historisch hätte das Projekt für die SPD einen großen Reiz: Sie könnte nachholen, was sie nach der deutschen Wiedervereinigung nicht gewagt hat – und die nun in der Linkspartei eingeweichte PDS schlucken. Kratzt gar nicht mehr.

Manager des Sozialismus
Februar 2008

»Während Menschen in Deutschland den Hungertod der Erniedrigung Hartz IV vorziehen, schaffen diese Menschen Millionen beiseite und würden auch Kinder lebendig begraben, wenn es die Rendite steigern tät.« – »Das ist krimineller Abschaum der Gesellschaft, der auch entsprechend behandelt werden sollte.« –

»Wer weiß, vielleicht kommt ja wieder mal ein lustiger ... ähm, Deutscher Herbst ... dann kriegen diese Gesellen, was sie verdienen!« – »Welch große Hoffnung; oder es kommt ein neues 33 ... und endlich wird die Todesstrafe wieder eingeführt?« – »Kinder, passt gut auf, nun erlebt ihr gelebte Geschichte. Danach wisst ihr, warum sich die RAF in den siebziger Jahren gegründet hat.« – »Während der Französischen Revolution sang man Ah, ça ira, ça ira, ça ira, les aristocrates à la lanterne! *(Ah, wir werden es schaffen, die Adeligen an die Laterne!) ...* Man ersetze einfach ›aristocrates‹ durch ›capitalistes‹.«

Stimmen aus dem Volk, antikapitalistische Wutausbrüche, spontane Gewaltphantasien, aufgefangen vom Onlineportal des *stern*, unmittelbar nach jener Razzia, die die Republik verändern könnte, der Razzia bei Postchef Klaus Zumwinkel. 1933, zur Erinnerung, wurde Adolf Hitler Reichskanzler. Im Deutschen Herbst 1977 wurde Arbeitgeberpräsident Hanns Martin Schleyer von einem Kommando der Roten-Armee-Fraktion (RAF) entführt und ermordet. Protestwähler nennen Politologen, fein abstrahiert vom imaginierten Blutrausch des realen Lebens, Menschen, die so oder so ähnlich über die politische Gegenwart denken und – sofern sie überhaupt wählen – ihre Stimme rechts- oder linksaußen abgeben. Im deutschen Winter 2008, dem Winter der Empörung über kapitalistische Exzesse, stärken sie vor allem die Linke Oskar Lafontaines und Gregor Gysis.

Der Kapitalismus selbst schafft sich seinen Sozialismus. Die Macher der Linken, Projektionsfläche für die Leiden an der herrschenden Ausplünderungsmentalität, heißen nicht Lafontaine und Gysi, sie heißen Zumwinkel und Hartz und Pierer. Die Linke, eine vorübergehende Erscheinung? So vorübergehend wie Gier, Amoralität und Schamlosigkeit. Der »demokratische Sozialismus«, ein stigmatisierter Begriff, bei Wahlen leicht zu skandalisieren? Nicht so stigmatisiert, nicht so leicht zu skandalisieren wie Rendite, Aktienoptionen und Steuerbetrug. Die Linke macht sich nicht, sie wird gemacht. Von den Managern des Kapitalismus. Sie war und sie ist nicht Subjekt der Geschichte, sie war und sie ist Objekt. Der Manchester-Kapitalismus schuf den Marxismus, die soziale Marktwirtschaft trug den Staatssozialismus zu Grabe, nun lässt der Casino-Kapitalismus den Sozialismus als Anti-Hartz-Bewegung auferstehen – zögernd, zerrissen, verstört durch seine historische Deformation. Aber er ist wieder da.

Die Skandale des realen Kapitalismus nähren ihn. Tag für Tag, zuverlässig. Die Milch des Sozialismus fließt aus den Medien. Milch – das sind die Berichte über Milliarden-Korruption bei Siemens und Mitbestimmungs-Prostitution bei Volkswagen; über die Wanderheuschrecke Nokia, die sich in Bochum sattgefressen hat und nun nach Rumänien springt; über den Banken-Versager, der mit 31 500 Euro Monatspension belohnt wird; über die politischen Amateur-Aufseher von Staatsbanken, die mit einem Fingerschnipsen 1,2 Milliarden Steuergeld in eine kippende Bank pumpen – fast zehnmal so viel wie der Kinderzuschlag für Geringverdiener und dreimal so viel wie für die Vermögensbildung der Arbeitnehmer; über den bestochenen Ex-Staatssekretär Ludwig-Holger Pfahls, der nach dem Urteil eines Verwaltungsgerichts 446 000 Euro Schmiergeld behalten darf, weil dafür schon ein Steuerbescheid ergangen ist; über Rekord-Boni für Investmentbanker – trotz Fehlspekulationen und grassierender Bankenkrise. Und, und, und. Ihren kulturellen Ausdruck findet diese aus den Fugen geratene Gesellschaft im Bohlen-Zynismus, der systematischen Demütigung Schwacher als Fernsehspektakel. Die Liechtensteiner Steuerbetrüger werden zahlen. Weit mehr aber werden Wirtschaft und Politik zahlen. Bei der nahenden Tarifrunde, wo der Aufruf zu Mäßigung nur noch als Betrugsversuch gilt. Bei der Debatte über Reformen, die bloß noch ein anderes Wort sind für die Ausplünderung von Millionen. Bei der Bahn-Privatisierung, die unmöglich wird nach Zumwinkels goldenem Schnitt bei der Post. In der Parteipolitik, wo das »bürgerliche Lager« nur noch auf 43 Prozent kommt, so wenig wie nie seit der Wahl 2005, die Linke dagegen auf 13 und das »linke Lager« auf 52.

Das ist so folgerichtig wie nützlich. Denn auf Ethos und Selbstheilung zu hoffen wäre vergebens. Der Kapitalismus ist nur durch Furcht zu zähmen – Angst vor dem Gegenentwurf, vor den Ungeheuern, die er sich selbst geschaffen hat.

Schluckt die rote Kirsche!
August 2008

Opposition ist Mist, lautet der knackigste Merksatz des sauerländischen Philosophen Franz Müntefering. Recht hat er. Natürlich muss die hessische SPD noch einmal versuchen, Roland Koch,
den Ministerpräsidenten ohne Mehrheit, zu stürzen und Andrea
Ypsilanti an seine Stelle zu setzen. Politik ist Kampf um Macht,
und die Partei wäre keinen Schuss Pulver wert, wenn sie darauf
wartete, im kommenden Jahr bei Neuwahlen um ein Viertel bis
ein Drittel dezimiert zu werden. Scheiterte der zweite Anlauf zur
Macht, wäre das Ergebnis nicht wesentlich anders: in jedem Fall
wohl Neuwahlen, eine regierungsunfähige SPD und das Ende von
Ypsilanti. Es lohnt also, das Risiko einzugehen. Allen, die das kritisieren, fehlt die Alternative: Eine große Koalition mit Koch
machte die SPD zu seinem Retter. Die FDP aber springt nicht.
Bleibt nur das Wagnis.

Zum Problem wird die Sache für die SPD vor allem dadurch,
dass der erste Fall einer Kooperation mit der Linken im Westen von
den Sozialdemokraten selbst skandalisiert und zum Richtungskampf erklärt wird. Wollen sich die geschwächten Sozialdemokraten aus dem Joch großer Koalitionen befreien, müssen sie die
linke Option – Rot-Grün-Rot oder andernorts gar Rot-Rot – ebenso selbstbewusst und offensiv vertreten wie die rechte – Rot-Grün,
Sozial-liberal oder Ampel mit Grünen und Liberalen.

Das muss die gesamte Partei tragen. Das müsste auch Frank-
Walter Steinmeier als Kanzlerkandidat verteidigen: In Hessen
gehen wir diesen Weg, ich gehe einen anderen. Die SPD erhebt den
Anspruch zu führen, in jedem denkbaren Bündnis, sie diktiert die
Bedingungen von Koalitionen. Der Hessen-SPD das Experiment
auszureden wäre nur dann angezeigt, wenn die nicht sorgfältig
alles Denkbare getan hätte, um das Risiko des Scheiterns durch
Abtrünnige zu minimieren.

Aber Tolerierung ist Mist, um Müntes Merksatz abzuwandeln.
Verständlich zwar, dass die SPD in Wiesbaden die Annäherung an
Lafontaines Linke durch eine rot-grüne Minderheitsregierung

taktisch vernebeln möchte. Tolerierung aber heißt für die Linkspartei: Macht ohne Verantwortung. Sie hätte maximalen Einfluss bei minimaler Haftung. Das erst machte ein Wiesbadener Bündnis unsauber, unehrlich.

Strategisches Ziel der SPD muss vielmehr sein, wenn sie sich schon auf eine Kooperation einlässt, die Linke in Verantwortung zu nehmen, zur Auseinandersetzung mit der Wirklichkeit zu zwingen, ihr den Raum in einer Koalition zuzuweisen, der ihrer Größe entspricht: 5,1 Prozent. Die haben aber keine Regierungserfahrung? Es wird sich ja wohl einer finden bei der Linken, dem man sie zutraut. Auch Joschka Fischer hatte noch nie einen Apparat dirigiert, als er 1985 in Hessen Umweltminister in einer rot-grünen Koalition wurde. Er begann, mit ein paar dilettierenden Kumpels, als Greenhorn.

Klaus Wowereit hat in Berlin vorexerziert, wie man eine Koalition mit der Linken erfolgreich führt. Seine SPD hat den Partner von Wahl zu Wahl kleiner regiert, weil der – tief verstrickt in glanzlose, kompromisslerische Alltagsarbeit – als Protestpartei nicht mehr taugt und traumtänzerische Anhänger brüskiert. »Neoliberal« hat denn auch Oskar Lafontaine seine Berliner Linken gescholten. Gelingt es ihm aber nicht, als Spitzenkandidat an der Saar im kommenden Jahr die Nummer eins zu werden in einer rot-roten Koalition, führt vielmehr Heiko Maas als SPD-Ministerpräsident dieses Bündnis ohne Lafontaine, bleibt ihm diese Ernüchterung auch in seiner Heimat nicht erspart. Der rote Adler der Opposition würde zum Suppenhuhn wässriger Regierungspraxis.

Der SPD bleibt der Umgang mit der Linken nicht erspart, irgendwann auch im Bund nicht mehr. Das ist unumgänglich, um selbst regierungsfähig und souverän zu bleiben. Es ist sogar notwendig, um die Linke als Konkurrenz zu deckeln und bei ihr innere Klärungsprozesse auszulösen, die sie grundlegend verändern würden. Die jüngeren Pragmatiker der Linken, überwiegend aus dem Osten, warten nur darauf, sich ihrer realitätsverweigernden Ideologen zu entledigen – und auch Lafontaines überwältigenden Einfluss zu kappen. Auf lange Sicht kann eine Annäherung in

Koalitionen sogar zur Fusion führen, zu einer vereinigten linken Volkspartei, die dann SPD hieße.

Bildlich gesprochen, muss die SPD die rote Kirsche schlucken – und den kommunistischen Kern ausspucken. Täte sie das nicht, käme sie in Gefahr, von einem immer mächtiger werdenden Lafontaine geschluckt zu werden – und der würde dann die Stones ausspucken, die Steinmeiers und Steinbrücks. Wer wen?, lautet also die Frage, um nach Münte auch Lenin zu zitieren. Die erste Antwort kann in Hessen gegeben werden. If you can't beat them, eat them!

5

Tod im Dom

Edmund Stoiber und der
Niedergang der CSU

Gestatten: Gerhard Stoiber
August 2002

Die Arbeitslosigkeit ist besiegt. Echt. Versprochen. Nur noch ein kleines bisschen Geduld. Bis zum 23. September. Am Tag nach der Wahl, großes Indianerehrenwort, da geht's looos. Egal, mit wem. Der eine, der vom Hartz, der verzaubert mit magischer Hand Arbeitslose in Leiharbeiter, Kindermädchen in Ich-Aktionäre, und schon – rammel die Katz – ist die Arbeitslosigkeit halbiert. In drei klitzekleinen Jährchen. Der andere, der zu Späth kommt, haut mal eben zehn Milliarden auf den Kopf, äh in den Osten und äh in den Mittelstand und äh in Billigjobs, rasiert die Bürokratie, pickt sich a bissel was vom Hartz (»Leiharbeit? Ich bin hochinteressiert«) und a bissel was aus seinem Wahlprogramm, und schon ham mir 1,7 Millionen neue Jobs. Oder, äh nein, diese Zahl nenn mir offiziell nicht, als »Zeichen der Ehrlichkeit«, die ham mir nur a bissel inoffiziell gestreut, damit alle wissen, dass mir auch was wegschaffen. So. Fertig. Ganz einfach.

Jetzt haben Sie die Wahl. Zwischen dem einen, der in nackter Panik sein Wahlprogramm schreddert, das ja Billigjobs und Scheinselbständigkeit ausdrücklich zu Teufelskram erklärt. Und dem anderen, den der Coup des Ersten beim Reißbrett-Feldzug gegen die Jobkrise kalt erwischt hat und der deshalb eilig nachbessern, ach, was heißt nachbessern, den Gegner in einer Sichelschnitt-Operation gleich ganz überholen musste: Wir verwalten nicht bloß die Arbeitslosen, wir schaffen Jobs!

Nun sind Sie dran. Aber haben Sie die Wahl? Stehen Sie vor einer Alternative? Oder werden Ihnen bloß Varianten geboten, Spielarten desselben Denkens, unterschiedlich kostümierte Magier des unverwüstlichen deutschen Konsenstheaters? Die Frage stellen heißt sie beantworten. Das mag Verblüffung, vielleicht sogar Entrüstung provozieren. Gerhard Schröder und Edmund Stoiber – sind die nicht wie Feuer und Wasser? Lässiger Botschafter des modernen, weltläufigen, toleranten Landes der eine; verbiesterter Vorkämpfer des verzopften, provinziellen, klerikalen Milieus der andere? Wahlkampf als Kampf der Kulturen. Wenn Stoiber siegt, wollen uns einige Kampagnenschmiede weismachen, dann entpuppt er sich als sozialer Kahlschläger!

Die Wirklichkeit ist anders, auf beiden Seiten. Stoiber hat nicht nur die Wolfspfote für die Dauer des Wahlkampfs in Mehl getunkt. Er war immer versöhnlerischer und vorsichtiger, als ihn das Klischee schnitzte; sonst wären seine Triumphe in Bayern nicht zu erklären. Die Kanzlerkandidatur aber hat den Mann zusätzlich verändert, er ist präsidialer geworden, altersmilde vielleicht. Zu seinem wachsenden Vergnügen ist Stoiber eine ähnlich mächtige Figur im eigenen Lager geworden wie Schröder in seinem. »Das hätte man vorher nicht gedacht, dass der CSU-Vorsitzende die gesamte Union integriert«, sagt er selbst zu diesem Phänomen; ohne ihn gäbe es in der CDU sofort wieder Rangeleien um Angela Merkel. Die Wirtschaftskrise in aller Schärfe thematisieren? »Ich mache keinen Angstwahlkampf«, erwidert er. Und die Berufung der ledigen Mutter Katherina Reiche zur Familienministerin in spe kommentiert er voller Stolz: »Das hab nur ich machen können.« Hätte Angela Merkel diesen Schachzug gewagt, wäre die CSU, Stoiber vorneweg, Sturm gelaufen, und die eigene Partei wäre ihr in den Arm gefallen.

Die Rolle prägt den Mann – um. So weit, dass Stoiber kaum noch von Schröder zu unterscheiden ist. Persönlich trennen den Aktengourmand Abgründe vom Kanzler der Nonchalance. Politisch aber segeln sie Kiel an Kiel. Der Wettkampf um die Mitte ist zum Rennen nach links geworden. Große Reformen, ja, die sind unumgänglich. Das ganze Sozialsystem muss umgebaut werden.

Aber nehmen wollen wir niemandem etwas. Sozialabbau, Steuererhöhungen, Studiengebühren? Um Gottes willen! »Die CSU ist sozialer als die CDU«, sagt Stoiber und schmückt sich damit, dass Beteiligungsverkäufe großer Konzerne wieder steuerpflichtig werden sollen. Doktor Hartz, behauptet Schröder, könne am sozialen Nerv bohren, ohne dass es wehtut. Und die Gewerkschaften werden als Gutachter im Wettkampf des Wohlgefühls angerufen. Die Entkräfteten sind im Wahlkampf so mächtig wie seit Jahren nicht mehr.

Können, dürfen Sie das glauben? Tun Sie es nicht. Wer immer siegt, Schröder oder Stoiber, er muss wehtun, wenn er wirklich verändern will. Nicht allen, aber vielen. Echt. Versprochen. Vielleicht finden sie ja gemeinsam den Mut dazu. In einer großen Koalition, barmend, zitternd, Hand in Hand. Plüsch und Plum der Konsensgesellschaft.

Kreide macht schön!
Mai 2002

Kennen wir den? Ist das der Mann, vor dem man uns gewarnt hat? Der ewige Spalter, der eiskalte Rechtsausleger, der haspelnde Eiferer? Irgendwie muss ihn irgendwer einer polit-genetischen Totaloperation unterzogen haben. Entspannt sitzt er da – die Hände krampfen nicht mehr um die Stuhllehne. Lächeln kann er plötzlich, sanft und gewinnend lächeln, selbst mit den Augen – das angeknipste schiefe Grinsen, das auf Unkundige leicht zynisch wirkt, ist aus dem Gesicht geschnitten. Alpin gebräunt schimmert der Teint – den bleichen Aktenfresser müssen sie in den Keller der Staatskanzlei zu München gesperrt haben. Silbern und flach schmeichelt das Haupthaar – das hochgeföhnte blonde Fallbeil ist eingemottet.

Und wie er erst redet, der Mann, der um unser Vertrauen wirbt: leise und flüssig, gezügelt und planvoll. Subjekt, Prädikat, Objekt! Rhetorisch ein wahres Sanssouci mit streng geschnittenen Satzbau-Hecken, hingebungsvoll gepflegten Logik-Pfaden und sorgsam geharkten Verzögerungs-Ähs – zum Sprachpark umgepflügt der unkrautüberwucherte Irrgarten der Kampfzeit.

Das ist das Wellness-Programm des politischen Frühlings: Kreide macht schön! Jeden Morgen drei gehäufte Esslöffel im Joghurt verrührt – und der verstopfte Edi wird zum entschlackten Edmund, der Kandidat wird kanzlerfähig. Wir sind Zeugen, wie aus der Larve von Wolfratshausen der Falter von Berlin schlüpft: der neue Stoiber.

Wer übt mit ihm vor dem Spiegel, wem folgt er zur Stilkritik, wessen Bauplan entspringt diese Metamorphose? Wir können es nur ahnen, denn die lächelnd Wissenden in seiner Umgebung hüten das wie ein Staatsgeheimnis: bloß kein Design-Spektakel vor großem Publikum – die Justizposse um den virilen Haarton des Kanzlers ist Warnung genug! Also wagen wir einen lebensnahen Tipp. Entwurf: Michael Spreng, Ausführung: Karin Stoiber.

Der Medienberater des Kandidaten ist, mindestens für die Union, wenn nicht für die gesamte politische Community, die Entdeckung der Saison. Der Kanzler wird von seinem Regierungssprecher mit gravitätischer Arroganz wegverwaltet – in der womöglich schwierigsten Phase des Wahljahrs ist jener Uwe-Karsten Heye zur Gänze in der gestelzten Würde seines Amtes versunken. Wirkung? Keine. Schaden? Einiger. Der versagende Kommunikator ist der tote Briefkasten des Kanzleramtes.

Spreng dagegen folgt, mit diebischem Vergnügen und kühler Präzision, seinem strategischen Masterplan: die Stoiber-Klischees zu zertrümmern. Und die offenkundige Schwäche des Kandidaten – Wärme, Schlagfertigkeit und Humor Schröder'schen Formats kann er nie erreichen – in Stärke umzumünzen. Die Operation war simpel – und gerade deshalb genial. Das Unbestreitbare nicht zu bestreiten, sondern gelassen einzuräumen – Stoiber ist nun mal kein Unterhaltungskünstler – und daraus eine für den Unterlegenen positive These abzuleiten – Schröder ist der Showman, Stoiber der Kompetente –, hätte kein professioneller Parteihuber fertiggebracht. Nun wird der gefällig aufgepeppte Bayer mit ausgefeilter Tourplanung mitten ins Herrschaftsgebiet des Gegners geschickt: Im *Spiegel* stellt er sich als »Mann der Mitte« und der Reformen vor, in der IG-Metall-Zeitschrift schwört er: »Ich bin doch kein Gewerkschaftsfresser.« Die Offensive trägt Früchte: Kein Blatt fährt – vorerst – eine Kampagne gegen ihn. An den Kanzler hingegen werden *Focus*, *Welt* und *WamS* nicht rangelassen – Feindblätter gehören schließlich bestraft!

Und so dementiert die Wirklichkeit Tag für Tag jenes Bild, das die SPD von Stoiber gemalt hat. Für die beiden Fernseh-Duelle am Schluss des Wahlkampfs kann das entscheidend sein. Drei Szenarien lassen sich heute – rein theoretisch – erahnen. Erstens das bislang gängige: Schröder landet einen Kantersieg, dreht die Volksmeinung zu seinen Gunsten. Zweitens, schon ungewöhnlicher: Beide lösen kein Entzücken aus, der Amtsinhaber kommt – nach dem Motto der bekannten TV-Werbung: mein Auto, mein Haus, meine Yacht – als Angeber rüber, der Herausforderer als dröger Rechthaber. Punktsieger wären die Kleinen, die FDP zweistellig. Drittens und für die SPD am riskantesten: Stoiber, vom Gegner bis zur letzten Minute fahrlässig heruntergeredet, glänzt allein deshalb, weil er die Vorurteile widerlegt. Und ist am Ende der Überraschungssieger.

Last Exit, Stoiber
Oktober 2003

Was, bitte, ist ein Superminister? Einer, der die wirkungsmächtigsten Ämter eines Kabinetts, in jedem Fall mehr als nur eines, auf sich vereinigt. Karl Schiller war der Erste, der so tituliert wurde, weil er in den seligen Siebzigern Wirtschafts- und Finanzminister war – ein Begriffskonditor der Sonderklasse, der die »Globalsteuerung« und die »Konzertierte Aktion« ins Tortenbüfett der Politik schob. Wolfgang Clement wird in unseren Tagen so genannt, denn er schultert Wirtschaft und Arbeit. Oder Ulla Schmidt – wenn auch mit dem Schmetterling des Zweifels im Bauch –, schließlich trägt sie als Bundesministerin für Gesundheit und Soziale Sicherung für nahezu alles Verantwortung, was faul ist im Staate Deutschland.

Ist Erwin Huber ein Superminister? Der Niederbayer mit der stolpernd-polternden Zunge und den klaffenden Zähnen, durch die mühelos eine achtfach gefaltete Wanderkarte seiner Heimat geworfen werden könnte – jener kleinwüchsige Kraftmensch aus dem heiligen Land der CSU wird jedenfalls seit Edmund Stoibers jüngster Kabinettskür mit dem Super-Purpur geschmückt. Sonderminister heißt er zwar offiziell, doch um ihn wichtig, wild und wuchtig erscheinen zu lassen, beweihräucherten ihn Stoibers Ministranten emsig mit der Supervokabel »super«. Das benebelte denn auch ordentlich die Hirne. Und trübte den Blick dafür, was denn nun wirklich super ist an diesem Minister.

Eigentlich gar nichts.

Chef der Staatskanzlei ist Erwin Huber, wie bisher, außerdem zuständig für die Angelegenheiten des Bundesrats – das ist in der Hierarchie eines Landeskabinetts so ziemlich das Letzte. Also wurde mächtig aufgemotzt: Die Koalition in Berlin solle er aufmischen, im Vermittlungsausschuss kräftig Schwarz in den Kompromissbottich kippen, um die rot-grünen Reformen umzufärben. Und noch eine wahrhaft historische Mission hinzugedichtet: Wie der famose Graf Montgelas vor zwei Jahrhunderten solle Huber die bayerische Verwaltung modernst reformieren. Sapperlott!

Wozu das Blendwerk? Zunächst, um Super-Huber den Verzicht auf wirklich wichtige Ämter zu versüßen. Mehr noch aber, um seine wahre Funktion zu verdecken: Stoiber im Handumdrehen als Ministerpräsident zu ersetzen, falls der Hals über Kopf nach Berlin wechselt. Ohne das frischinstallierte Bayernkabinett gleich wieder umbauen zu müssen. Mit einem Wort: Huber ist nur deshalb super, weil er superschnell den Superjob bekommen könnte.

Er ist Ersatzmann für Super-Stoiber – und markiert dessen brennende Ambitionen. Denn seit der vor einem Jahr um verflixte 6000 Stimmen die Wahl gegen Gerhard Schröder verloren hat, gilt sein ganzes Sinnen und Trachten nur noch Berlin. Dafür lässt er sich im »Rotfunk« WDR ins Kreuzverhör nehmen und von der Jungen Union bejubeln, dafür setzt er sich in knirschenden Widerspruch zu Angela Merkel und in »Berlin Mitte« zwischen Maybrit Illners protokollarisch nicht ebenbürtige Talkgäste. Edmund Stoiber will

175

Kanzler werden. Schnell, denn mit jedem verschenkten Tag wird die CDU-Rivalin stärker. Und er älter. 2006, das muss er fürchten, könnte er schon zu alt aussehen.

Also müssen die Karten jetzt ausgereizt werden. Möglichst noch vor Weihnachten, wenn die (von Super-Huber) im Vermittlungsausschuss geschwärzten Schröder-Reformen zur letzten Abstimmung in den Bundestag zurückkehren. Und sich die SPD-Linke graust. Und Schröder kippt. Und neu gewählt werden muss. Und ganz fix ein Kanzlerkandidat gebraucht wird. Oder eine große Koalition notgebastelt und ein Superminister ausgelobt wird.

Und wenn nicht? Die Spitzen von CDU und FDP wissen auch in diesem Fall Strategisches aufzuhängen an Stoibers Huber-Haken. Sie verzögern die Kür von Wolfgang Schäuble zum Präsidentschaftskandidaten. Bis Anfang nächsten Jahres. Den Liberalen hat ohnehin nicht geschmeckt, dass der Badener sein jüngstes Buch vom grünen Erzrivalen Joschka Fischer präsentieren ließ. Und dass er der SPD Avancen gemacht hat, die als großkoalitionär interpretiert wurden.

Schäubles und Hubers Schicksale könnten also auf vertrackte Weise miteinander verkettet sein. Der Aufstieg des einen wäre der Notfall des anderen. Und umgekehrt. Angela Merkel und Guido Westerwelle halten sich jedenfalls alle Optionen offen. Könnte ja sein, dass sich Stoiber über Weihnachten den Verzicht auf das Präsidentenamt noch mal überlegt. Falls sich Schröder als zählebig erweist und ihm selbst das Altenteil in Bayern dräut. Last Exit to Berlin.

Ewig lebt der Wienerwald
August 2004

Verrat wird in Hinterzimmern geboren. »Kohl ... wird nie Kanzler werden. Er ist total unfähig, ihm fehlen die charakterlichen, die geistigen und die politischen Voraussetzungen. Ihm fehlt alles dafür.« November 1976. Im Schulungsraum der Münchner »Wienerwald«-Zentrale redet der CSU-Vorsitzende vor dem Landesausschuss der Jungen Union Tacheles über seinen Bonner Rivalen. Der Redner ist Franz Josef Strauß. Einer schneidet mit und lanciert die Suada an die Presse. Das Verhältnis zwischen den Vorsitzenden von CDU und CSU ist für alle Zeiten zerstört. Kohl wird Kanzler, Strauß endet in München.

»Die können Schröder und Fischer nicht das Wasser reichen.« Es sei eine »Fehleinschätzung« zu glauben, Angela Merkel und Guido Westerwelle seien das Duo der Zukunft. Die Union werde es schwer haben, mit einer ostdeutschen Protestantin (gemeint ist: einer Frau) und einem Junggesellen aus Bonn (gemeint ist: einem Schwulen) das bürgerliche Lager zu gewinnen. Bei Schröder und Fischer habe man es »nicht mit Leichtmatrosen zu tun«. Ende Juli 2004. In der Münchner Staatskanzlei redet der CSU-Vorsitzende und bayerische Ministerpräsident vor Vertrauten Tacheles über seine Berliner Rivalin und deren Kompagnon. Der Redner ist Edmund Stoiber. Einer notiert die Sätze und lanciert sie an die Presse. Das Verhältnis zwischen den Vorsitzenden von CDU und CSU ist erschüttert, vielleicht für alle Zeiten. Falls Merkel Kanzlerin wird, könnte Stoiber in München enden.

Geschichte produziert zuweilen verblüffende Parallelen. Strauß und Stoiber verbindet, außer der zur Rechtfertigung vorgetragenen Sorge um die Mehrheitsfähigkeit der Union, ein fast identisches Motivationsmuster: Überlegenheitsgefühl gegenüber der Nummer eins der CDU, bohrender Ehrgeiz, verletztes Ego, Furcht vor Abstieg in die Zweitrangigkeit.

Merkel und Westerwelle, das ist offensichtlich, werden im Urteil der Öffentlichkeit 2006 die Herausforderer Schröders und Fischers sein. Machtwechsel kann der Union nur in Koalition mit den Liberalen gelingen. Warum also greift Stoiber das Duo an? Die Antwort muss zwei weitere Beobachtungen ins Kalkül ziehen, beide so aussagekräftig wie Stoibers Wasserstandsmessung.

Fall eins: Im Juli verbreitet er sich auf einer CSU-Klausur im Kloster Banz über eine große Koalition nach 2006. Nach 2006? Das hat wenig Sinn. Viel mehr Sinn hat es aus seiner Perspektive, über die Elefantenhochzeit vor 2006 zu räsonieren, falls die rot-grüne Koalition nämlich nach verlorener Landtagswahl in Nordrhein-Westfalen im Mai 2005 am Ende wäre. Aber darüber darf er offen nicht reden. Fall zwei: Anfang August nennt er das Herzstück in Merkels Programm, die Krankenkassen-Kopfpauschale, in der *Welt* einen »Rohrkrepierer« und setzt Bedingungen, die ihr Ziel – Systemwechsel durch Abkoppelung von den Löhnen – durchkreuzen.

Wer das Duo Merkel/Westerwelle in Frage stellt, stellt auch die Kanzlerkandidatin Merkel in Frage. Wer ihr Schlüsselprojekt umzudrehen versucht, schleift ihr politisches Profil. Wer jetzt ein Duo Merkel/Stoiber verlangt, hält Stoiber im Kandidatenrennen. Wer an eine große Koalition vor 2006 denkt, sieht sich als deren Kanzler und Merkel nur als Fraktionschefin.

Stoibers Psychologie speist sich aus hohem Einsatz und tiefer Verletzung: Er hat auf das Bundespräsidentenamt wie auf die Präsidentschaft der EU-Kommission verzichtet. Für welkende bayerische Würden, die er schon hat? Für einen Ministerposten im Kabinett Merkel? Für die Kanzlerschaft! Von der CDU aber fühlt er sich gedemütigt. Durch frostigen Empfang auf dem Leipziger Parteitag. Durch Missachtung seines eisernen Sparprogramms in Bayern: erstes Bundesland ohne neue Schulden ab 2006! Durch Köhlers Nominierung zum Präsidenten, während er für Schäuble stand. Durch die ernüchternde Botschaft, dass er auch gar nicht gewählt worden wäre, weil sich ihm FDP-Frauen verweigert hätten.

Stoiber kämpft um alles – oder nichts. Denn ein Minister Stoiber ist fraglicher denn je. Außenminister würde Westerwelle. Einen Doppelminister für Wirtschaft und Finanzen kann es kaum geben, weil Friedrich Merz Finanzminister werden möchte und die FDP eines der Ämter zur Koalitionsfrage macht. Innenminister, zuständig für Terrorabwehr? Zu wenig. Also endet es wohl in Bayern, also zieht 2006 ein Zwei-Fronten-Wahlkampf herauf: Schröder auch gegen Lafontaine, Merkel auch gegen Stoiber.

Der Querulator
August 2005

Wer die Spuren dessen zu lesen versteht, was war, kann sehen, was kommt. Wer die Zeichen Edmund Stoibers zu deuten vermag, begreift, was er tun wird. Wer die Bruchstücke seiner Politik zusammenfügt, erkennt seinen verborgenen Plan.

Der Mann, der seiner Kanzlerkandidatin vier Prozent Arbeitslosenquote vorgibt, weiß, dass er selbst an diesem Ziel nicht zu messen sein wird. Der Mann, der CDU und CSU 42 bis 45 Prozent Wahlergebnis auferlegt, kalkuliert damit, dass er selbst die Hürde sicher nehmen und andere, die sie gerissen haben, nach der Wahl zur Verantwortung ziehen wird – von der Tribüne aus. Der Mann, der Wolfgang Schäuble, den unerwarteten Kopf in Angela Merkels Kompetenzteam, vorab verrät, offenbart, dass der Erfolg des Teams nicht seine persönliche Sache sein wird. Der Mann, der die unionsregierten Länder auf die Verschiebung der Rechtschreibreform festzulegen versucht, absolviert seinen Testlauf als Koordinator jener Länder im Bundesrat – und die anderen lassen ihn scheitern, weil sie das wissen. Der Mann, der auf einem Anteil Bayerns an der Mehrwertsteuererhöhung besteht, zeigt, dass er in Berlin keine Sanierungsaufgabe als Superminister für Finanzen und Wirtschaft zu übernehmen gedenkt, wo er auf keinen Cent verzichten dürfte. Der Mann, der die Ostdeutschen als den dümmeren Teil des Volkes hinstellt, verabschiedet sich von nationaler Verantwortung und gibt zu erkennen, dass er sich auch später nicht mehr im Osten politisch werbend bewegen möchte.

Edmund Stoiber, das bezeugen alle diese Spuren, richtet sich darauf ein, Ministerpräsident in Bayern zu bleiben und die Politik einer CDU-geführten Regierung in Berlin als CSU-Vorsitzender von München aus zu begleiten, zu steuern, zu stören. Dafür braucht er ein mächtiges, ein beeindruckendes, ein solitäres Wahlergebnis der CSU, möglichst nicht unter jenen 58,6 Prozent, die er 2002 als Kanzlerkandidat geholt hatte. Und dafür ist jedes Mittel recht, auch die Mobilisierung dunkler Affekte und Vorurteile gegen die frustrierten wie unersättlichen, den westlichen, den bayerischen

Wohlstand verzehrenden Ossis. Ein bedenkenlos eigensüchtiges Kalkül.

Stoiber ist alles andere als töricht. Er weiß genau, dass schon seine öffentlich vorgetragene Analyse des Erfolgs der Linkspartei falsch ist. Die verdankt ihre Auferstehung vom Totenbett der PDS ja keineswegs einem plötzlichen Frustrationsschub im Osten. Zum Dreh- und Angelpunkt dieses Wahlkampfs, zur umstürzenden Kraft im Parteiensystem, zur zerstörerischen Konkurrenz für die SPD wie zur Bedrohung der Mehrheitsfähigkeit von Schwarz-Gelb wurde sie allein durch Oskar Lafontaine. Er hat die PDS im Osten vom historischen Makel befreit und der Linkspartei im Westen frische, weit über die Fünf-Prozent-Marke hinaustragende Wähler zugeführt. Die Linke ist keine Ostpartei, sie ist eine gesamtdeutsche Partei der Frustrierten und Protestierenden. Sie brauchte bislang keine Sekunde Wahlkampf zu führen, den haben die anderen für sie besorgt, mit maßlosen Tiraden die einen, mit Wählerbeschimpfungen die anderen. Stoibers Wirtshauskrieg ist eine einzige Wahlempfehlung – für die Linke im Osten. Egal: Was zählt für ihn, ist einzig Bayern.

Der Mann endet als Querulator der deutschen Politik. Querulant der CSU und Terminator von CDU-Hoffnungen. Es ist die letzte Phase seiner Karriere, voller Bitterkeit über verpasste Chancen. Sein Lebenstraum, die Kanzlerschaft, erfüllt sich nun, durch eine Laune der Geschichte, ausgerechnet für die protestantische Frau aus dem Osten. Fast kampflos, weil die Linkspartei die Ambitionen der SPD zerstört, während er gekämpft, gekämpft, gekämpft hat – und doch verloren, so knapp. Bundespräsident und Präsident der EU-Kommission hätte er werden können, für einen CSU-Vorsitzenden wahrhaft historische Angebote. Doch er schlug sie aus, weil er von der Kanzlerschaft nicht lassen mochte. Super- oder Außenminister unter Merkel, das ist ihm nun aus politischen Motiven zu wenig und aus persönlichen zu viel. Es bleibt ihm nichts.

Edmund Stoiber ist selbst ein Frustrierter. Und er wird weiter frustriert werden. Denn er täuscht sich über seine Wirkung. Im Osten braucht er sich nicht mehr sehen zu lassen – und nicht nur dort. Auch die Westdeutschen nervt die arrogante Pose bayerischer

Besserwisserei. Die CDU ist mit ihm fertig. Und seinen eigenen Leuten, in München wie in Berlin, wird ganz blümerant bei dem Gedanken an den alternden Elefanten, der am Ende noch das Gras der CSU zertrampeln könnte.

Übrigens: Wer könnte sicher sein, dass er nicht auch deshalb so auf den Osten eindrischt, weil er die Linke gerade stark machen möchte – um eine große Koalition zu erzwingen? Den liberalen Leichtmatrosen wäre er dann los. Merkels Gesundheitsprämie auch. Vielleicht sogar, mag er denken, Merkel.

Die Bären-Partei
Juli 2006

Die CSU hat vier Problem-Bären. Bevor wir sie vorstellen, müssen wir zunächst klären: Was ist ein Problem-Bär? Das tut am besten einer von ihnen selbst: »Nun ham wir … der normal verhaltende Bär lebt im Wald, geht niemals äh raus und äh reißt vielleicht äh ein bis zwei Schafe im Jahr. Äh, wir haben dann einen Unterschied zwischen dem Normal-sich-verhalten-Bär, dem Schad-Bär und dem äh Problem-Bär. Und äh es is ganz klar, dass äh dieser Bär ein Problem-Bär ist, und äh es ist im Übrigen auch äh im Grunde genommen äh durchaus äh ein äh gewisses Glück gewesen: Der hat um ein Uhr nachts äh praktisch äh diese Hühner gerissen. Und äh Gott sei Dank war in dem Haus äh war äh also jedenfalls ist das nicht bemerkt worden äh aufgrund von äh es ist nicht bemerkt worden. Stellen Sie sich mal vor, der war mittendrin, stellen Sie sich mal vor, äh die Leute wären raus und wären praktisch jetzt äh dem Bären äh praktisch begegnet.« An gewissen Unverwechselbarkeiten der Sprachgestaltung erkennen wir gleich: Der den Problem-Bären da erklärt, ist selbst der erste und oberste Problem-Bär der CSU – der Stoibär Edmund.

Der hat gegen das Gesetz des Normal-sich-verhalten-Bären verstoßen, ist aus dem bayerischen Wald herausgetreten, um Super-Bär in Bärlin zu werden, hat dort aber rasch gelernt, dass das vielleicht gar nicht so subär würde, und ist zurück in den Wald

181

geflüchtet. Seither ist er der Problem-Bär der CSU, denn deren Normal-Bären haben bärenstark und tapfer zu sein, sie flüchten nie und vor nichts. Deshalb lacht man jetzt im Wald über den Stoibären oder rauft sich die Haare.

In Bärlin lacht man aber nicht, sondern wundert sich eher oder ärgert sich sogar, wenn der Stoibär aus dem Wald schleicht, um in der Bärenstadt ein oder zwei Schafe zu reißen oder ein Huhn oder auch bloß ein Meerschwein. Da fährt er dann zwischen die schwarzen und roten Normal-Bären und schneidet so garstig eigenartige Grimassen, dass allen klar wird: Der Stoibär ist seltsam geworden, er wird nie wieder ein Normal-Bär. Sie nennen ihn aber nicht »Dr. Seltsam«, sondern »Dr. No«, weil er zu allem und jedem, was die Normal-Bären so treiben, das Haupt schüttelt, die Zähne fletscht und die Tatzen hebt. Zum Umzug der Problem-Bären vom BND nach Bärlin etwa, zu Lockmonaten für Bärenväter, zum Splitting für Bärenfamilien oder zu bärigen Steuern, damit die Veterinär-Versicherung billiger wird.

Das alles könnte auch der zweite Problem-Bär der CSU in Bärlin erledigen, der ein lustiger und tapsiger Geselle war, gerne seine Späße machte und tatzenküssend um die Bärinnen schlich – bis er den Platz des flüchtigen Stoibären als Super-Bär übernehmen musste. Subär wurde er aber nicht, sondern eher das Gegenteil, weil er gar nicht wusste, wofür oder wogegen er das Haupt schütteln, die Zähne fletschen und die Tatzen heben sollte. Also wurde Michel, wie ihn alle liebevoll nannten seit seiner Zeit als Goldbär, selbst zum Problem-Bären. Er wurde auch ein wenig seltsam und schnitt nervöse Grimassen, aber andere als der Nummer-eins-Problem-Bär, würde auch gern heim in den Wald, aber das hat ihm der Stoibär verboten. CSU-Bären müssen ja bärenstark sein und tapfer. Also brummt der erste Problem-Bär, wer den zweiten angreife, bekomme es mit der Bären-Partei zu tun. Woran man erkennt, dass ein Problem-Bär in der Politik, wenn man ihn nicht rasch erlegt, immer neue Problem-Bären zeugt.

Wie auch den dritten, der dazu wurde, weil er zwar gerne heimginge in den Wald, aber nur, um dem ersten den Garaus zu bereiten. Er weiß bloß noch nicht, ob er sich das trauen dürfen soll. In zwei Jahren wird der erste Bär nämlich neu gewählt, und der dritte könnte ihm ein Jahr vorher schon mal die Bären-Partei abnehmen, um ihn dann ganz zu vertreiben. Doch im Wald möchten noch ganz andere Petze den Stoibären beerben. Also lebt Hotte, so nennen sie ihn, einstweilen weiter in Bärlin, treibt sich dort rum zwischen all den geschäftigen Normal-Bären und langweilt sich ein wenig, weil die ihn nicht ranlassen an die richtig fetten Bienenkörbe. Er muss sich mit dem Wald- und Wiesenwesen abgeben und mit allem, was kreucht und fleucht und seucht.

Damit sind wir bei Bruno, dem vierten Problem-Bären, der eigentlich gar keiner war, aber dazu gemacht wurde. Siehe ganz oben. Der kam pubertierend aus Italien in den sauberen Wald des Stoibären und rüpelte unter Schafen und Hühnern rum, bis er im frühen Büchsenlicht gemordet wurde. Hotte hätte das nie erlaubt, nur der Stoibär, weil er alles immer so ordentlich haben will – außer bei sich selbst. Das aber war ein schrecklicher Fehler, weil Bruno der Bär war, den das Volk liebte, und Bayern das Land, in dem das Bärige eine romantische Heimat hatte. Stoibärs Flucht und Brunos Tod – das hat Bayern gemeuchelt und aus der Bayern-Partei die Bären-Partei gemacht. Sie fürchtet jetzt nur noch, vom Volk erlegt zu werden. Bruno aber ist unsterblich.

Der Bote aus dem Kaiserreich
Dezember 2006

»Ja«, sagt Franz Beckenbauer vorsichtig, »da war mal was.« Und legt seine Stirn freundlich in Falten. Aber mehr will ihm nicht einfallen, als ich ihm auf die Sprünge zu helfen versuche und eingehender nach einer bizarren politischen Mission seines engsten Weggefährten frage. Nein, davon habe er damals nichts gewusst, schiebt der »Kaiser« nach. Und wird einsilbig, am Donnerstag vergangener Woche, am Rande der »Bambi«-Verleihung in Stuttgart. Und zwei Tage später, am Samstag, exakt mit Ablauf der Frist, die ich ihm gesetzt hatte, antwortet dann auch der Missionar selbst, der gerade in Olympia-Angelegenheiten im fernen

Doha unterwegs ist, per E-Mail auf meine Fragen: »Ich habe nicht die Absicht, meine persönlichen langjährigen Kontakte und Gespräche mit dem früheren Bundeskanzler Gerhard Schröder, dem früheren Innenminister Otto Schily und dem Ministerpräsidenten Dr. Edmund Stoiber näher zu kommentieren. Ich habe im Zusammenhang mit der Organisation der Fußball-WM in Deutschland mit einer Reihe von verantwortlichen Politikern aus Bund, Ländern und Städten viele Gespräche geführt.« Zu meinen Fragen aber werde er »keinen Beitrag leisten«. Dafür bitte er um Verständnis. Immerhin: Das ist alles andere als ein Dementi.

Das wäre auch zu gewagt. Denn zwei exzellent informierte, hochrangige Gesprächspartner, die nichts miteinander zu tun haben, bestätigen mir: Der Mann, der nach der Bundestagswahl 2005 beim CSU-Vorsitzenden Edmund Stoiber in München vorsprach und ihm vorschlug, »als erster Mann der Union« in eine Große Koalition unter Führung Gerhard Schröders einzutreten – die CDU solle sich anstelle von Angela Merkel einen neuen Vorsitzenden wählen –, dieser geheimnisvolle Emissär aus Berlin war Fedor Radmann, 62, die wohl schillerndste und einflussreichste Figur der deutschen Sportdiplomatie. Jener Mann also, der Stoiber drei Tage nach der Wahl für einen Putsch gegen die spätere Kanzlerin zu gewinnen versuchte, aber in München auf Ablehnung stieß. Denn Angela Merkel saß nach ihrem katastrophal schlechten Wahlergebnis schon wieder fest im Sattel, am Tag vor der geheimen Mission war sie in der Hauptstadt demonstrativ zur Fraktionsvorsitzenden der CDU/CSU gewählt worden. Wichtige Ministerpräsidenten wie der Hesse Roland Koch stärkten ihr den Rücken, und die CDU wäre dem bayerischen Ministerpräsidenten bei einem unionsinternen Umsturzversuch gewiss nicht gefolgt. Ihm, der den Wahlkampf durch Angriffe auf die Ostdeutschen mit versiebt hatte, gewiss nicht – und zu diesem Zeitpunkt schon gar nicht mehr. Hinzu kam wohl: Der Sendbote aus dem Kaiserreich war einfach zu unpolitisch für eine so brisante Operation. Doch in der Münchner Staatskanzlei mag man dazu nicht Stellung nehmen – nicht ums Vertun. »Zu Namensspekulationen sage ich gar nichts«, antwortet Martin Neumeyer, engster Vertrauter Stoibers, auf den Vorhalt, Radmann sei es gewesen. Ein Dementi, immerhin, ist auch das nicht.

Schon zu Beginn meiner Recherchen über den Putschplan, den Gerhard Schröder ebenso pauschal bestritt wie die Entsendung eines Emissärs zu Stoiber, war mir aus dem engsten Umfeld Stoibers bedeutet worden, der Sendbote stamme nicht aus der Politik, und er stehe auch in Verbindung zu dem Mann, über den Gerhard Schröder in einem Interview des Magazins *Cicero* sagt: »In der Politik glaube ich einen Freund gewonnen zu haben – durch die politische Arbeit –, das ist mein früherer Innenminister Otto Schily, zu dem ich eine Beziehung pflege, die intensiver ist als eine nur politische.« Mit anderen Worten: Schröder und Schily waren und sind so eng miteinander, dass es enger kaum geht.

Und Radmann passt exakt in die Schnittfläche zwischen Schröder, Schily und Stoiber. Der Fußball, genauer gesagt: der »Kaiser«, brachte sie zusammen. Der Mann mit dem robusten Selbstbewusstsein, den silbernen Haaren und ebensolchem Bärtchen, der Elefanten auf der Krawatte so liebt wie Wagner-Opern, Träger des Bayerischen Verdienstordens, ist »Beckenbauers verlängerter Arm, sein Kopf, sein Aktenkoffer«, urteilte das Magazin *Park Avenue*. Die *Welt* schrieb über ihn: »Radmann entstammt der Wiege der Wertewelt von Gefallen und Gegengefallen, von Kungelei mit maximalem Profit.« Und der Berliner *Tagesspiegel* kommentierte: »Er ist der Mann hinter dem Allgegenwärtigen. Er ist selten öffentlich zu sehen, aber in den diskreten Runden von Sport und Politik sitzt er mit am Tisch, anschließend vor dem Kamin.«

Radmann war Koordinator des DFB-Bewerbungskomitees für die Fußball-Weltmeisterschaft 2006, er begleitete Beckenbauer auf dessen weltweiter Werbetour für die WM, er war dabei, als Deutschland im Juli 2000 in Zürich den Zuschlag erhielt und Gerhard Schröder neben Claudia Schiffer daumendrückend auf dem Podium stand, er war es, den der »Kaiser« sofort nach dem Zürcher Sieg umarmte, er stellte sich danach neben Beckenbauer und Fifa-Präsident Joseph Blatter strahlend den Fotografen. Und Otto Schily, als Sportminister in Zürich natürlich dabei, gratulierte beglückt: »Das ist der verdiente Lohn für die großartige Arbeit von

Franz Beckenbauer und Fedor Radmann.« Als der »Kaiser« während der WM omnipräsent per Hubschrauber von Stadion zu Stadion schwebte, war stets mit an Bord: Fedor Radmann.

Heute tourt er um die Welt, um die Winterspiele 2014 nach Salzburg zu holen. Als Olympia-Botschafter hat er wen gewonnen? Richtig: Franz Beckenbauer, seinen Trauzeugen. Doch der gebürtige Berchtesgadener, der seinem Krawattenmuster symbolische Bedeutung gibt: »Ich bin der Elefant, der die Schneisen schlägt durchs Dickicht«, während ihn Beckenbauer »meinen Bullen aus Berchtesgaden« nennt, hatte sich zwischendurch auch mal bedrohlich im eigenen Netzwerk von Gefallen und Gegengefallen verfangen – getreu seinem doppeldeutigen Ruf: »Pate der WM«. Als Mitorganisator der Olympischen Spiele in München 1972, Kurdirektor von Berchtesgaden, Präsident des Organisationskomitees der Eishockey-WM 1993 und Marketing-Mann des Sportartikelkonzerns Adidas hatte er sich in eine so zentrale Position als Verbindungsmann zwischen Sport, Politik und Kommerz emporgearbeitet, dass ihm vor drei Jahren wegen Verdachts der Vetternwirtschaft fast die Rote Karte gezeigt worden wäre. Radmann musste teils ruhende Beraterverträge mit der Kirch-Gruppe, der die Fernsehrechte an der Fußball-WM gehörten, und dem WM-Sponsor Adidas offenlegen. Zudem wurden WM-Aufträge für Firmen bekannt, die Verbindungen zu Radmann hatten.

Die »Spinne im Netz« *(Welt am Sonntag)* verlor die Position als Vizepräsident des Organisationskomitees der Fußball-WM und war fortan nur noch Kunst- und Kulturbeauftragter der Weltmeisterschaft, außerdem Berater des OK-Präsidiums. Mit Büro in München. Dass er nicht stürzte, hatte er auch Otto Schily zu verdanken, mit dem er schon im Juni 2002 neben Franz Beckenbauer eine WM-Pressekonferenz in Yokohama gegeben hatte und der ihm im September 2004 im Münchner Olympiastadion zum Geburtstag gratulierte. Denn Schily saß im Aufsichtsrat des Organisationskomitees und hielt schützend die Hand über ihn: »Herr Radmann hat große Verdienste, dass die WM-Bewerbung ein Erfolg war. Deswegen bedauere ich sehr, dass man versucht, ihn in ein schiefes Licht zu bringen. Alles, was wir an Geschäftsbeziehungen offengelegt bekamen, hat keinerlei negativen Einfluss auf die Gestaltung der Fußball-Weltmeisterschaft.« Also saß Radmann – neben Beckenbauer – auch weiter im Kuratorium der PR-Initiative »Deutschland, Land der Ideen«, Schily in deren Beirat. So ähnlich, wie Franz Beckenbauer als Präsident dem Fußballklub Bayern München vorsteht, während Edmund Stoiber dem Verwaltungsbeirat des Bundesligisten angehört.

Nach der Bundestagswahl 2005 erinnerte sich offenbar jemand in Berlin dieser Schaltkreise der Macht – und beschloss, sie miteinander zu verbinden. Getreu der Wertewelt von Gefallen und Gegengefallen. Radmann, der in Schönau am Königssee lebt, wurde mit politischem Auftrag zu Edmund Stoiber, seinem Landesvater, geschickt. Otto Schily freilich will damit rein gar nichts zu tun haben, ganz so wie Gerhard Schröder. Als der Ex-Innenminister am 22. November in Berlin den Politikaward für sein Lebenswerk verliehen bekam, saß ich in der ersten Reihe neben ihm und sprach ihn an: Ich hätte gehört, er kenne den Emissär, der solle aus seinem Umfeld kommen. Schily wusste sofort, wovon die Rede war, dementierte – und regte sich mächtig auf über solche Unterstellungen. Ein höchst vertrauenswürdiger Mann, der mit Radmann über dessen Mission gesprochen hat, berichtete mir indessen, Schily habe Radmann damals gesagt, er könne unter Edmund Stoiber dienen, niemals aber unter Angela Merkel. Doch das kann ja wohl nicht stimmen. Schließlich hat Schily dementiert. Oder?

Stoiber muss weg
Januar 2007

Verschüttete Milch geht nicht mehr in die Kanne. Verschüttete Milch versickert. Edmund Stoiber ist verschüttete Milch der CSU. Seine Macht versickert, sein Feuer erlischt, seine Aura wird fahl. Unaufhaltsam. Unumkehrbar. Der Mann, der große, bleibende Verdienste hat um Bayern und die CSU, hat die Kanne seiner Macht selbst ausgekippt, als er aus Berlin floh, panisch, wie von Sinnen.

Und dabei den Mythos der CSU zerstörte, den Mythos der kraftstrotzenden, auftrumpfenden, unbezwingbaren Partei aus dem Süden. Und den Mythos Bayerns gleich mit, den Mythos des vorbildlich regierten Zukunftsstaats, dem es durch Pragmatismus und Weitsicht gelingt, alle gesellschaftlichen Widersprüche aufzulösen, dem Rest der Republik zum Vorbild.

In der Sucht, alles richtig zu machen, macht Stoiber seither alles falsch. Panisch kratzt er mit dem Löffel am Boden nach der Milch, um die Kanne wieder zu füllen, um noch einmal, im Herbst 2008, die absolute Mehrheit seiner CSU bei der Landtagswahl zu verteidigen. Und sein Erbe, seinen Rang im Geschichtsbuch Bayerns. Nach jedem Tropfen kratzt er, verbissen. Nichts mehr ist authentisch, klug, allein an der Sache orientiert. Alles ist von Taktik getränkt, purer Machttaktik.

National ist Stoiber eine Zumutung. Schon lange. Mit seinem Vor und Zurück, Ja und Nein, Doch und Doch-nicht in der Großen Koalition. Verlässliches Regieren ist mit ihm nicht mehr. Nun wird er auch in Bayern zur Zumutung. Mit seiner schneidenden, ganz unchristlichen Arroganz einer kleinen Kritikerin gegenüber, der Landrätin Gabriele Pauli, die er kurz und klein hacken möchte und doch immer größer macht. Überlebensgroß. Die Frau wird zur heiligen Gabriele, zur Heiligen der christsozialen Schlachthöfe.

Selbst aus Ergebenheitsadressen sickern inzwischen Herablassung, Abschätziges, Respektlosigkeiten über den einstmals Unantastbaren. Viele ducken sich feixend hinter der Heiligen der Basis, auch einige aus der Führung der CSU, einer Galerie von Duckmäusern, Opportunisten, Taktierern. Mancher sitzt am Ufer und wartet, bis Stoibers politische Leiche vorbeitreibt.

Die CSU hat die Wahl. Ob sie Stoiber selbst aus dem Rennen nimmt, rechtzeitig, um ihre Macht zu sichern. Oder ob andere ihn aus dem Rennen werfen und dabei die Macht der CSU ruinieren. Die Bayern wollen mit Mehrheit weiter von der CSU regiert werden, aber mit überwältigender Mehrheit nicht mehr von ihm. Sie wollen, dass er 2008 nicht mehr antritt.

Das ist die Achillesferse der CSU. Hier wird die Opposition das

Messer ansetzen, wenn sie nicht völlig vertrottelt ist. Hält die CSU an Stoiber fest, ist das die Einladung zu einem Stoiber-muss-weg-Wahlkampf, der sich gewaschen hat. Einer Kampagne nach dem Motto: Wir müssen die CSU unter 50 Prozent kriegen, dann sind wir ihn los. Endlich. Aus dem erträumten letzten Triumph könnte so das tragische Ende des Mannes werden, der das Beste für seine Partei wollte und ihr doch die größte Katastrophe einbrockte. Das Risiko ist enorm.

Nach Lage der Dinge müsste die FDP Kopf dieser Bewegung sein, denn sie kann Ersatzheimat konservativer Anti-Stoiber-Wähler sein. Mit dem Versprechen, diese Wähler anschließend in eine Koalition mit der geschlagenen CSU zu führen. Die CSU, in Bayern durch einen Koalitionspartner gebändigt – das würde das ganze Land verändern.

Eine Urwahl um Stoiber ist kein Ausweg. So plausibel sie zunächst auch erscheint. Denn niemand würde bei der innerparteilichen Ausscheidung gegen ihn antreten. Die Traute hat keiner. Und eine Urabstimmung der CSU-Mitglieder nur über Stoiber, ohne Gegenkandidaten, klärt in Wahrheit nichts. Es sei denn, es gäbe eine Mehrheit gegen ihn. Aber das ist nicht zu erwarten.

Eine wenig überzeugende Mehrheit der Parteibasis für Stoiber aber verspräche am Ende doch keinen Erfolg, denn das Bayernvolk will ihn nun mal nicht mehr – und dieses klare Votum lässt sich durch eine Parteiwahl ohne Alternative kaum umdrehen. Erst wenn Stoiber seinen Rückzug erklärt, ist der Weg frei für eine saubere und unbeeinflusste Entscheidung über den Nachfolger. Durch Urwahl der Parteimitglieder, was zugleich ein Beispiel für die Erneuerung und Demokratisierung aller Parteien gäbe. Und die CSU aufwecken und motivieren würde für die Landtagswahl.

Dass es niemanden gibt, der Stoiber als Parteichef und Ministerpräsidenten ersetzen könnte, ist eine gezielt verbreitete Legende. Horst Seehofer, von der Münchner Nomenklatura gefürchtet und geschnitten, ist an der CSU-Basis wie im Volk ungemein beliebt. Er bringt alles mit, um die CSU dauerhaft weit über 50 Prozent zu hieven. Der Sozialpopulist wäre der Schrecken der SPD. Wenn Stoiber nicht imstande ist, die Sache zu Ende zu denken und den Übergang rasch selbst zu organisieren, der Partei mit seinem Verzicht den letzten Dienst zu erweisen, muss es ihm jemand ins Gesicht sagen. Einer mit Autorität, der selbst keinen Ehrgeiz mehr hat: der Parteidenker und Landtagspräsident Alois Glück.

Qualm in der Wahlurne
März 2008

Die erste deutsche Revolution wurde auch von einem Rauchverbot ausgelöst. 1810 hatte der Berliner Polizeipräsident den Tabakgenuss in der Öffentlichkeit untersagt, er galt als Ausweis freiheitlicher Gesinnung. »Die Cigarre ist das Scepter der Ungeniertheit«, schrieb seinerzeit die *Neue Preußische Kreuzzeitung.* »Mit der Cigarre im Munde sagt und wagt ein junges Individuum ganz andere Dinge, als es ohne Cigarre sagen und wagen würde.« 1832 erließ König Friedrich Wilhelm III. für ganz Preußen die Order, dass das »Tabackrauchen« auf Straßen und Plätzen bei einer Strafe von zehn Silbergroschen bis zu einem Thaler verboten werden dürfe. Im März 1848 erhob sich das Volk, und das Rauchverbot spielte, so Recherchen der *FAZ*, eine wichtige, wenn nicht gar die entscheidende Rolle. Am 19. März trat der Sprecher des Königs am Berliner Schloss vor das revolutionäre Volk und verkündete, alle Forderungen würden erfüllt. »Wirklich alles?«, scholl es aus der Menge. »Ja, alles, meine Herren!« – »Ooch det Roochen?« – »Ja, auch das Rauchen.« – »Ooch im Dierjarten?« – »Ja, auch im Tiergarten darf geraucht werden, meine Herren.« – »Na, denn können wir ja zu Hause jehn.« 160 Jahre später hat wieder ein Rauchverbot ein politisches Beben verursacht, diesmal in Bayern. Bei den Kommunalwahlen wurde die absolutistisch herrschende CSU mit 40 Prozent auf ihr schlechtestes Resultat seit mehr als 40 Jahren zurückgeworfen, verlor Passau und Würzburg, wurde in München und Nürnberg geradezu gedemütigt und selbst in ihrem Kernland Oberbayern Opfer eines kleinen Volksaufstands – dort musste sie fünf Landratsämter abgeben. Die Aufständischen legten dagegen mächtig zu: freie Wählergruppen um

3,4 auf landesweit 19, die Grünen um 2,5 auf 8,2 und die FDP um 1,8 auf 3,8 Prozent, ihr bestes Kommunalwahlergebnis seit mehr als einem halben Jahrhundert.

Bei den Motiven der Wähler spielte das von der CSU durchgepaukte Nichtraucher-Schutzgesetz – das unerbittlichste in Deutschland, ein volksfernes Machwerk zur lückenlosen Raucherunterdrückung – die herausragende Rolle, wie eine Umfrage des Bayerischen Rundfunks ergab. Mit weitem Abstand vor der Schulpolitik und anderem. Das Rauchverbot ist zum Symbol geworden für die Selbstherrlichkeit und monopolistische Verknöcherung der seit Jahrzehnten allein regierenden Staatspartei. Und zum Ausweis für die eklatante Führungsschwäche von Erwin Huber und Günther Beckstein. Ein Gesetz, das Rauchen in Gaststätten generell untersagt, selbst in Nebenräumen, hätte es unter Franz Josef Strauß niemals gegeben – als pragmatische Nähe zu den Menschen noch der Humus war für die Blüte der Christsozialen.

Die CSU hat einem Drittel der Wähler buchstäblich den Stuhl vor die Tür gesetzt. Und die Stammtische in den Wirtshäusern zerschlagen, einst Bollwerke ihrer Macht in der Provinz. Die Bayern, schwarze Anarchisten, laufen dagegen Sturm. »Freistaat« und »Liberalitas Bavariae« verstehen sie ganz anders. Ein »Verein zum Erhalt der bayerischen Wirtshauskultur«, gegründet von zornigen Wirten, die der CSU die Stammtische gekündigt haben, trommelt gegen das Rauchverbot. Er ist inzwischen, nach dem ADAC und dem FC Bayern München, der drittstärkste Verein an Isar und Donau. Ein halbherziger Beschwichtigungsversuch, in Panik beschlossen, machte alles nur noch schlimmer. Auf dem Oktoberfest, in der letzten Woche vor der Landtagswahl am 28. September, darf in Bierzelten ausnahmsweise doch wieder gequalmt werden. Als wollte die CSU Freibier ausschenken, um die Wähler besoffen zu machen. Eine Provokation auch für militante Nichtraucher, die nun ihrerseits zum Boykott der CSU aufrufen. Wenn sich Arroganz mit Ignoranz paart, zerfällt die Macht. Am 28. September könnte es so weit sein: Ende der CSU-Mehrheit, Scheitern ihrer Parole von »50 Prozent plus X«. Die Freien Wähler, Fleisch vom Fleische der CSU, setzen an zum Sprung in den Landtag. Mit ihnen die FDP, die dezidiert gegen das Rauchergesetz agitiert. Sie könnte bei bürgerlichen Protestwählern punkten, wenn sie eine Koalition mit der gedeckelten CSU in Aussicht stellt und verspricht: Wir bringen den Schwarzen wieder Demut vor den Menschen bei. Daneben kämpfen die Grünen und erstmals auch die Linke. »50 minus X« könnte der Schlachtruf aller werden – gegen die CSU.

Deren Niederlage würde zum Fanal für die Korrektur überdrehter Antirauchergesetze – politisch, nicht nur juristisch. Und bundesweit. Ein Fanal für die Freiheit, denn schon wird über Werbe- und Ausschankverbote für Alkohol diskutiert. Vielleicht tritt ja Beckstein am 29. September vor die bayerischen Rebellen: »Ihre Forderungen werden erfüllt. Es darf geraucht werden, auch an den Stammtischen.«

Qualm des Untergangs
August 2008

Von Bayern lernen heißt verlieren lernen. Das war mal anders, aber das ist eine Weile her. Verlieren lernt Bayern nicht erst durch den aktuellen Feldzug der CSU für die Wiedereinführung der Pendlerpauschale, den die einst erfolgsverwöhnte Regierungspartei ganz im Stile eines Oppositionswahlkampfs inszeniert – so zahnlos wie vergebens. Es begann schon eher: mit dem schärfsten Rauchergesetz Deutschlands, das im Dezember nach einem gruppendynamischen Kurzschluss in der christsozialen Landtagsfraktion beschlossen wurde und das Günther Beckstein, der Ministerpräsident, nun auch noch als Modell für alle anderen Länder anzudienen versucht. Es ist ein Desaster. Wer sich darauf einließe, hätte das Schicksal der CSU zu gewärtigen. Von Bayern lernen …

Denn als sich eine Rebellion der Raucher gegen das fatale Machwerk erhob, stürzte die CSU bei der Kommunalwahl im März auf 40 Prozent ab – ihr miserabelstes Ergebnis seit mehr als 40 Jahren. Die Umfragen für die Landtagswahl am 28. September taxieren sie nun auf 48 bis 50 Prozent. »50 minus X« – das wäre die größte Katastrophe in der Geschichte der Partei.

Gut möglich, dass diese Katastrophe am 30. Juli schon programmiert wurde. Denn an jenem Tag, drei Stunden nach dem Urteil des Bundesverfassungsgerichts zu den Rauchergesetzen, verkündete Beckstein, für Bayern ergebe sich daraus »kein gesetzlicher Handlungsbedarf«.

Drei Stunden, in denen er den bayerischen Raucherkrieg mit einem klugen Schachzug hätte beenden können, ohne das Gesicht zu verlieren. Zwei Wege hatte Karlsruhe für gangbar erklärt: striktes Rauchverbot in allen Gaststätten, wie es nur in Bayern im Gesetzblatt steht, oder Toleranz für Raucher in Eckkneipen und Nebenräumen von Restaurants, wie es nun bundesweit die Regel geworden ist. Wir schließen uns dieser Praxis an, sie entspricht auch der weiß-blauen Tradition von »Leben und leben lassen«, hätte Beckstein argumentieren können – und zwischen Main und Isar wäre der Landfrieden ausgebrochen.

Doch er verfiel in Angststarre, statt sich zu bewegen. Bloß keinen Fehler zugeben, bloß nicht wanken! Man nennt das Selbstmord aus Angst vor dem Tod. Dabei war an der Spitze der CSU längst die Einsicht gereift, dass das Rauchergesetz durch und durch lebensfremd ist. Wirte und Raucher, ein gutes Viertel der Bevölkerung, liefen derart Sturm dagegen, dass in Kommunalwahl-Panik wenigstens das Rauchen in Bierzelten befristet wieder erlaubt worden war – eine Lex Oktoberfest, das in München eine Woche vor der Landtagswahl beginnt. Becksteins Starrsinn wird politische Folgen haben. Man muss sich den Abend des 30. Juli nur aus der Sicht bayerischer Raucher vorstellen. In den Fernsehnachrichten erleben sie den Jubel befreiter Kneipenbesucher aus ganz Deutschland – sie selbst aber sitzen weiter in bayerischer Einzelhaft. Und sind zur Rebellion verdammt.

Also erobert schwarzer Anarchismus den Freistaat – und rollt die Christsozialen auf. Weil in geschlossenen Gesellschaften geraucht werden darf, haben sich schon 8000 bis 10 000 Gaststätten in Raucherklubs umgewandelt, schätzt der Verein zum Erhalt der bayerischen Wirtshauskultur – nach dem ADAC und Bayern München der drittstärkste Verein des Freistaats, der für die Abwahl der CSU trommelt. In Augsburg sperrt die Hälfte aller Cafés, Bars,

Clubs und Discos Nichtraucher aus. Damit werde es für Nichtraucher immer schwieriger auszugehen, klagte ein Sprecher der Stadt. In kleineren Gemeinden gibt es kaum noch Kneipen, die keine Raucherklubs sind. Im Allgäu erklärte sich eine Pilsbar zum Laientheater, täglich wird das Stück aufgeführt: Bayern vor dem Rauchverbot. Am Bodensee schlug ein Wirt ein Zelt in der Gaststube auf, denn darin – siehe Oktoberfest – darf ja Tabak genossen werden.

So witzig das auch erscheinen mag, für die CSU ist es kein Spaß mehr. Der Widerstand trifft sie ins Herz: Recht und Ordnung, Achtung vor dem Gesetz waren einst ihre Kernbotschaften. Damit erhob sie sich über die angebliche Rechtsverluderung der Nordlichter. Nun zerstört sie selbst ihr Markenzeichen. Bayern bizarr: Es gilt das schärfste Rauchergesetz – und dennoch wird so viel, so aufsässig gequalmt wie in keinem anderen Land. Die Bürger tanzen dem Staat auf der Nase herum – und der toleriert das. Wollte er den Raucherklubs nämlich den Garaus machen, loderte die Empörung noch heller.

Paart sich Arroganz mit Ignoranz, zerfällt die Macht. Die SPD, die das bayerische Rauchverbot mitbeschlossen hatte, ist nach dem Karlsruher Urteil umgeschwenkt. Die FDP, bislang außerparlamentarisch in Opposition, hat es immer vehement abgelehnt – die jüngsten Umfragen sehen sie prompt im Landtag. Die Frage wird am Wahltag entschieden. Für die CSU heißt das wohl, verlieren lernen – und Demut.

Drei Tote im Dom
Oktober 2008

»Wer hoch steht, den kann mancher Windstoß treffen,
und wenn er fällt, so wird er ganz zerschmettert.«
(William Shakespeare, *Richard III.*)

Zorn ist die Begierde, den Schmerz zu vergelten, sagt Kirchenrat Dieter Breit. Die Zornigen, an die das geistliche Wort gerichtet ist zu Beginn des CSU-Parteitags, sitzen in der ersten Reihe wie auf den Tod verfeindete Recken in einem Shakespeare'schen Königsdrama im Dom zu Canterbury. Edmund Stoiber stumm neben denen, die ihm seine Ämter genommen hatten und denen er nun ihre Ämter genommen hat: versteinert Erwin Huber, mit tränengeschwollenen Lidern Günther Beckstein. Politisch betrachtet hat jeder jeden umgebracht. Dazwischen, fast amüsiert, derjenige, der an den Ämtern schon gescheitert war und sie nun doch noch gewonnen hat: Horst Seehofer. Als Stoiber begrüßt wird, bricht ein Sturm los, unerhört, nie erlebt: Pfiffe und Buhrufe. Er sinkt zusammen auf seinem Stuhl, das Haupt gesenkt, kaut auf den gepressten Lippen, die Kiefer mahlen.

> »Die Hölle ist leer, und alle Teufel sind hier!«
> (William Shakespeare, *Der Sturm*)

Edmund Stoiber ähnelt Helmut Kohl in dieser bitteren Stunde. Der musste, nach 16 Jahren Kanzlerschaft und einer hartnäckig verdunkelten Spendenaffäre, den Ehrenvorsitz der CDU aufgeben. Stoiber verlor, nach 14 Jahren Regentschaft, unter Pfeifen und Buhen den Ehrenvorsitz der CSU, de facto. Kohl und Stoiber, die Könige, endeten als Verderber der Union. Jeder von ihnen holte das zweitbeste Wahlergebnis in der Geschichte seiner Partei – und riss sie dann doch in den Abgrund: machtblind, egozentrisch, unbelehrbar. Am Ende der Kohl-Ära hatte die Union fast ein Drittel ihrer Wähler verloren. Die Stoiber-Ära kostete die CSU zum Schluss 17 Prozentpunkte. Kohl riss die Union unter 40, Stoiber die CSU unter 50 Prozent – im Wolfratshauser Heimatwahlkreis gar von 72 auf 45,6 Prozent. Nichts spricht dafür, dass CDU und CSU im Bund demnächst wieder über 40 kommen.

> »Es fallen eure Gründ auf euch zurück wie
> Hunde, die den eignen Herrn zerfleischen.«
> (William Shakespeare, *Heinrich V.*)

Kohl brach am Ende mit seinem treuesten Paladin, dem er das Erbe verweigerte: Wolfgang Schäuble. Stoiber brach mit seinen Herzögen, die ihm das Erbe entwanden und dann zu Opfern seiner Rache wurden: Huber und Beckstein. Brennender Ehrgeiz hat Stoiber vernichtet. Machtkrank wurde er dadurch, krank an ungestillten

Ambitionen, an den Widersprüchen zwischen Können, Wollen und Dürfen. Kanzler wollte er werden, bis zum Schluss, als der Bogen längst überspannt war. Nur 6000 Stimmen fehlten der Union, um stärkste Partei zu werden, als er es zum ersten Mal versuchte, als Kanzlerkandidat 2002 – und 570 000 Stimmen für eine schwarz-gelbe Koalition. Das ließ ihn nicht mehr los. Bundespräsident hätte er werden können 2004, anstelle von Horst Köhler. Er wäre das erste Staatsoberhaupt der CSU gewesen, glanzvoller als Franz Josef Strauß. Alles wäre anders gekommen für ihn und die CSU. Aber er wollte höher hinaus, ins Kanzleramt: »Ich brenne noch.« Gerhard Schröder, der wusste, was das hieß, bot ihm die Präsidentschaft der EU-Kommission an, aber auch die schlug er aus.

Als die Wahl 2005 fast ein Patt brachte zwischen Angela Merkel und Gerhard Schröder, sah Stoiber seine Stunde gekommen. Er sei bereit, Verantwortung in Berlin zu übernehmen, verkündete er, hoffte darauf, dass Merkel von der SPD als Kanzlerin abgelehnt würde. Als sich das zerschlug, lehnte er das Finanz- und danach auch das Wirtschaftsressort ab, floh in Panik aus Berlin. Gebrochen der Stolz der Bayern und der Mythos CSU. Alles kehrte sich nun gegen ihn. Auch die Politik, die er in Bayern durchgedrückt hatte, brachial, als ehrgeizigster aller Reformer. Der schuldenfrei gesparte Haushalt, die brutale Verwaltungsreform, das Transrapid-Abenteuer, das verheerende Anti-Raucher-Gesetz, das Fraktionschef Georg Schmid angelastet wurde, nach dessen Erinnerung aber von Stoiber ersonnen wurde, schließlich das Desaster der Landesbank. Auf die mochte der Ambitionierte natürlich nicht verzichten, als sein Wirtschaftsminister Otto Wiesheu zum Verkauf riet, schon 2005. Wir müssen den Leuten den Stolz wiedergeben, sagt Seehofer, der Sieger. Als Missionar muss er nun übers Land fahren, um den von Stoiber gesäten Hass aus der Partei zu predigen. Und als Schaukämpfer nach Berlin, um die CSU ins Machtgefüge zurückzupressen. Der Spätbeglückte zieht in Stoibers Ruinen. Doch nirgendwo würde er lieber wohnen.

»Ein tiefer Fall führt oft zu höherm Glück.«
(William Shakespeare, *Cymbeline*)

6

Ritte auf dem Tiger

Zeitläufte

Wer den Tiger reitet
Mai 2002

Selten waren Urteile so flink, selten hat Häme den Blick so verstellt, selten auch war Spott so stereotyp. Und falsch. »Guido I.«, der »Kanzlerkandidat von Fantasialand«, der »Spaßkandidat«, die »Luft-« oder »Lachnummer«, der »Parteichef aus dem liberalen Spaßcontainer«, die »Gagmaschine« also, was ist von dem schon zu erwarten? Natürlich bloß »Trallala und Realitätsverlust«, »Lächerlichkeit«, »gute Laune, Gags und Marketing«, »Spaß ohne Maß«, wenn nicht gar »Spaßguerilla« oder »Größenwahn«. Da sind sie sich ganz sicher, die Leitartikler. »Der letzte deutsche Kanzler, den nur das Charisma des Parteiführers empfahl, war Adolf Hitler«, schrieb die *FAZ*. Also vergesst sie, »Guidos GSG 18«, die »Partei mit dem Gaga-Faktor«, die »Liberallalas«, die »Pausenclowns«. Denn Westerwelles Kanzlerkandidatur, befindet der Kanzler, ist nur ein »Mediengag«. Bei den Sozialdemokraten, verspricht deren Generalsekretär, wird der kleine Guido »mit Schuhgröße 18 auf der Reservebank sitzen«. Und nun alle mitschunkeln!

Oder auch nicht. Vielleicht ist es ja gerade dieser verächtliche Ton, dieser Chor der Schnellrichter, dieser Sichelschnitt des Ein- und Wegordnens, was Westerwelle und die Achtzehnprozentler für einen Teil der Wähler interessant macht. Einen wachsenden, am Ende womöglich hoch zweistelligen. Vielleicht können jene Wähler gerade die herablassende Melodie des politisch Korrek-

197

ten, die ihnen die Herzöge der Politik und deren mediale Mundschenke vorpfeifen, nicht mehr hören? Vielleicht sind die es, die unter Realitätsverlust leiden, sind die das Problem, als dessen Lösung sich die FDP anbietet?

Dafür spricht einiges. Zuallererst die Meinungsforschung: Seit April haben sich die Liberalen in Ost und West gleichermaßen stabil mit über zehn Prozent der Wählerstimmen etabliert. Ebenso viele würden ihr Kreuz bei Guido Westerwelle machen, wenn sie den Kanzler direkt wählen könnten. In der Altersgruppe der 18- bis 29-Jährigen käme er im Moment auf 17 Prozent, bei den Selbständigen würden sich gar 20 Prozent für ihn entscheiden (für Gerhard Schröder übrigens nur 21). »Die FDP hat wieder eine originäre Attraktivität, wie sie sie seit Genschers Zeiten nicht mehr hatte«, urteilt Manfred Güllner, Chef des Berliner Forsa-Instituts. Die Liberalen befänden sich auf einer »Gratwanderung zwischen klassisch liberal und populistisch«, schlügen den Bogen zwischen eher unpolitischen jungen Konservativen und ihrer alten freisinnig-freiberuflichen Klientel.

Aber selbst das trifft noch nicht die volle Wahrheit. Wer sich nicht taub machen lässt von den Stichwortgebern der politischen Konkurrenz, sondern hinhört im »normalen Leben«, der begreift schnell, welche Kluft sich auftut zwischen veröffentlichter und öffentlicher Meinung, wie und womit Westerwelle ankommt, mitunter zaudernd und über die Grenzen des Erträglichen hinweg fortgerissen von seinem bedenkenlos populistischen Scout und Dauerrivalen Jürgen Möllemann. Es gärt gewaltig unter den Liberalen, und Machtkämpfe dramatisieren die Szene, doch die Richtung wird klar erkennbar: Die FDP wandelt sich zur Protestpartei im vorhandenen Parteiensystem – eine Operation, die eben jenes System formal bewahren und dennoch kulturell tiefgreifend verändern könnte. Weil das Aufkommen rasant erfolgreicher rechtspopulistischer Kräfte wie in anderen europäischen Ländern verhindert würde, allerdings um den Preis hoch emotionalisierter Debatten über die Verletzung gesellschaftlicher Tabus. Der Göttinger Parteienforscher Franz Walter trifft exakt das liberale Kalkül: »Was als bloßer Klamauk erscheint, ist in Wahrheit kalkulierter Tabubruch, der offensichtlich einer Stimmung Ausdruck verleiht, die besonders unter jungen und männlichen Wählern verbreitet ist.« Für Westerwelle heißt das: Er inszeniert den Generationenbruch mit dem Denken der 68er.

Die Metamorphose der FDP zur kleinen Volkspartei des Protests, zum Auffangbecken für Suchende, Bindungslose und (Ver-)Zweifelnde, wird – und das könnte entscheidend sein für den Richtungskampf – von Übervater Hans-Dietrich Genscher begleitet. Das erste Großmanöver – die Enttabuisierung von Kritik an Israel – missriet freilich unter Möllemanns Regie zur antisemitischen Grenzüberschreitung. Ein lehrreiches Exempel: Das vermeintlich Unaussprechliche aussprechen zu wollen kann eben auch dazu verleiten, das Unanständige zu wagen. Westerwelle versichert, er trage einen verlässlichen moralischen Kompass in sich. Den braucht er. Denn er reitet einen Tiger.

Gerade der verächtliche Ton ihrer Kritiker macht die FDP interessant.

Verbluten unterm Skalpell
November 2002

Siamesische Zwillinge zu trennen ist ein chirurgisches Vabanquespiel. Von lebensbedrohendem Risiko für beide. Mitunter muss einer bewusst geopfert werden, nicht selten aber gehen auch beide an den Strapazen zugrunde. In der Politik ist die Trennung siamesischer Zwillinge ohne Beispiel. Niemals zuvor hat es in Deutschland zwei Spitzenpolitiker gegeben, die so kompliziert und bis in die letzte Faser hinein in ihrem Denken, Fühlen und Handeln miteinander verwachsen sind wie Guido Westerwelle und Jürgen Möllemann. Mit allen psychologischen Verwerfungen, die solchen Zwangspaaren eigen sind: zärtliche Fürsorge, blindes Verstehen, furiose Verteidigung des Alter Ego, aber auch rasende Eifersucht, erbittertes Ringen um Dominanz und Schübe von loderndem Hass.

Unerträglicher Nähe entspringen monströse seelische Qualen. Die liberalen Zwillinge waren und sind hochneurotisch miteinander verstrickt. Möllemann der dominante Partner: Antreiber, Ideengeber, Stratege. Westerwelle dem anderen verfallen: Nachahmer, Bewunderer, Neider. Der Kopist stellte den Meister schließlich in den Schatten, wurde nach dessen Schnittmuster Parteichef. Seine Schuld- und Dankbarkeitsgefühle arbeitete Westerwelle mit Loyalität, Geduld und Ergebenheit ab, Möllemann beutete die Abhängigkeit des anderen mit Rücksichtslosigkeit, Häme und Erniedrigung aus. Im Herzen verachtete er den Epigonen als Schwächling. Jedes Interview transportierte eine Unverschämtheit gegen den anderen. Der schwieg. Und litt still. Zu lange.

Nun also die Trennung, der befreiende Schnitt. Aber kann der gelingen, wenn die Zwillinge – politisch gesehen – nur von einem einzigen Herzen am Leben gehalten werden, dem Möllemannschen? Müssen nicht beide zugrunde gehen, wenn der als Opfer ausersehen ist? Alles, was den Vorsitzenden mit Leben erfüllt, ihm die Wangen gerötet hat, wurde doch aus der Herzkammer des Stärkeren herübergepumpt: das »Projekt 18«, die liberale Kanzlerkandidatur, die Idee von der volksumspannenden, die Tabuwächter verlachenden Protestpartei, die Abnabelung von der CDU, der tolldreiste Event-Wahlkampf mit Fallschirm-Jokus und Guidomobilismus. Nicht zu vergessen die Israel-kritische Linie, die ja zunächst zum Schwerpunkt eines Bundesparteitages erhoben wurde und erst durch den Empörungssturm gegen die Provokationen des Münsteraners für den anfangs noch verschwörerisch schweigenden oder gar händereibenden Vorsitzenden zum Problem wurde.

Ach ja, und am Ende der Flyer. Der blau-gelb eingefärbte Steckbrief mit den Konterfeis der Juden Sharon und Friedman, die angebliche Geheimaktion des tonangebenden Siamesen in verzweifelter Wahlkampflage der FDP. Gäbe es die Abrechnung heute überhaupt, wenn die Liberalen mitregierten? Wer hat davon nicht alles gewusst: die stellvertretende Landesvorsitzende, der Landesschatzmeister und der Pressesprecher der nordrhein-westfälischen FDP; die liberalen Teilnehmer einer Konferenz deutsch-arabischer Vereine, von denen einer alarmiert an die Berliner Parteizentrale schrieb; die Büroleiterinnen des Parteichefs und der Generalsekretärin, die selbige Nachricht angeblich für sich behielten und nach Düsseldorf zurückreichten (was ja als Denunziation des Tippgebers bei Möllemann verstanden werden muss); ein Journalist, der über die anrollende Aktion schrieb und dessen Artikel in Westerwelles täglichem Pressespiegel obenauf geheftet war; ein Berliner *stern*-Reporter, der Wind bekommen hatte und auf Nachfrage bei Möllemann dreist angelogen wurde.

Bloß einer will nichts gewusst haben, weder vom Flyer noch von Spendenstückelung und Geldschiebereien: der Zwilling aus dem Landesverband NRW. Natürlich nimmt ihm das niemand ab in der nun zum Skalpell greifenden Parteiführung. Selbst wenn es so wäre, gegen alle Lebenserfahrung, wäre es unverzeihlich. Wie es aussieht, haben sich die Chirurgen Wolfgang Gerhardt und Günter Rexrodt für eine zweistufige Operation entschieden: Zunächst wird Möllemann weggeschnitten, der, während er politisch verblutet, noch herausschreien wird, was er über den Zwilling weiß. Der aber wird noch gebraucht, bis das restlos ausgestanden ist, und daher an die Herz-Lungen-Maschine angeschlossen. Wenn die FDP bei den Landtagswahlen im Februar in Hessen und Niedersachsen scheitert, werden die Ärzte beraten, wer sie abschaltet.

Schweigen, das verurteilt
Juni 2003

Der Silberzüngige schweigt. Sagt kein einziges Wort. Bleizunge. Hat sich für den juristischen Weg entschieden, den rein juristischen. Beschwerde eingelegt gegen die Rechtmäßigkeit von Durchsuchungsbefehl und Haartest; wäre die erfolgreich, würden Kokain-Briefchen und ein positiver Haar-Befund Makulatur. Juristisch. Ansonsten: Ermittlungsergebnisse der Staatsanwaltschaft abwarten, Einblick nehmen in die Akten, dann erst antworten. In der Sprache und mit den Instrumenten der Justiz. Und alles wird gut?

Nichts wird gut. Jedenfalls nicht so. Oder nicht nur so. Es ist Michel Friedmans gutes Recht zu schweigen. Rein juristisch gesehen. Aber es ist auch sein größter Fehler. Politisch-gesellschaftlich betrachtet. Denn diese Perspektive ist die ausschlaggebende. Was hülfe es ihm, was kurierte es an seinem Ansehen und seiner Ehre, wenn Koks im Briefchen und im Haar zwar sichergestellt respektive nachgewiesen wären, aber juristisch wertlos blieben? Sie wären eben nur juristisch ohne Wert, nicht aber im Urteil der Öffentlichkeit. Ganz zu schweigen von den Kontakten zu osteuropäischen Prostituierten und deren Zuhältern. Die sind nicht strafbar. Rein juristisch. Die Gesellschaft aber bestraft sie wohl. Mit Aberkennung der moralischen Reputation.

Der Anwalt Michel Friedman hat sich gegen den Medienmann Michel Friedman durchgesetzt. Um Michel Friedman, den Vizepräsidenten des Zentralrats der Juden, zu retten. Das Ergebnis könnte sein, dass gerade der nicht mehr zu halten ist. Hätte der Fernsehmoderator über den Juristen gesiegt, stünde es wohl besser um den Vizepräsidenten. Denn der TV-Mann müsste wissen, dass Affären in der Medienöffentlichkeit nach eigenen Gesetzen abgeurteilt werden; und die sind – meist auch mit gutem Grund – andere als die der Justiz. Die Justiz ahndet strafrechtliche Verstöße. Die Öffentlichkeit Heuchelei und Unglaubwürdigkeit. Helmut Kohl ist rein juristisch sauber aus seiner Spendenaffäre hervorgegangen. Öffentlich ganz und gar nicht. Und das mit gutem Grund.

Michel Friedman hatte nach Bekanntwerden des Ermittlungsverfahrens exakt zwei Tage Zeit, um dem Skandal die Spitze zu brechen und den Schaden zu begrenzen. So er etwas zu gestehen hatte – und heute ist daran kein vernünftiger Zweifel mehr möglich –, hätte er vor die Öffentlichkeit treten und eine Erklärung etwa folgenden Inhalts abgeben müssen: »Ja, ich habe gelegentlich Kokain konsumiert. Ich weiß, dass das ein Fehler war, aber ich habe im Stress Zuflucht dazu gesucht. Ich habe auch andere Fehler begangen, aber mein Privatleben werde ich nicht vor der Öffentlichkeit ausbreiten, das werde ich nur mit meiner Partnerin Bärbel Schäfer besprechen. Ich habe gelernt, ich bedaure aufrichtig, ich werde mich korrigieren.« Er hätte durch ein solches souveränes, aufrichtiges, offensives Management seiner Affäre mindestens Respekt, vermutlich sogar Sympathie und frisches Ansehen gewonnen. Mindestens die Moderatorenrolle im Fernsehen hätte er damit retten können, vielleicht sogar das Amt als Vizepräsident des Zentralrats.

Schweigen und Abtauchen aber wertet das Publikum als stilles Eingeständnis. Denn es weiß oder glaubt zu wissen: Wer zu Unrecht beschuldigt wird, der empört sich und den drängt es geradezu an die Öffentlichkeit. Man kennt das schließlich zur Genüge von Affären-bedrängten Politikern: Zugegeben wird stets nur das, was nicht mehr zu bestreiten ist. So aber wird die vom Hauptdarsteller verlassene Bühne von vermeintlich hilfreichen Statisten bevölkert. Sie geißeln eine angebliche Verdächtigungskampagne – und führen selbst eine Verdächtigungskampagne gegen die Staatsanwaltschaft. Sie verteidigen Friedmans Ehre – und ramponieren die der Ermittler. Sie bagatellisieren Kokain (Darf man nicht verstohlen eine Nase Koks nehmen?) und rechtfertigen Prostitution (Soll das nicht endlich ein legalisierter Beruf werden?). Friedmans Verteidiger werden damit ungewollt zu seinen Anklägern. Mancher im Kammerton der Heuchelei. »Natürlich hat er gekokst und Nutten gevögelt«, sagt einer unter vier Augen, der eben noch vor großem Publikum den Anwalt Friedmans gegeben hat. Wer schweigt, wird Gefangener. Am Ende der Bigotten.

Michel Friedman sollte sich jetzt selbst befreien – und andere Sprecher der deutschen Juden von überdehnter Pflicht zur Loyalität. Denn das werden sie ihm nie verzeihen. Er sollte sein Amt im Zentralrat der Juden selbst niederlegen, um Schaden von ihm zu wenden. Er könnte damit Größe beweisen. Immer noch.

Möllemann ist Menetekel
Juni 2003

Wäre aus Händereiben Energie zu gewinnen, könnte Deutschland dieser Tage ein Kernkraftwerk vom Netz nehmen. Die Häme ist enorm, und die Scherze sind enorm geschmacklos. »Wenn das Möllemann gewusst hätte – er hätte den Fallschirm nicht abgeworfen«: So oder so ähnlich feiert die (all-)gemeine Schadenfreude über die Ermittlungen gegen Michel Friedman ihre schäbigen Triumphe. Richtig ist daran nur ein einziger Aspekt: Der Selbstmörder Jürgen Möllemann und der offenkundig unfassbar risikoblinde Michel Friedman müssen zusammen gedacht werden. Warum haben sich ihre Schicksale eine historische Sekunde lang so existentiell verschlungen, dass der eine in den Freitod flüchtete und der andere am Pranger einer revanchegierigen Öffentlichkeit steht?

Es gibt auf diese Frage eine Vielzahl von individualpsychologischen Antworten – ich möchte nur die politische betrachten. Zugespitzt lautet meine These: Der eine, Jürgen Möllemann, war als Botschafter und Einflussagent der arabischen Welt, der andere, Michel Friedman, als Diplomat und Propagandist Israels unterwegs. Die archaische Gewalt, mit der Israelis und Palästinenser im Nahen Osten um Dominanz und Respekt kämpfen, sie hat sich in der Konfrontation dieser beiden unerbittlichen Männer auch in Deutschland entladen. In einem Land mithin, das den ins historische Gedächtnis gebrannten Mord an den europäischen Juden zu verantworten hat. Und das deshalb auch heute noch nicht die innere Souveränität, die demokratische Kultur und die kluge Differenzierungsfähigkeit gefunden hat, um in einer Debatte von solch emotionaler Wucht zwischen dem Morden-und-Gegenmorden im fernen Nahen Osten und dem Wir-ewigen-Antisemiten aus der nahen fernen Geschichte zu unterscheiden. Beide haben das auf ihre Weise erkannt – und es für sich taktisch zu nutzen versucht. Es wurde beiden zum Verhängnis.

Möllemann, der Botschafter und kommerzielle Profiteur Arabiens, war zunächst politisch erfolgreich, als er die Unterstützung seiner Partei gewann, um die Liberalen auf einen unabhängigen und damit Israel-kritischen Kurs zu lotsen. Im Schlagabtausch mit Friedman mobilisierte er, persönlich gewiss kein Antisemit, das Letzte, um den Gegner niederzuwerfen: die schlummernde Judenfeindlichkeit. »Ich fürchte, dass kaum jemand den Antisemiten, die es in Deutschland leider gibt, ... mehr Zulauf verschafft als Herr Sharon und in Deutschland Herr Friedman mit seiner untoleranten, gehässigen Art« – dieser hartleibig verteidigte Satz war eiskalt kalkulierte Grenzüberschreitung. Er spielte die alte, schreckliche Melodie, mit der Antisemiten auf Rattenfang gehen: Die Juden sind selbst schuld am Antisemitismus. Den deutschen Juden Friedman und Israels Regierungschef in der entscheidenden Phase des Wahlkampfs 2002 auf einem Steckbrief-ähnlichen Denunziationsblatt gemeinsam antijüdischem Ressentiment auszuliefern – das war nur noch gewissenlos. Und den entsetzt von der Fahne gegangenen Guido Westerwelle nach dessen Israel-Reise im Sommer 2002 als Opfer einer angeblichen Erpressung des Geheimdienstes Mossad zu denunzieren, das war nur noch blindwütig verzweifelt. Es machte Möllemann endgültig unmöglich – und nahm ihm die letzte Luft zum Leben.

Friedman hakte bei dem Satz über die Juden, die selbst den Antisemitismus schürten, ein – und ließ nicht mehr los. Seine medial gestützte Gegenkampagne überrollte Möllemann am Ende. Und überdeckte einen eigenen schweren Fehler. Er hatte im Bündnis mit Paul Spiegel, dem Präsidenten des Zentralrats der Juden, ein Erbstück abgeräumt, das Ignatz Bubis hinterlassen hatte: Spiegels Vorgänger legte stets höchsten Wert darauf, die deutschen Juden als eigenständige und von Israel unabhängige Größe zu positionieren, um ihnen Deutschland zur bleibenden Heimat zu machen – und die Juden den Nichtjuden zu selbstverständlichen Mitbürgern.

Friedman und in seinem Windschatten Spiegel machten indes die Sache der israelischen Regierung zu der ihren; emotional getrieben durch die Welle palästinensischer Selbstmord-Attentate. Nun braucht Friedman selbst nichts mehr als das, was er leichtfertig zur Disposition stellte: angesichts der eigenen Not eine zumindest mehrheitlich reife und gelassene Nation, die ihn als deutschen Juden auffängt und trägt, falls er sein Amt im Zentralrat verliert. Das ist Friedmans Tragik – und benennt die Pflicht der Gesellschaft. Möllemann ist Menetekel genug.

Wie Schwule siegen
August 2003

Brief an einen homosexuellen Spitzenpolitiker, der das öffentliche Bekenntnis scheut wie ehedem Ole von Beust – und nun aus dessen Scheitern lernen muss.

Sie haben gebebt und gelitten mit Ole von Beust. Haben sich ausgemalt, Ihnen säße ein Charakterlump gegenüber, versuchte Sie zu erpressen. Und Sie müssten in einer einzigen Sekunde entscheiden: Schmeiß ich den Kerl raus und mach das Fass, das er mir vor die Füße gerollt hat, selbst auf, sofort und in aller Öffentlichkeit – oder kämpfe ich um Zeit, werde weich, Wachs in der Hand des Feindes? Wie oft haben Sie den Alp des Outings schon vorgeträumt in unruhigen Nächten – bloß anders, in der saubereren Version. Eines Morgens steht es eben in der Zeitung, oder der Denunziant plaudert es in einer Talkshow aus. Haben sich zurechtgelegt, wie kühl Sie dann antworten, wie würdevoll Sie den Dreck der Denunziation vom Revers wischen.

Ist doch alles kein Problem mehr, haben Sie sich eingeredet, die Gesellschaft ist doch reif. Ein Tag Aufregung, dann ist es ausgestanden. Den Spitzenleuten der Partei und der Pressemeute haben Sie es doch längst offenbart. Haben sich fotografieren lassen in schwuler Symbolik – stummes Outing für jene, die Bilder zu lesen verstehen. Haben sich in protokollarischer Not von Damen begleiten lassen, die Verständige unmöglich für Frauen Ihres Herzens halten konnten. Haben Gäste in Ihrer Wohnung empfangen, denen die Kunst an den Wänden als ästhetisches Bekenntnis entgegensprang. Sind der Frage aller Fragen, unter vier Augen im Restaurant, nicht ausgewichen. Und haben das Gewisper, die wissenden Blicke ertragen.

Plötzlich: der Horror der Erpressung. Und der, der ihn auszustehen hatte, war mit seinem Schwulsein exakt so umgegangen wie Sie. Hatte das Umfeld nicht im Unklaren gelassen, die Öffentlichkeit aber wohl – und sich selbst wie den anderen stets beruhigend eingeflüstert: Homosexualität ist doch völlig normal – und Normales braucht man nicht zu outen. Plötzlich saß der da, ganz allein mit einem, den er selbst eingeweiht hatte und für einen Verbündeten, wenn nicht gar Freund hielt.

Das ändert alles. Sie müssen daraus lernen. Rasch. Begreifen, dass Ole von Beust mit seinem – und Ihrem – Konstrukt gescheitert ist. Dass er alles falsch gemacht hat – außer der Entscheidung für die eigene Ehre im Augenblick der Wahrheit. Denn nicht das Risiko des Outings, sondern das der Erpressung im selbstgeschaffenen Halbdunkel ist der wunde Punkt. Zeitpunkt und Umstände der eigenen Offenbarung kann jeder selbst wählen, die Erpressung aber kommt immer zur falschen Zeit und in politisch ungünstigster Lage. Sie stürzt mithin nicht nur den Erpressten in Turbulenzen, sondern auch die Partei oder Regierung, der er angehört. Sie haben Anspruch darauf, dass man ihnen das erspart. Homosexuelle sind für alle Ämter geeignet, ohne Ausnahme, doch der Respekt davor gebietet es, sie vor erpresserischer Verlockung zu bewahren.

Und die ist groß, denn Sex und Politik ergeben die brisanteste Mischung. Willy Brandt musste als Kanzler gehen, als zu fürchten war, dass die Stasi von Affären wusste. Michel Friedman war erledigt, als ein peinliches Video auftauchte, das zuerst seinem Widersacher Jürgen Möllemann angeboten wurde. Und Möllemann wurde zum Denunzianten, als er in einem Buch davon phantasierte, Israels Geheimdienst erpresse den FDP-Vorsitzenden mit »Wissen um die privatesten Dinge«.

Hätten Ole von Beust und sein Justizsenator Roger Kusch ihr Schwulsein längst publik gemacht, wären nicht nur sie, sondern auch ihre Koalition davor gefeit gewesen, was nun kam und noch kommt. Wäre Kusch der Partner von Beusts (gewesen), dann hätte der ihn nie in seinen Senat geholt. Umgekehrt hätte schon seine Berufung als Beweis gedient, dass da nichts ist. Jedenfalls wäre Kusch der Erniedrigung entgangen, Reportern seine Wohnung zu öffnen – in dem irrwitzigen Versuch, zu beweisen, dass sie kein Liebesnest ist.

Spitzenpolitiker kann nur sein, wer klar und transparent ist, auch im Privaten. Das Publikum hat keinen Anspruch, ans Bett geführt zu werden. Aber es erwartet, dass nichts verdeckt wird, was Erpresser locken könnte. Wie lange wollen Sie noch ans Ende der Welt jetten, um mit einem Partner diskret Urlaub zu machen? Wie lange wollen Sie noch zittern, dass dennoch heimlich geschossene Fotos unterm Tisch herumgereicht werden? Klaus Wowereit geht mit seinem Partner in Berlin zu Empfängen! Der Kampf der Schwulen ist noch nicht gewonnen, aber sie werden siegen, wenn sie sich bekennen. Mit allem Respekt: Outen Sie sich! Viele, auch wir, werden an Ihrer Seite stehen.

Und Friedman schweigt
November 2003

»Der Hitler hat ja in einem Maße dieses Land in Bewegung gebracht, das man sich heute gar nicht mehr vorstellen kann. Er hat in den dreißiger Jahren, was bis in die vierziger, fünfziger, man kann sagen: in die sechziger Jahre weitergewirkt hat, den Leuten einen Elan vermittelt, der vollkommen von uns gewichen ist.« Sagt Arnulf Baring. Und Michel Friedman schweigt. Und wenige schauen zu. Es ist Sonntag, der 9. November 2003, eigentlich schon Montag, der 10., denn das »nachtstudio« im ZDF hat erst zehn Minuten nach Mitternacht begonnen.

Arnulf Baring, der als Zeitgeschichtler zu dem Namen kam, den er nun als verstörter Trommler koboldhaft zertrümmert, hockt vor dem elektrisch flackernden Kamin, an dem sonst nur schwer vermittelbare Geistesakrobaten einem schwer zu messenden Publikum schwer Verständliches zu schweren Träumen schnüren.

Ihm gegenüber an diesem historischen Datum, das Synagogen brennen und Mauern einstürzen sah: Michel Friedman, der an schneeweißem Koks und lebendfrischer Liebe aus der Ukraine gescheiterte Doppelmoralist, der nach seiner »zweiten Chance« giert. Rechts von Baring Monika Zimmermann, die als Historikerin vorgestellt wird; links Daniela Dahn, die Schriftstellerin, die stets das Gute im Osten sucht und doch immer nur das Böse im Westen findet. Neben Friedman Volker Panzer, der intellektuell

208

ondulierte Moderator, der in dieser denkwürdigen Nacht den Hitler in Baring zum Leben erweckt. Und den Moralisten in Friedman zu Grabe trägt.

Baring also preist den Unsäglichen als größten aller Volkserwecker, der die besten Kräfte der Deutschen entfesselte – so gewaltig, dass es nach der Eroberung der Welt noch zu Wiederaufbau und Wirtschaftswunder reichte. Nicht Adenauer noch Erhard – Hitler war's. »Was ich immer wieder sage, ist: Wenn ein Bruchteil des Enthusiasmus, den der Hitler für sein Regime leider Gottes mobilisieren konnte, für die Republik mobilisiert würde, wären wir aus allen Schwierigkeiten raus.«

Und Friedman schweigt. Und Baring spricht. Man müsse doch den Leuten sagen: »Wir schaffen das, und wir wollen irgendwohin? Diese Vision muss natürlich irgendwo sagen: Wir haben doch früher mal was Anständiges geschafft.« Und Friedman schweigt. Die Hand am Kinn. Aus halb gesenkten Lidern kriecht ein schwerer, müder Blick.

»Es ist mir jetzt etwas unwohl dabei«, erhebt sich da, zögernd, Monika Zimmermann gegen den Hitler, der das Anständige schuf. »Da würde ich zum Beispiel lieber an Roman Herzog erinnern, und zwar an den Ruck.« Denn Hitler habe »an niedere, an niedrige Instinkte appelliert«. Worauf Baring sich empört: »Das finde ich aber ganz fatal. Niedere Instinkte – ich bitte Sie!« Und Friedman schweigt. Und Zimmermann legt nach: »Da würde ich nicht gerne wieder anknüpfen.« Und gerät in Rage: »Das ist doch aber? Hören Sie mal!« Und Friedman schweigt. Und die Hakelei der anderen geht weiter.

Da endlich, leise, schleppend und defensiv, schleicht Friedman auf die Bühne: »Wir wollen doch nicht sagen, dass nur über die Nazis und Hitler Menschen mobilisiert werden. Ich bin wirklich erstaunt. Ich bin wahrscheinlich der völlig Falsche, aber ich muss es sagen: Was Konrad Adenauer geschafft hat, war doch auch Enthusiasmus, was Willy Brandt geschafft hat – man kann zu der Politik der Einzelnen stehen, wie man will –, war ja auch: etwas Außerordentliches mehrheitsfähig werden zu lassen, Dynamik in der Gesellschaft zu erarbeiten.« Man kann schweigen, wenn man redet: »Nur« und »auch« markieren Friedmans geducktes Schweigen.

»Nie schweigen!!!« Er hat den Spruch zur Monstranz poliert und lässt die Gläubigen vor den drei Rufzeichen niederknien, wo immer er sonst seine Messe liest. Sabine Christiansen hat er die Monstranz ins Gästebuch gerammt, und ein Reporter des *Tagesspiegels* war Zeuge, als er sie einer Anbeterin nebens Autogramm malte. In Cannes, wo er sich dem Blatt Stunden zum schonungslosen Interview preisgab – um es am Ende feige aus der Zeitung zu kippen. Ein »Dokument des Schreckens« sei es gewesen, das von »unfassbarer Verblendung« zeuge, sagt einer, der es las.

Warum schwieg Friedman in Barings Nacht? Weil er zurückwill. Sofort. Ganz hoch. Und dafür muss er geliebt werden, selbst von den Barings. Michel Friedman hat nichts gelernt. Michel Friedman ist zerbrochen. Seine Reue ist geronnene Eitelkeit. »Ich werde nie lieb und gefällig sein«, sagt er *Max* im Interview. »Dann könnte ich auch gleich sterben.« Er darf beweint werden.

Der Kanzler-Präsident
Mai 2004

Ist ein neuer Kanzler oder ein neuer Präsident gewählt worden? Die Schonungslosigkeit seiner Analyse, die Schnörkellosigkeit seiner Sprache, die Dynamik seines Auftretens ließen erwarten, Horst Köhler werde nun sein Kabinett vorstellen – neue Köpfe, energische Seiteneinsteiger wie er selbst, niemand aus der »ein bisschen müde gewordenen« Politik – und dann seine Regierungserklärung abgeben zur »grundlegenden Erneuerung unseres Landes«. Motto: »Deutschland soll ein Land der Ideen werden.«

Zeitenwende? Zeitenwende! Nicht so platt, nicht so armselig parteitaktisch als Ankundigung puren Machtwechsels zu verstehen, wie es das frohlockende Kleeblatt der »bürgerlichen« Mehrheit – Angela Merkel, Edmund Stoiber und der ergeben an den Haken gegangene Guido Westerwelle – nach Köhlers Wahl tat. Mag sein, dass aus dieser Saat auch ein Machtwechsel sprießt,

2006 oder schon nächstes Jahr, falls Rot-Grün erst Nordrhein-Westfalen und dann die Nerven verliert.

Köhlers Wahl, seine forschen, ja stürmischen Erklärungen lassen weit mehr erahnen, sind keineswegs nur ein Versprechen auf das Auswechseln der einen durch die anderen. Es ist, als habe das ungeduldig gewordene Land – bar jeden Vertrauens in die Vernunft und die Handlungsfähigkeit der politprofessionellen Kaste – einen nach oben geschickt, die Dinge endlich in Bewegung zu setzen. Einen Künder der Wirklichkeit in die Sphäre der Illusionisten. Horst Köhler inszeniert nicht weniger als den Einbruch des gesunden Menschenverstands in die taktisch verkeilte Blockadewelt der operativen Politik.

Und eine Revolution im Amtsverständnis des Präsidenten. Er mahnt nicht, in lorbeerverstellter Sonntagsrede, behutsam abstrakt, großväterlich mild – und wirkungslos. Er kritisiert konkret, er drängt, er attackiert – und erzeugt Bewegung. Der Präsident, das ist das Neue, das Aufregende, das Riskante auch, betritt lautstark und entschlossen die Bühne der praktischen Politik, ja der Tagespolitik.

So einen hatten wir noch nie. Ein Macher tritt das Erbe der Mahner an. Und geht daran, dem Land eine eigene, die deutsche Version eines Präsidialsystems zu verpassen. Eines Staatsoberhaupts, das die Grenzen der Verfassung dehnt, um mitzuregieren, ohne doch Regierungsgewalt zu haben. Es ist ein Wechsel auf eine andere Zeit, ein Wechsel auf die Zukunft – darauf, dass sich das sich selbst kasteiende Land freikämpft von innerer Blockade. Der Ungezähmte, der hoffentlich Unzähmbare, lässt die Klasse der Berufspolitiker wie einen Clan von Inzüchtigen erscheinen. Fasziniert die einen, zähneknirschend die anderen, erschrocken aber alle, halten sie inne. Und staunen. Oder schäumen.

Seine erste Skizze zur Lage der Nation, in wenigen klaren Sätzen vor der Bundesversammlung hingeworfen – ein Land ohne Mut, Kreativität und Lust auf Neues, ein ökonomisch und sozial gefährdetes Land, abgrundtief pessimistisch und bedrohlich kinderlos –, ließ die Mienen zur Linken versteinern, verführte indes einige Grüne zu schüchternem Applaus. Der Kanzler schaute, als wäre er zum zweiten Mal in diesen Tagen geohrfeigt worden.

211

Für ihn hat die Zeit einer schwierigen Kohabitation begonnen. Zwei Männer, so scheint es, regieren Deutschland. Der eine, der neue, stößt in die Orientierungslücke des anderen, formuliert das, was der eigentlich Verantwortliche in lustlosen Regierungserklärungen nicht zu sagen wagte oder vermochte. Schiebt sich quasi in sein Kabinett. Gibt Schröders Agenda 2010 »historische Qualität« und fügt doch an: »Es reicht noch nicht.« Der Treiber wird Getriebener. Nun steht er nicht mehr an der Spitze der Reformbewegung. Will er bei solcher Herausforderung ihr Scout sein, handelt er sich neue Konflikte mit seiner Partei ein. Bleibt er zurück, ist sein Sturz womöglich besiegelt.

Doch auch für den Kanzler-Präsidenten ist die Kohabitation ein riskantes Experiment. Wer angreift, macht sich angreifbar. Schon schallt es zurück, Köhler sei schließlich nicht Wirtschaftsminister. Die gestelzte Formel von der »Würde des Amtes«, das »Bitte nicht füttern«-Schild am Schongehege der Präsidenten, wird demontiert. Der Gefangene selbst will es so, er möchte ausbrechen. Hält er durch, findet er Gefallen am politischen Abenteuer auf freier Wildbahn, wird ihn auch Angela Merkel nicht mehr einfangen, so sie denn Kanzlerin werden sollte. Horst Köhler hat begonnen, auch für sie Maßstäbe zu setzen. Jede Zeit, so heißt es, findet ihren Präsidenten. Diese Zeit hat diesen verdient.

Overkill der Reformen
August 2004

Die wichtigste Reform, die Angela Merkel auf ihrem Kurs zur Macht braucht, ist eine Reform der Sprache. Eine Reform zur Vermeidung des Begriffs Reform. Neugestaltung, Umbau, Modernisierung – alles ist besser. Denn Reform, im Duden mit »Verbesserung des Bestehenden« beschrieben, hat auf dramatische Weise die positive Bedeutung verloren. Nur noch eine knappe Mehrheit von 52 Prozent der Deutschen vermag aus dem Zentralbegriff der Politik eine frohe Botschaft herauszuhören – für ein Drittel ist die Vokabel bereits negativ besetzt, der Rest ist gründlich verwirrt.

Bei Arbeitern und Angestellten, kleinen Leuten, hat die positive Reform mit 42 respektive 48 Prozent schon die Mehrheit verloren.

Deutschland im Sommer 2004, Land am Wendepunkt, zwei Jahrzehnte nach Entdeckung des »Reformstaus«, sechs Jahre nach Ausrufung des »Reformkanzlers« Schröder, ein Jahr nach der brachialen Präsentation seiner Agenda 2010: Das Motto der Verheißung wandelt sich zum Inbegriff von Bedrohung. Die Deutschen werden kirre. Die große Verwirrung ist das Werk der SPD, Protagonisten der CDU sind dabei, sie zum psychologischen Overkill zu treiben. Dilettanten chaotischer Regierungspraxis verbünden sich mit Amokläufern der Eigenprofilierung zu Abbruchunternehmern, die Hand an die Lebensplanungen eines ganzen Volkes legen. Rente, Gesundheit, Pflege, Steuern, Versicherung, Kündigungsschutz, Ausbildung, Tarife, 40-, 42-, 50-Stunden-Woche: Die Reformscharmützel verschmelzen zum Schlachtfeld der Demontage, der Depression, der Angst.

Nichts gilt mehr, nichts verspricht dem Fußvolk der Ökonomie noch Bestand und Sicherheit. Von den Feldherrenhügeln der Verteilungs- und Zukunftskämpfe blicken goldbetresste Offiziere aus Konzernvorständen gelassen herab aufs Getümmel. Die schnellen Rösser der Globalisierung garantieren Flucht hinter den Horizont, falls es brenzlig wird. Den 30 Dax-Konzernen winken in diesem Jahr gut 50 Prozent mehr Gewinn. Dem dienen die Reformen in Wahrheit, künden unten die Trommler der Linken, um Empörte und Verwundete zum Sturm auf die Hügel zu sammeln. Die PDS mobilisiert im Osten bald 30 Prozent, die Linksabspaltung der SPD versucht, es ihr im Westen gleichzutun.

Reformpolitik hat ihren Zauber, ihre Reinheit verloren, benennt weder Maß noch Ziel. Sie zieht das Volk nicht mehr, sie kappt die Fäden. Der Schaden ist zu messen: Drei Viertel der Menschen haben Vertrauen in die Politik verloren, nur zwei Prozent Wunderliche haben frisches gefasst. Wer nicht weiß, was ihm noch angetan wird, wonach er sein Leben ausrichten soll, der duckt sich, erstarrt, hält sein Geld zusammen. Damit zertrümmert die Politik das ökonomische Fundament für ihren Erfolg. 77 Prozent der Deutschen glauben – den Prognosen zum Trotz – nicht an einen Aufschwung in diesem Jahr. 58 Prozent sind überzeugt, dass keine Partei mit den Problemen des Landes fertig wird.

Auch der CDU/CSU trauen das nur 25 Prozent zu – obgleich die sich mit 44 Prozent Zustimmung auf der Siegerstraße wähnt. Hoffart wird solche Verblendung im Kirchen-Idiom genannt. Hochmut, der vor dem Fall zu kommen pflegt. Die SPD hat ihren Sturz hinter sich, die Union hat nichts daraus gelernt. Jedenfalls nicht alle, die ihr Bild beim Publikum prägen. Hochmütig und abgelöst vom Leben haben in diesem Sommer SPD wie Union Vertrauen in Reformen ruiniert. Vermutlich dauerhaft. Immer mehr junge Leute, berichten Mittelständler, suchen Jobs ohne Steuern und Sozialabgaben. Sie hoffen und sie geben auf nichts mehr. Reform-Desperados. Staatsverächter.

Selbst als Hartz IV – die Abschaffung der Arbeitslosenhilfe, die als »Zusammenlegung« mit der Sozialhilfe kaschiert wurde – beschlossene Sache war, bequemte sich die Regierung nicht dazu, das wahre Ziel einzugestehen: Arbeitslose existentiell derart unter Druck zu setzen, dass sie für jede Art von Arbeit dankbar sein müssen. Niemand werde schlechter gestellt, trotzte der Kanzler noch im Fernsehen der Wirklichkeit, als die Medien längst dabei waren, seine Sensenschnitte auszumessen und Nebenwirkungen aufzudecken, die den Schreibtischreformern entgangen waren – gefährdete Unterhaltszahlungen für die Kinder Hartz-bedrängter Väter etwa. Keinen Gedanken aber hatten die Hartz-Propheten daran verwendet, was der Zwang zur Auflösung von Altersrücklagen und Versicherungen für die Lebensentwürfe aller, nicht nur der Arbeitslosen, bedeutet.

Exakt in dieser Lage, da sich die Furcht vor Jobverlust zu Existenzangst auswächst, die vollständige Beseitigung des gerade erst gelockerten Kündigungsschutzes zu verlangen, wie es Friedrich Merz und Christian Wulff taten, war soziale Brandstiftung. Und politische Selbstverstümmelung. Dass die Union Reformpolitik ganz anders betreiben wird als die taumelnde Koalition – sorgfältig durchdacht, verschnürt zu einem Paket aufeinander abgestimmter Elemente, zeitlich wie in den Wirkungen berechenbar, ökonomisch effizient und sozial verkraftbar, geduldig und ehrlich begründet –, ist seither nur noch Hoffnung, vermutlich Illusion.

Bezieht man den ebenso wirren wie in aller Öffentlichkeit ausgetragenen Streit um die Krankenkassen-Kopfpauschale ein, dann präsentiert sich die Union in ähnlich deprimierender Verfassung wie die SPD. Als Volkspartei mit überdehnter Spannbreite, deren Flügel kein gemeinsames Verständnis von sozialer Gerechtigkeit mehr formulieren können. Als Medien-exhibitionistische Bewegung, die jeden Gedanken, jedes Detailargument per Interview ausspuckt, statt intern zu käuen und vorzuverdauen. Als Scheuklappen-Club, der Debatten über Einzelreformen anstößt, aber die Mehrfachwirkung auf das Leben der Menschen vergisst – wie die Regierung, die Rentner mit Nullrunde, Besteuerung, höheren Pflegebeiträgen, Zusatzversicherung für Zahnersatz und Kassenbeiträgen auf Lebensversicherungen erwischt. Als Bühne für Geltungssüchtige, die nur Schlagworte ins Publikum rufen und auf Erläuterung, Begründung, Plausibilität pfeifen. Als Netzwerk von Intriganten, die Attacken auf ihre Vorsitzende als Sachdebatten tarnen. Als Verein ohne Satzung, der Beschlüsse seines obersten Souveräns, des Parteitags, schlankweg ignoriert.

Jürgen Rüttgers und Christoph Böhr, die Alternativpapiere zur Finanzierung der Kopfprämie lancierten, hatten auf dem Leipziger Parteitag noch artig die Hände gehoben, als der Plan der Herzog-Kommission in märchenhafter Einmütigkeit verabschiedet wurde. Die Zweifel, die ihnen inzwischen gekommen sind, trugen sie nicht etwa im CDU-Präsidium vor, sondern, Eigenprofil schärfend, in aller Öffentlichkeit. Angela Merkel durfte das getrost als Dolchstoß empfinden. Anstand ist nichts in der Politik, Interesse alles. Was der reformerische Neuansatz der Union sein soll, wie sich dessen Ziele und Methoden von denen der SPD unterscheiden, ist ungewisser denn je. Selbst wenn die flatternden Fäden der Debatte auf dem CDU-Parteitag im Dezember wieder zusammengebunden werden, selbst wenn mit der CSU ein Modell zur Gesundheitsreform verabredet wird – wer könnte glauben, dass dann Eintracht einkehrt? Noch zwei Jahre bis zur Wahl – und danach?

Das Volk ist zu Gutgläubigkeit nicht mehr imstande. Es fühlt sich als Experimentiermasse dilettierender Politiker, die in Existenzen herumstochern und nicht mehr plausibel machen können, was sie tun. Es fühlt sich entmündigt. Dass SPD und CDU ein Referendum über die EU-Verfassung stoisch ablehnen, macht den Vertrauensschaden komplett. Alles und jedes darf, ja soll reformiert werden, nicht aber die Verfassung? Ihre soziale Sicherheit sollen die Menschen selbst organisieren, aber diesen Zipfel politischer Selbstbestimmung verweigert man ihnen?

Da hilft auch nicht der populistisch in Szene gesetzte Hexensabbat um die Rücknahme der Rechtschreibreform. Seht her: Wir nehmen euch eure Lebensversicherung, aber wir lassen euch das »h« in den Spaghetti! Reform mal rückwärts. Ein Bubenstück des Opportunismus, das der gescheiterten Trotzkoalition aus intellektuellen Herrenreitern und teutschen Kulturverwesern wieder eine Fahne gibt. Ohne Rücksicht auf Sachverstand, auf angelernte Schüler, auf gedruckte Lehrbücher.

Reform? Vergesst es, das Wort ist verbraucht. Es gehört der Ära Schröder, es vergeht mit ihr. Angela Merkel muss mehr und gründlicher umbauen als er, aber sie muss ihre Politik auf einen anderen Begriff bringen. Es geht nicht nur um eine sprachliche Variante. Es geht um Klarheit, Ehrlichkeit und Verlässlichkeit: Sicherheit im Wandel. Eine Kandidatin mit dem Label »Radikalreformerin« müsste das Volk heute als radikale Drohung verstehen.

Verhartzte Seelen
Oktober 2004

Die Nation streitet über die materiellen Einschnitte bei den Arbeitslosen – die Schnitte in deren Psyche sind kein Thema. Der Fall Andreas S. erzahlt davon.

So einer wird weggeschoben, verdrängt, abgeheftet. Ein Querulant. Ein Spinner. Ein Michael Kohlhaas. Rennt mit dem Kopf gegen die Wand, bis der Verstand zerbricht. Kennt man. Solche wie den.

Doch Andreas S. ist keiner wie die, auch wenn es so scheint auf den ersten Blick. Andreas S. aus Löningen im Landkreis Cloppenburg hat einen Brief an den Bundesminister der Verteidigung in Berlin geschrieben. Anderthalb Seiten, die so enden: »Hiermit erkläre ich am 28. 9. 2004:

1) Den Widerruf meines 1988 auf die Bundesrepublik Deutschland geleisteten Diensteides.

2) Ich weise die Beförderung zum Major der Reserve aus dem Jahr 2002 zurück und lehne die weitere personelle Führung bei militärischen Dienststellen und Dienststellen der Wehrverwaltung der Bundesrepublik Deutschland ab.

3) Weiterhin händige ich Ihnen die zu meiner Dienstzeit verliehenen Orden und Ehrenzeichen aus: Ehrenkreuz der Bundeswehr und die Oderflut-Medaille des Landes Brandenburg.«

Andreas S., 36 Jahre, Diplomkaufmann, verheiratet, zwei Kinder in der Grundschule, hat dem Bundesminister der Verteidigung den Fahneneid gekündigt und den Offiziersrang vor die Füße geworfen. Verwirrt und verzweifelt. Weil das seine Art ist zu schreien. In Wahrheit hat er der Bundesrepublik Deutschland gekündigt. Wegen Hartz IV.

Nicht, weil er mit dem Arbeitslosengeld nicht hinkäme. Weil er Armut fürchtete. An keiner Stelle seines Briefes geht es um Geld, um Lebensversicherungen oder Kindersparbücher. Um das, worüber die Nation seit Monaten streitet – durch und durch materiell, wie sie nun mal ist. Der Fall Andreas S. öffnet die Augen für eine Kategorie, die in der Debatte bislang keine Rolle spielt. Gar keine. Die Kategorie des Menschlichen, der Psychologie. Andreas S. kämpft nicht um Cash, Money, Bimbes. Er kämpft um Respekt und Zuwendung. Um Würde. Jene Würde des Menschen, die nach Artikel eins Grundgesetz unantastbar ist.

Deshalb ist sein Fall der Aufmerksamkeit wert. Gerade jener, die – wie ich auch – Hartz IV für prinzipiell richtig, für unumgänglich halten. Und von schmerzlichen Reformen reden, den Schmerz der Demütigung aber nicht mal erahnen. Andreas S. lag nie in der sozialen Hängematte. Er hat sich mit Leidenschaft für sein Land, für die Solidargemeinschaft eingesetzt. Verpflichtete sich als Zeitsoldat, war Kompaniechef in der Logistiktruppe, bildete alle drei Monate 200 Wehrpflichtige aus, bekam 1996 das Ehrenkreuz der Bundeswehr und ein Jahr später die Oderflut-Medaille. 2002 wurde er zum Major der Reserve befördert, ein gutes Dutzend Jahre früher als andere.

Dann wechselte der Logistiker als Betriebsleiter zu einer Firma, die Sticker und Büromaterial, darunter Fan-Artikel der Harry-Potter-Mania, produzierte und vertrieb. 40 Leute führte er. Bis die Firma fusionierte und nur noch ein Betriebsleiter notwendig war. »Sie sind jung, Sie finden bestimmt bald was anderes«, wurde ihm zum Abschied gesagt. Vor mehr als zwei Jahren. Bei der 200. vergeblichen Bewerbung hörte Andreas S. auf zu zählen.

Ende September wies ihm die Bundesagentur für Arbeit einen Ein-Euro-Job als Reinigungshilfskraft in einem Hallenbad zu. Der Bademeister empfing ihn am 1. Oktober mürrisch, mit Schubkarre, Besen und Harke – und dem Auftrag, draußen um die Halle herum Ordnung zu schaffen. Andreas S. trug den olivgrünen Dress der Bundeswehr und ertrug die Blicke der Kinder, die ihn mitleidig anstarrten.

Er hatte sich nicht verweigert, sondern freiwillig beim Arbeitsamt gemeldet – wie es seine Art ist. »Ich muss ja wieder mal raus aus dem Haus«, sagt er. Aber fertig wurde er nicht mit der kalten Deklassierung im Hallenbad.

Für einen Euro pro Stunde seien seine Fähigkeiten »entbehrlich geworden« in diesem Land, das »topqualifizierte Führungskräftepotentiale vergeudet«, schrieb er dem Minister in Berlin. Er müsse bewerten, wie weit er sich noch »der Autorität der staatlichen Führung anvertrauen« könne. »Meiner Auffassung nach ist dies nur so lange möglich, als der Staat und seine Vertreter selber als sittlich zu begreifen sind.« Wenn aber die staatliche Führung diesem sittlichen Anspruch nicht genüge, müsse sich das Gewissen dagegen auflehnen. Im Gespräch sagt er das einfacher: »Es ist entwürdigend, wie mit dem Menschen umgegangen wird. Das Land ist arm an Seele.« Ärmer als an Geld.

Wir sind Porsche!
Dezember 2005

66 wirklich überzeugende Gründe, warum Deutschland nicht verloren ist.

Schluss mit der Deutschland-Depression! Es regiert das Kabinett der nationalen Errettung. Und das Land erhebt sich. Es kann einfach nicht untergehen,

weil sich Deutschland zwar vor Heuschrecken fürchtet, die Heuschrecken aber nicht vor Deutschland;

weil Klinsmann garantiert kein Gammelfleisch im Angebot hat;

weil die »Sportschau« jede Börsenpremiere schlagen kann;

weil Schröder den Wahlabend putinierte, am Ende aber doch noch ein lupenreiner Demokrat war;

weil Deutschland nicht selbst foltert;

weil es Gewerkschafter gibt, die nicht in der Linkspartei sind;

weil VW auch ohne Viagra geile Autos bauen kann;

weil Professor Sauer vielleicht nur so heißt;

weil Hundt knurrt, aber nicht beißt;

weil Schily nicht geputscht hat;

weil 2 plus 0 nur bei den Steuern 3 ergibt;

weil sich noch Käufer für T-Aktien finden;

weil Koch für Kanzler trickreich kellnert;

weil die Klinikärzte streiken statt auszuwandern;

weil die Deutsche Bank noch so heißt;

weil eine Frau Kanzlerin werden konnte, obwohl niemand sie wollte;

weil Müntefering Nahles gestreichelt hat und nicht Nahles Müntefering;

weil kein Wiesel einen Schäferhund besteigen kann, Porsche aber Volkswagen;

weil hier schon Türkinnen leben, die nicht zwangsverheiratet sind;

weil die Bürgermeister immer schwuler werden, je größer ihre Städte sind;

weil der Papst nicht das Horst-Wessel-Lied pfeift, obgleich ganz England die Ohren spitzt;

weil kein Känguru Eier von Désirée Nick essen würde;

weil der Müll jede Woche ohne Antragsformular abgeholt wird;

weil es Sozialdemokraten gibt, die sich bei Paul Kirchhof entschuldigt haben;

weil nicht alle Kulturkongresse von Comedians moderiert werden;

weil Verona Pooth keinen einzigen Werbevertrag mehr hat;

weil Werner Schulz im Bundestag die Wahrheit sagen konnte und dennoch auf freiem Fuß ist;

weil nicht alle Strommasten bei Schnee einknicken;

weil die Post mehr Geld scheffelt als Briefe;

weil die CDU keine Leitkultur mehr hat;

weil Merkel sogar die Physik besiegt hat und ihr die Mundwinkel nach oben fallen;

weil es Thierse nicht mal mehr als Bartkämmpuppe im Spielzeughandel gibt;

weil Schäuble einfach keine WM-Karten für Soldaten kriegt;

weil Franz Josef Wagner nicht unser letzter Dichter ist und Peter Hahne nicht der letzte Denker;

weil die Bundeswehr nur Sozialhelfer ins Ausland schickt;

weil Horst Seehofer gesund ist, aber für Gesundheit nicht zuständig;

weil in Berlin niemand auf Touristenbus-Kolonnen schießt;

weil man in Bremen zur Bücherverbrennung aufrufen darf und in Berlin als Kulturstaatsminister resozialisiert wird;

weil im Bundestag Abstimmungen schiefgehen;

weil Mercedes nicht nur Autos zurückruft, sondern auch einzelne in den Verkehr bringt;

weil Friedman wieder frech fragt, aber nicht nach Koks;

weil die CIA über Deutschland fliegen darf, bei den Deutschen aber einfach nicht landen kann;

weil es Westerwelle vom Leichtmatrosen zum Leuchtturmwärter gebracht hat;

weil Greser und Lenz in der *FAZ* die besten Leitartikel zeichnen;

weil der Anden-Pakt noch nie einen Krieg geführt hat;

weil die Lufthansa bald für zerquetschte Kniescheiben haften muss;

weil bei den Grünen nur die Einfältigen Dreiteiler tragen;

weil Marmor, Stein und Eisen bricht, aber Schröders Liebe nicht;
weil das Fernsehen blonder werden kann, aber nicht mehr blöder;
weil Platzeck nicht nur Rotkäppchen trinkt, sondern auch eins ist;
weil sogar Christiansen das Positive sucht;
weil vier Kabinettsmitglieder keine Kinder haben, ein einziges
   dafür aber sieben;
weil die Rechtschreibreform nicht zum Bürgerkrieg geführt hat;
weil die linke Mehrheit keine linke Mehrheit bilden kann;
weil Engelen-Kefer alles beherrscht, nur nicht die Auferstehung;
weil Claudia Roth das Frauenbild nicht beschädigt hat;
weil nicht als Wundermann gilt, wer Gas zu Kohle macht;
weil Lafontaine ganz sicher nur noch Linie fliegt;
weil die Buchläden voller sind als die Lottostuben;
weil Stoiber eine Chance bekommt, aber keine hat;
weil Geiz nicht geil, sondern impotent macht;
weil die SPD noch lebt;
weil Wickert verduftet, aber niemals sein Käse;
weil Fischer nur noch rollt und nicht mehr rockt;
weil Professor ein ehrenwerter Beruf bleibt;
weil die Hartzens kommen und gehen, aber: Deutschland bleibt
   bestehen!

Trojanisches Gas
Januar 2006

Die zehnjährige Belagerung Trojas durch die Griechen wurde
durch ein mächtiges hölzernes Pferd entschieden. Die Trojaner
hielten es, der antiken Mythologie zufolge, für ein Weihgeschenk
an die Göttin Athene und zogen es vertrauensselig in ihre Stadt,
wo des Nachts die im Innern des Rosses verborgenen Griechen he-
rauskletterten, um ihren Waffenbrüdern das Tor zu öffnen. Troja
wurde zerstört, das Trojanische Pferd als Metapher für listige Un-
terwanderung erwies sich als unzerstörbar.

Im September 2005, anderthalb Wochen vor der Bundestagswahl, wurde ein russisches Pferd nach Berlin gezogen. Das Weih-

geschenk für den wahlkämpfenden Gerhard Schröder wurde von einem weitsichtigen russischen Diplomaten mit dem Satz kommentiert, man wolle »einer künftigen Bundesregierung etwas mit auf den Weg geben«. Die Gabe, der neuen Zeit gemäß nicht ein hölzernes Pferd, sondern eine stählerne Röhre aus der Ostsee, wurde allseits bestaunt, ganz wie ehedem in Troja. Bevor sie sich indes öffnen und ihr in vier Jahren Gas entströmen kann, hat Misstrauen von den Berlinern Besitz ergriffen. Das Pferd ist, um im Bilde zu bleiben, in Trojas Mauern, sprich: der Pipeline-Vertrag unterzeichnet, und die Furcht geht um, das russische Gas könnte am Ende trojanische Folgen haben.

Denn unsere Griechen, will heißen: die Russen, haben machttrunken einen Fehler begangen, der den Neu-Trojanern die Augen geöffnet hat. Und hier soll das Gleichnis ein Ende haben, denn es geht nicht um Krieg und Zerstörung. Gottlob. Wohl aber um Macht, die sich in harmlos-hölzerner Verkleidung einschleicht, um später womöglich ihren stählernen Kern zu enthüllen. Die Russen nämlich haben mit der Ukraine ein Exempel statuiert, das ihren Partnern zweierlei offenbart. Erstens: Die Versorgung mit Erdgas ist nicht nur eine Frage ökonomischer Rationalität – die unbotmäßige Ukraine muss viel mehr bezahlen als das treue Weißrussland. Zweitens: Will sich ein Kunde nicht fügen, wird ihm der Hahn zugedreht. Und sei es mitten im Winter.

Die Gas-Geschäfte Moskaus stehen seither unter dem Generalverdacht eines Troja-Projekts. Die gedemütigte Weltmacht, die das Sowjet-Imperium ebenso verloren hat wie ihren politischen und militärischen Glanz, entfaltet neues Selbstbewusstsein, neuen Wohlstand und neuen Herrschaftsanspruch nur durch ihre Rohstoffe. Russland ist der größte Gaslieferant der Welt – und der Kampf um Energie die strategische Frage unserer Zeit. Um Clausewitz abzuwandeln: Nicht der Krieg, sondern der Gaspreis ist die Fortsetzung der Politik mit anderen Mitteln.

Wladimir Putin arbeitet zielstrebig an der Vollendung seines Clausewitz-Projekts. Die wichtigsten privaten Konkurrenten sind ausgeschaltet – der Yukos-Konzern des inhaftierten Michail Chodorkowski zerschlagen, die Sibneft des gezähmten Roman Abramowitsch mehrheitlich in Staatsbesitz. 51 ist die Kennziffer der Machtentfaltung Putins. Mit 51 Prozent beherrscht der russische Staat den Giganten Gasprom, mit 51 Prozent auch die Deutschland-Pipeline durch die Ostsee. Mit 51 Prozent will Putin sich den Ex-Kanzler als Vorsitzenden des Pipeline-Aufsichtsrats halten, und mit 51 Prozent könnte er sich schließlich selbst, so wird in Moskau gemunkelt, zum Chef der Gasprom machen, wenn seine Präsidentschaft 2008 endet. Er könnte damit mächtiger werden als sein Nachfolger: Jedem Land ein eigener Gaspreis, für jedes eine eigene Pipeline, die in Moskau auf- oder zugedreht werden kann – das ist erkennbar Putins Modell.

Und Deutschland beginnt zu begreifen. Der strategische Partner kann zur strategischen Bedrohung werden. Mehr als 40 Prozent ihres Gasverbrauchs deckten die Deutschen 2005 schon aus russischen Quellen, und wenn die Ostsee-Pipeline fertig ist, könnten es noch weit mehr werden. Die Direktverbindung, an den wütenden Polen und den entsetzten Balten vorbeigeplant, entpuppt sich plötzlich als Instrument deutscher Erpressbarkeit statt nationaler Unabhängigkeit. Denn nur weil Westeuropa vom russischen Lieferstopp mit betroffen war und nervös wurde, sah sich Putin zur raschen Einigung mit der Ukraine genötigt. Das heißt: Ein europäisch verzweigtes Versorgungsnetz schützt vor Erpressung Einzelner, eine separate Pipeline hingegen macht verwundbar. Schröders Vertrag war mithin ein strategischer Fehler. Zumal die Gasprom nun auch mit der Übernahme kleinerer deutscher Gasversorger liebäugelt, direkt zu den Kunden kommen will.

Angela Merkel ist am Montag bei Putin in Moskau. Sie will die deutsch-russische Achse politisch auflösen, wirtschaftlich ist die in Stahl gegossen – in Form der Pipeline. Ein Entkommen gibt es nur, wenn Deutschland seine Energieversorgung planvoll diversifiziert, die russische Röhre nach Westeuropa verlängert und sie einbaut in ein breites Verbundnetz. Das Pferd ist in der Stadt. Die Europäer gemeinsam müssen es zunageln.

Krieg und Frieden
Januar 2006

Was, bitte, ist der Skandal? Es war eine Selbstverständlichkeit unter Verbündeten, den Amerikanern während des Irak-Krieges Überflugrechte zu gewähren und ihre Einrichtungen in Deutschland zu schützen. Es war eine kalkulierte Geste der Solidarität, deutsche Fuchs-Panzer zum Aufspüren atomarer, biologischer und chemischer Kampfstoffe, ein in der Welt einmaliges Militärfahrzeug, im benachbarten Kuwait zu stationieren. Es war vom Kanzler selbst entschieden, die Füchse in den Irak zu schicken und damit faktisch Kriegspartei zu werden, falls die US-Truppen oder ihre Alliierten dort mit ABC-Waffen angegriffen worden wären. Denn vergiftete Amerikaner und ungenutzte deutsche Spezialpanzer nebenan, das hätte Berlin nicht ausgehalten. All das war öffentlich bekannt oder ließ sich schlussfolgern.

Das Folgende war geheim, aber nicht minder stimmig. Es war klug und richtig, während des Krieges BND-Agenten nach Bagdad zu schicken, um eigene, ungefilterte Informationen zu beschaffen. Denn nur von anderen unterrichtet zu werden heißt, blind oder einäugig zu sein. Es war ein Gebot der eigenen Interessen, diese Informationen auch an die Amerikaner weiterzugeben beziehungsweise ihre Anfragen zu beantworten. Denn die rot-grüne Koalition hatte den Krieg zwar politisch mit Verve abgelehnt und die Entsendung eigener Soldaten in den Irak ausgeschlossen – aber Deutschland war nicht neutral, die USA waren kein Feindstaat, der Irak kein Verbündeter.

Als der Krieg nicht zu verhindern war, hatte Deutschland jedes Interesse daran, dass die USA ihn gewinnen, nicht aber Saddam Hussein. Übrigens: mit den Amerikanern auch ihre Waffenbrüder, die Briten, Italiener, Spanier, Polen und Tschechen – allesamt engste Partner Deutschlands. Es war also nur konsequent und richtig, dem amerikanischen Militärgeheimdienst zu helfen, ihm die verfügbaren Informationen und Einschätzungen der Bagdader Agenten zukommen zu lassen. Ob es nur um die Identifizierung ziviler Einrichtungen ging – Schulen, Krankenhäuser, Botschaften –, die nicht angegriffen werden sollten, oder ob auch Hinweise auf die militärische Infrastruktur der Iraker gegeben wurden, was die Lebenspraxis nun einmal nahelegt, ist in Wahrheit zweitrangig. Auch die Benennung von Non-Targets, zu schützender Ziele, dient der Effizienz der Kriegsführung, weil sie Menschen und Waffen schont, vor allem aber politische und propagandistische »Kollateralschäden« verhindert, wie bei der Bombardierung der chinesischen Botschaft in Belgrad während des Kosovo-Krieges. Es wäre sogar richtig gewesen, wenn die BND-Leute den Aufenthaltsort Saddams offenbart hätten, um ihn zu bombardieren, denn das hätte den Krieg verkürzen, Opfer vermeiden können. Man stelle sich vor, nun würde publik, dass der BND ihn gekannt, aber verschwiegen hätte – und später wäre Giftgas gegen Briten und Amerikaner eingesetzt worden.

Deutschland war am Irak-Krieg beteiligt, indirekt zwar, aber unvermeidlich. Es lässt sich sogar begründet sagen: Die Amerikaner haben von den Deutschen militärisch alles bekommen, was sie wollten, ihnen ist nur das verweigert worden, wonach sie gar nicht gefragt hatten, weil sie wussten, dass sie es nicht bekommen würden: deutsche Soldaten im Irak. Ist das ein Skandal? Man nennt das Realpolitik, man kann es auch verantwortliche Politik nennen.

Nur Traumtänzer konnten anderes, in Wahrheit den vollständigen Bruch Deutschlands mit seinen Verbündeten, erwarten. Die erste, die historisch und politisch entscheidende Ebene – politischer Widerstand gegen den als falsch und gefährlich eingeschätzten Krieg, Verweigerung deutscher Soldaten auf dem Schlachtfeld – wird durch die zweite Ebene – indirekte Hilfe nach Kriegsbeginn – keineswegs dementiert oder entwertet. Beide gehören zusammen, zu beiden muss man sich bekennen. Die Ablehnung des Irak-Feldzugs und die dadurch erreichte außenpolitische Emanzipation Deutschlands bleiben das Verdienst der rot-grünen Regierung.

Was also könnte der Skandal sein? Wenn die rot-grünen Protagonisten, die sich ehedem schon im Wahlkampf, gefährlich vergröbernd, zu heldenhaften Friedenskämpfern stilisiert und die zweite Ebene weggedrückt hatten, nun jene kleinteilige Kooperation, wiederum wegen herannahender Wahlkämpfe, verschleiern, verzerren oder gar leugnen würden. Und wenn sie entführte deutsche Staatsbürger, nur weil sie el-Masri und Zammar heißen statt Müller und Meier, schutzlos dem US-Geheimdienst überlassen hätten – das ist ein angrenzender Schauplatz. Politisch entschieden hat seinerzeit Gerhard Schröder, beteiligt war auch Joschka Fischer. An der Macht überlebt hat nur Frank-Walter Steinmeier. Er kann stürzen, aber nicht über eine kluge und mutige Politik, sondern nur über eine Lüge. Und die, nur die, könnte auch das rot-grüne Erbe zerstören.

Kopfnuss statt Kopfschuss
Mai 2006

»Der Mann ging zur Jagd, später zur Arbeit und sorgte für den Lebensunterhalt der Familie, die Frau kümmerte sich um das Heim, den Herd, die Kinder und stärkte ihrem Mann den Rücken durch weibliche Fähigkeiten wie Empathie, Verständnis, Vorsicht.« Geht schon gut los, nicht? Wird aber noch besser. »Seit einigen Jahrzehnten verstoßen wir Frauen (…) gegen jene Gesetze, die das Überleben unserer menschlichen Spezies einst gesichert haben. Wenn Frauen sich (…) zu maskulinen Wesen entwickeln, werden wir keine Nachkommen mehr haben. Denn mit diesem Handeln (…) lähmen wir jede starke Männlichkeit in unseren Partnern, die wir uns in der Tiefe unserer Seelen sehnlichst wieder herbeiwünschen. Sie zucken nur noch verständnislos mit ihren breiten Schultern, an die wir uns so gern lehnen möchten. Die Zahl der – natürlich meist kinderlosen – Führungsfrauen hat sich bei sechs bis sieben Prozent eingependelt. Mehr ist nicht drin. Der Kampf um die umfassende Gleichberechtigung im Beruf und im Privatleben kann als verloren eingeschätzt werden. Die Frauen (…) sind im beruflichen Kampf gegen die Männer am Ende ihrer Kräfte (…) angelangt. Sie sind ausgelaugt, müde und haben wegen ihrer permanenten Überforderung nicht selten suizidale Phantasien.« These eins. Raten Sie, von wem. Schwärzeste CDU?

226

»Der Text ist nicht mehr zeitgemäß, denn er favorisiert (…) die traditionelle Familie mit der vordergründigen Behauptung, dass Kinder in Familien, wo einer sich ganz der Kindererziehung widmet, sicherer und geborgener sind. Dieses Argument sollte von der CDU nicht mehr vorgebracht werden; erwerbstätige Mütter sind keine ›Rabenmütter‹, und das ›Heimchen am Herd‹ ist keine verlässliche Garantie für eine gelungene Kindererziehung. (…) Der Text muss vollständig neu formuliert werden: Es sollte deutlich werden, dass es verschiedene Lebensmodelle gibt und dass die Parallelität von Beruf und Familie das mehrheitlich gewünschte Modell ist.« These zwei. Raten Sie wieder. Irgendwie rot-grün?

So kann man sich irren. Was sich liest wie eine Kollision der Kulturen – Reaktion gegen Fortschritt –, entpuppt sich bei Auflösung des Autoren-Rätsels als Ferndialog zwischen einer vermeintlich modernen Karrierefrau und einer als konservativ verschrienen Partei. These eins hat Eva Herman, »Tagesschau«-Sprecherin und Talkshow-Moderatorin, den Frauen im Kulturmagazin *Cicero* zwischen die Augen geknallt. Kopfschuss. These zwei stammt aus der CDU-Zentrale und ist in einem »Revisionsbericht« niedergelegt, der das alte Grundsatzprogramm von 1994 unbarmherziger Selbstkritik unterzieht und Nachdenken über ein radikal erneuertes provozieren soll. Kopfnuss.

Die Denkschrift markiert den Kern dessen, worum es bei der Aufgeregtheit um die forsche Familienministerin Ursula von der Leyen, ihr angeblich väterverschlingendes Elterngeld und den einschläfernden Begriff Familienpolitik wirklich geht: eine konservative Frauenrevolution. Treffender: eine Revolution des schwarzen Frauenbildes, das konservativ nicht mehr genannt werden kann. Denn die Regelfamilie – Mann arbeitet, Frau erzieht zu Hause – wird historisch abgeheftet. Die alten Ziele – »Aufwertung« oder »Anerkennung der Familienarbeit« (der Frau, versteht sich) – sind »nicht mehr zeitgemäß«. Vorschlag: streichen. Stattdessen: »Schaffung einer eigenständigen Alterssicherung von Frauen«, »Förderung von Frauen in Führungspositionen«, frauenfreundliche Arbeitswelt, »gleiches Entgelt« für Frauen »nicht nur bei gleicher, sondern auch bei gleichwertiger Arbeit«,

»Wiedereinstiegsprogramme« für Mütter in den Beruf, »aktive Vaterschaft«.

»Das gesamte Kapitel zur Familienpolitik muss neu geschrieben werden.« Denn: »Familienleben gilt als spießig, Singledasein oder freies Paarleben gilt als schick.« Und: »Auch wenn der Schutz der Ehe nach wie vor gültig ist, darf nicht außer Acht gelassen werden, dass eine Vielfalt von Familienformen einschließlich der Alleinerziehenden nebeneinander stehen. Es fehlt auch die Toleranz gegenüber gleichgeschlechtlichen Lebensformen.« Der Austausch von Begriffen wird zur Umwertung: Erziehungsgeld und Erziehungsurlaub werden Elterngeld und Elternzeit, um die weibliche Prägung zu tilgen. Ausweitung des Elternurlaubs? Streichen – »weil eine dreijährige Berufsunterbrechung für viele (…) zu lang ist«.

Die CDU strebt mit Macht in die jungen, großstädtischen Milieus – und riskiert mächtigen Krach mit ihrer provinziell ergrauten Klientel. Es ist durchaus nicht belanglos, dass Angela Merkel Karrierefrau ist und Frauen um sich versammelt – allein drei an der Spitze des Kanzleramts. Das Kabinett ist kein Männerladen mehr – mit »Gedöns« im Schaufenster. Ihre emanzipatorischen Zeichen freilich dosiert die Kanzlerin fein – als sie sich am »Girls' Day« etwa mit weiblichen Lehrlingen zeigte. Doomsday für Eva (Herman) – Girls' Time in der CDU.

Deutschland, Sommertraum
Juni 2006

Jede Nation lebt in ihrem eigenen Wahn-System. Wer im Ausland Urlaub macht, das eigene Land von draußen betrachtet und das Gastland als Fremder von drinnen, der kann das beobachten, zumindest spüren. Das deutsche Wahn-System und das der anderen. Mir ging das häufig so, wenn ich im Sommer, morgens auf dem Weg zum Bäcker oder ins Café, die Titelseiten deutscher Zeitungen sah. Und mich abwandte, weil schwer erträglich war, was dort aufgeschäumt wurde – und wie. Bedeutungslos. Irrwitzig. Manchmal geradezu paranoid. Wieder daheim, erlebte man, wie das Deutschsein an einem hochkroch, als sei man von Mehltau befallen. Man versank wieder im vertrauten Wahn-System, jeder an seinem Platz und auf seine Weise – auch und gerade der Journalist. Dem Wahn-System entkommt keiner. Einige macht es buchstäblich verrückt, sie werden irre an der Realität und verabschieden sich von ihr. Das werden immer mehr. Die meisten überleben in den Verhältnissen, als Rädchen oder Räder, als Getriebene oder Antreiber. Eingespannt. Ausgeliefert. Unfrei.

Die Wahn-Systeme nähren sich von Aktuellem und Vergangenem. In unserem Fall – wegen des Vergangenen und nie Vergehenden ein besonders schwerer – sind das zwei Komplexe. Der erste, aktuelle: zwanghafte Fixierung auf den Rente-Gesundheit-Steuer-Taumel – dargeboten in der scharfen Kritik des Parlamentarischen Geschäftsführers Schnurz, der entschiedenen Replik des Generalsekretärs Piep und dem fordernden Positionspapier des Verbandspräsidenten Egal. Der zweite, historische: Tunnelblick auf das Unentrinnbare, für das Auschwitz als Chiffre steht. Fremde Wahn-Systeme kreisen um anderes, national kaum weniger Fesselndes: Die Franzosen um Korruption und Kollaboration, die Holländer um postulierte Liberalität und praktizierte Unduldsamkeit, die Italiener um Baci und Berlusconi, die Amerikaner um Geliebt-werden-Wollen und Verhasstsein.

In diesem Sommer aber machen wir Urlaub im eigenen Land. Sind daheim rausgesprungen aus unserem Wahn-System. Die Programmierung, die deutsche, gelöscht, die Festplatte, die überladene, geputzt. Tilt. Irgendwie unschuldig, irgendwie neu, irgendwie ganz anders. Klopfen uns den Mehltau aus den Kleidern – und sind, herrje, die Vokabeln sind zu mager, es gehörten fettere her, sind einfach nur fröhlich und liebenswert und gastfreundlich. Etwas fetter geschrieben: lebenssatt, gefühlsgetränkt, herzensoffen. All das, was nicht als deutsch gilt. Die Deutschen haben sich neu erfunden bei diesem Fußball-Fest. Vielleicht haben sie sich sogar gefunden, für einen Moment. Patriotismus, Nationalstolz? »If they can get you asking the wrong questions, they don't have to worry about answers«, hat der amerikanische Schriftsteller

229

Thomas Pynchon in seinem Regelwerk für Paranoiker notiert. Was, bezogen auf uns, so viel heißt wie: Wenn ihr euch auf diese Fragen einlasst, habt ihr schon verloren. Fähnchen und Hymne, damit soll nichts demonstriert werden, jedenfalls nicht für oder gegen jemanden, damit spielen und feiern die Deutschen. So wie andere mit ihren Farben und Gesängen spielen und feiern. Wann hatten wir das je? So unaufgeregt, so unorganisiert, so einladend. Das ganze Land eine einzige Go-Area.

Zweimal seit der deutschen Katastrophe vor sieben Jahrzehnten haben wir das versucht. 1972, bei der Olympiade in München, waren wir fast schon so weit, ganz undeutsch und ungemein sympathisch – bis der Schwarze September die israelische Olympiamannschaft vernichtete und uns zurückwarf in die eigene Vernichtungsgeschichte. 1989, als die Mauer zerbrach und die Deutschen ihr Glück nicht zu fassen vermochten – aber darüber erschraken und das Glück wegwarfen, damit es keine falschen Blüten treibe. Deutsche Blüten. Jedenfalls solche, die sie dafür hielten.

Fährt uns nicht die Gewalt von irgendwoher noch in dieses Fest und zerstört den Sommertraum, dann wird der etwas hinterlassen, das unauslöschlich ist. Das Erlebnis, dass die Deutschen normal geworden sind. Normal emotional, normal selbstbewusst, normal gelassen. So normal, dass sie das Wort normal auszusprechen wagen, das unlängst noch als unnormal galt, jedem gehörend, bloß nicht den Deutschen, weil damit Falsches gemeint sein könnte. Der Sprung der Generationen hat die deutsche Geschichte historisiert. Sie ist angenommen, sie ist verstanden, sie verpflichtet. Aber sie ist Geschichte. Sie lähmt die Gegenwart nicht mehr. Die nach 1960 Geborenen haben diesen Prozess begonnen, die nach 1970 Geborenen haben ihn vorangetrieben, die nach 1980 Geborenen haben ihn vollendet. Jetzt. Für sie ist selbstverständlich, was wir auf den Straßen erleben.

»Der kurze Sommer der Anarchie« heißt ein Buch von Hans Magnus Enzensberger. Es meint den spanischen Bürgerkrieg. Der Titel trifft, was wir in diesen Tagen fühlen. Wir erleben den ersten wunderbaren Sommer deutscher Anarchie.

230

Ins Grab gefallen
April 2007

Der Mann hat nicht aus Überzeugung gesprochen. Er ist kein Rechtskonservativer, kein nachgeborener Frontmann der Stahlhelm-Fraktion, keiner jener Unsäglichen, die das Blut der Verbrechen vom »Ehrenrock des deutschen Soldaten« zu wischen versuchen. Günther Oettinger hat gar keine Überzeugung. Er hat aus taktischem Kalkül geredet. Aber das macht die Sache nicht besser. Im Gegenteil: Das macht sie erst zum Skandal.

Und zum Lehrbeispiel für die tiefgründigen Verschiebungen der deutschen Politik. Denn mit seiner kühl, aber falsch kalkulierten Entschuldigungsrede auf den bis zum Grabe uneinsichtigen Funktions- und Gehorsams-Nazi Hans Filbinger ist er kein Einzel-, sondern ein Modellfall für einen Typus des »Nachgeborenen«. Der betreibt Politik nicht aus Überzeugung, sondern in der ständigen Suche nach Mehrheiten. Die Überzeugungsleere füllt er bei sich bietender Gelegenheit aus dem überreichen Reservoir des Opportunismus.

Es lohnt keine Minute, über Oettingers skandalöse Sätze zu richten. Filbinger sei »kein Nationalsozialist« gewesen, sondern im Gegenteil »ein Gegner des NS-Regimes«. Und: »Es gibt kein Urteil von Hans Filbinger, durch das ein Mensch sein Leben verloren hätte.« Schon die zutage liegenden historischen Fakten widerlegen diese mit Bedacht gewählten, vorher sorgfältig abgeschmeckten Provokationen. Der Matrose Walter Gröger, den Filbinger erschießen ließ, schreit das Urteil darüber aus dem Grab.

Von Interesse ist ausschließlich, warum Oettinger sich so einließ. Warum er so weit nach rechts ausholte – und auf welche machtpolitischen Silberlinge er spekulierte, als er die Wahrheit und Filbingers Opfer verriet. Das ist nur zu verstehen aus seiner persönlichen Lage in dem sehr speziellen CDU-Biotop Baden-Württemberg. Das blüht seit jeher rechtskonservativ, und der mächtige Fraktionschef Stefan Mappus, der diesem Milieu Kopf und Stimme gibt, setzt Oettinger beständig unter Druck. Also wollte der Ministerpräsident die Gelegenheit nutzen, seine Partei endlich ganz zu umarmen. Ein Coup gegen Mappus sollte es werden – ein politischer Enthauptungsschlag.

Oettinger ist Schaukelpolitiker. Er möchte wohl, aber er traut sich nicht, etwas ganz Neues zu beginnen, etwas Spektakuläres, ganz Modernes. 14 Jahre war er Fraktionschef, 14 Jahre lang schaukelte er zwischen rechts und links. Zweimal jonglierte er mit einem ersten schwarz-grünen Bündnis auf Landesebene, zweimal wagte er es dann doch nicht, sich mit den eigenen Konservativen anzulegen. Als er Regierungschef war, holte er Andreas Renner in sein Kabinett, einen Mann mit einem Brillanten am Ohrläppchen – Schaufenster-Exot fürs liberale städtische Milieu. Doch als Renner mit dem Bischof von Rottenburg aneinandergeriet, beugte sich Oettinger einer katholischen Intrige und ließ ihn fallen.

So viel zum provinziellen Schauplatz. Weitaus gewichtiger ist das Dilemma der CDU im Bund. Dass die Sozialdemokratie sinnentleert wurde durch Gerhard Schröders Reformagenda und die profilzehrende Große Koalition, ist inzwischen allgemeine Erkenntnis. Die Sozialdemokratie als Idee ist tot. Das aber ist nur die Hälfte der Wahrheit.

Denn auch das Konservative ist tot. Nicht nur, weil sich die Union an Sozialdemokratischem überfressen hat. Weil die Bilderbuch-Konservative Ursula von der Leyen die dritte Frauenrevolution nach Clara Zetkin und Alice Schwarzer inszeniert – und nicht Ute Vogt (Ute wer? Sehen Sie!). Weil Angela Merkel den Türken Murat Kurnaz aus dem Folterlager Guantánamo befreit hat – und nicht Frank-Walter Steinmeier. Weil Wolfgang Schäuble die Integration von Migranten und Muslimen besorgt – und Otto Schily das versäumt hat. Weil Michael Glos Steuerrabatt für Arbeitnehmer verlangt – Peer Steinbrück aber die Konzerne salbt. Die Union hat auch selbst keine klassisch konservativen Botschaften mehr. Der Modernisierungsdruck der Globalisierung hat alles Alte zermalmt – links wie rechts –, es bleibt nur »Vernunftiges«. Wir leben im Reich des Notwendigen.

Nicht aber die Wähler. Viele leben noch 20, 30 Jahre hinter der Zeit, ihr Bewusstsein ist »links« und »rechts« getränkt. Also für die wird »Linkes« und »Rechtes« inszeniert, damit sie noch wählen gehen. Für die Linken Friedens- und Gerechtigkeitskampagnen – gegen »Raketen« oder den »Professor aus Heidelberg« –, für die Konservativen …

Ja, den Konservativen wollte Günther Oettinger eine neue Heimat auf Filbingers Friedhof schaffen. Die waren ja auch begeistert, jubelten über sein »Meisterstück«. 39 Prozent der Unionsanhänger waren gegen einen Rückzieher. Die Kanzlerin hingegen musste darauf bestehen, sonst wäre sie außenpolitisch beschädigt gewesen. Hätte Oettinger vorsichtiger und historisch haltbar formuliert, hätten Merkel und er gemeinsam schaukeln können. Sie »links« auf der Wippe, er »rechts«. Nun musste er allein zurückschaukeln. Das werden ihm die Konservativen nicht verzeihen. Nun ist er hin.

Der rasende Staat
Mai 2007

Die Psyche zweier Minister hat ein Land verändert. Ihre Prägungen und Verbiegungen haben den Staat umgeprägt und die offene Gesellschaft verbogen. Jetzt, vor Heiligendamm, wird der einstmals liberale Rechtsstaat, nach bald einem Jahrzehnt kontinuierlicher Verbiegung, als das kenntlich, was sie aus ihm gemacht haben: als rasender Sicherheits- und Überwachungsstaat. Sein Charakter: skrupellos statt skrupulös. Der Zweck heiligt alles.

Otto Schily und Wolfgang Schäuble dürfen als Mustermänner dafür gelten, wie Persönliches politisch wird. Schily, der Großbürgersohn mit der aristokratischen Arroganz und den menschenverachtenden Manieren, hat die staatskritischen Umtriebe seiner frühen Jahre, die Nähe des Anwalts zu seinen terroristischen Mandanten, die jakobinische Schärfe seiner Attacken gegen die Korruption politischer Macht auf atemberaubende Weise kompensiert: durch Staatsvergötzung ohne Halt und Grenzen. Sieben Jahre lang.

Wer ihn besuchte, auf der Ministeretage aus dem Lift stieg, den sprang die Angst seiner Mitarbeiter geradezu an. Wer politisch zu tun hatte mit diesem Ministerium der Angst, wer dem Staatsvergötzer in der rot-grünen Koalition mäßigend in die Parade zu fahren versuchte, dessen Würde war bedroht durch schneidende Verachtung. Sanft, zugänglich, ja charmant war der rasende Renegat nur jenen gegenüber, die er auf Augenhöhe wähnte. Autorität über sich gönnte er nur einem einzigen: seinem Kanzler, Gerhard Schröder.

Als Wolfgang Schäuble an Schilys Stelle trat, atmete das Ministerium auf. Ganz anders war der Neue, ein Mann bürgerlicher Verkehrsformen, höflich, beherrscht, berechenbar. Psychologisch aber brachte der Konservative sein eigenes Päckchen mit, das des Attentatsopfers, die seelische Last eines Mannes, der mit eigenem Blut und Leben für Staat und Politik eingestanden war. Politisch hieß das, auf einen Schily noch einen Schäuble draufzusetzen.

War Schily schon an den Rand der Verfassung gegangen, mit den »Otto-Katalogen« seiner Sicherheitsgesetze – biometrische Daten in Pässen, erweiterte Überwachung durch die Geheimdienste, Kontrolle von Bankkonten und Geldbewegungen etwa –, trieb es Schäuble noch weiter, über die Grenzen des Grundgesetzes hinaus. Bundeswehreinsatz im Innern, Ermächtigung zum Abschuss entführter Flugzeuge und Online-Razzien durch elektronische Agenten in privaten Computern sind Marksteine auf diesem Weg zu einem anderen Staatsverständnis, einem obrigkeitsstaatlichen, das keine Unschuldsvermutung mehr kennt und das durch Massenspeicherung von Fingerabdrücken ein ganzes Volk erkennungsdienstlicher Behandlung überantworten will. Es ist der Marsch in eine andere Republik, der nach einem Aufstand der Opposition schreit. Doch deren Widerstand ist erlahmt, auch die Liberalen säuseln nur noch.

Politische, auch parteitaktische Erklärungen reichen dafür nicht mehr aus. Gewiss: Die Welt ist anders geworden seit den Anschlägen des 11. September, und Kampagnen gegen die Videoüberwachung öffentlicher Räume oder gar eine harmlose Volkszählung erscheinen heute wie hysterische Auswüchse fehlgeleiteter Liberalität. Gewiss auch: Schily hatte für Rot-Grün die rechte Flanke zu sichern, Schäuble soll in der umgemerkelten CDU Rest-Konservatives markieren.

Doch es bleibt ein Überschuss an persönlich Getriebenem, es bleiben die Symptome eines psychopathisch deformierten Staates. Wäre der Richter Dieter Wiefelspütz, als innenpolitischer Sprecher der SPD Gegenspieler Schilys, unter Gerhard Schröder Innenminister geworden und der Anwalt Wolfgang Bosbach dessen Nachfolger unter Angela Merkel – die Dinge stünden anders. Der Rechtsstaat wäre kenntlicher, freiheitlicher.

Und das Klima wäre anders. Die Eskalation des Sicherheitswahns um Heiligendamm, die Verwischung der Grenzen zwischen Protest und Terrorismus, die kulturell monströsen Geruchsproben von Verdächtigen à la Stasi wären uns wohl erspart geblieben. Jedenfalls fände sich so leicht kein anderer Innenminister als Schäuble, der die Symbolik dieses Grenzübertritts in den Schnüffelstaat derart verblendet leugnen würde. Selbst die Kanzlerin mit der DDR-Vita darf sich düpiert fühlen, die mit Bedacht den oscargekrönten Stasi-Film »Das Leben der Anderen« gesehen hat, in dem Geruchsproben in Gläsern eine schaurige Rolle spielen.

Das schrillste Alarmsignal aber verklang hierzulande nahezu ungehört: dass sich nämlich der russische Präsident auf deutsches Vorbild berief, als er im Streit mit Merkel die Drangsalierung von Oppositionellen verteidigte. Hat Putin wirklich so unrecht? Vielleicht ist ja auch Deutschland keine lupenreine Demokratie mehr.

Raucher, aufstehen!
Dezember 2007

Ich rauche. Und ich lasse mir das nicht verbieten. Ich rauche nur in meinem Büro – Pfeife. Gelegentlich in einem Restaurant eine Zigarre, wenn ich niemanden störe. Früher habe ich alles geraucht: Zigaretten mit und ohne Filter, Zigarren, Zigarillos, Pfeife. Zweimal habe ich auch schon über Jahre gar nicht mehr geraucht. Ich habe wieder angefangen, weil ich das Rauchen genieße. Ich bin so frei.

So weit mein Eingangsgeständnis, das Kreuzzügler wider den Tabak in schiere Raserei versetzen wird. Ich habe das immer wieder erlebt. Der Furor ideologisch verbissener Nichtraucher rückt Menschen wie mich gelegentlich in die Nähe von Triebtätern. Diesen Satz schreibe ich nicht leichtfertig. Bekennende Raucher werden mitunter behandelt wie Dreck, Abschaum, Auswurf der Gesellschaft, der mit Flammenschwert vom Antlitz der Erde getilgt gehört.

Dennoch habe ich jedes Verständnis für den Schutz von Nichtrauchern. Ich finde es richtig, dass Rauchen in Ämtern, in Bahnhöfen, in Schulen und an anderen Orten verboten wird, die Nichtraucher nicht meiden können und wo sie sich belästigt fühlen. Verquarzte Raucherabteile in Zügen habe ich immer als grauenerregende Krebsstationen empfunden. Daher befürworte ich auch als Raucher stringente Nichtraucher-Schutzgesetze. Denn die Freiheit der Nichtraucher gilt es zu verteidigen. Sie war verletzt.

Was schon seit dem Sommer in einigen Bundesländern praktiziert wird und vom 1. Januar an in den meisten anderen folgen wird, ist aber kein Nichtraucher-Schutz mehr, sondern mit Akribie und Perfidie in Szene gesetzte Raucher-Unterdrückung. Das ist keine Kleinigkeit, keine Übergangserscheinung einer zunehmend dem Gesundheitsschutz verpflichteten Gesellschaft. Das greift in die Grundrechte der Verfassung ein – und es verletzt massiv die Würde des (rauchenden) Menschen. Das berührt nicht mehr nur Raucher, es muss auch politisch wache Nichtraucher empören.

Denn es geht um Freiheit. Schon das von der EU oktroyierte Werbeverbot für Tabak ist ein flagranter Eingriff in Freiheitsrechte. Jedes legale Produkt muss auch beworben werden dürfen. Wird diese Regel einmal durchbrochen, steht mehr zu befürchten. Und in Brüssel wird ja auch schon über mehr diskutiert.

Dass aber Raucher keine Orte mehr haben, kein Restaurant, keine Kneipe, keine Bar, wo sie leben dürfen, wie sie wollen, überschreitet das Erträgliche. Die Gesetze sind absichtsvoll so schikanös konstruiert – Raucherkneipen sind ganz verboten, eventuelle Raucherstuben müssen kleiner sein als die Nichtraucherräume, sie dürfen keine Durchgangszimmer sein zu Toiletten oder Küchen, sie müssen abgeschlossen und speziell entlüftet sein –, dass sie auf ein effektives Rauchverbot in Gaststätten hinauslaufen. Das Verbot, Restaurants und Kneipen durch ein Schild am Eingang als Rauchergaststätten zu kennzeichnen und jedem Nichtraucher offen zu lassen, ob er sie dennoch betreten möchte, halte ich für unerträglich. Und für verfassungswidrig.

Raucher sind eine Minderheit, zugegeben. Nicht mehr als ein Drittel der Deutschen raucht. Das erklärt den Opportunismus und die Prinzipienlosigkeit der Politik, keine Hand zu rühren für den Schutz ihrer Rechte. Aber es entschuldigt nicht die Feigheit gegenüber dem bedingungslosen Herrschaftsanspruch notorischer Volkserzieher und Denunzianten. Freiheit steht nicht ganz oben auf der Werteskala der Deutschen. Die lieben eher Sicherheit. Jedenfalls in ihrer großen Mehrheit. Deshalb muss Freiheit erkämpft werden, gerade wenn es die Freiheit der anderen, einer Minderheit, ist.

Bei der Buchmesse in Frankfurt habe ich erlebt, an welche Abgründe die Diktatur der Nichtraucher führt. Einen Freund, der spätabends nach dem Essen eine Zigarre rauchen wollte, begleitete ich in einen dafür empfohlenen Club, neben dessen Raucherzimmer ein gebrochen Deutsch sprechender Mann vor einer Wand von Monitoren saß – was er da überwachte, blieb unklar – und drohte, man möge schleunigst verschwinden, sonst werde er einem die Knochen brechen.

Ich fühlte mich an die Prohibition erinnert, das Alkoholverbot der zwanziger Jahre in den USA: Rauchen nur noch in kriminellem oder halbkriminellem Milieu. Oder unter menschenverachtend demütigenden Bedingungen: in der Kälte unter Heizpilzen, in Zelten und Hütten vor Kneipentüren oder in verseuchten Kabinen in Büros und Flughäfen, die den Anschein erwecken, sie sollten den ersticken, der sie betritt. Verfassungsbeschwerden und Volksbegehren werden nun vorbereitet gegen die neuen Gesetze. Vordergründig geht es um gekennzeichnete Raucherlokale und die Existenz von Wirten, in Wahrheit aber um die Verteidigung der Freiheit – von allen. Raucher, aufstehen!

Terror der Tugend
Januar 2008

Das Gute ist wach, es ist unerbittlich, und es lauert überall. Anfang des Monats marschierte ein kleines Freiwilligenheer über die Straßen von Berlin, Köln und Hannover, um der Polizei in den neuen Umweltzonen zur Hand zu gehen. Die »Feinstaub-Kontroll-Teams« der Deutschen Umwelthilfe, Idealisten reinsten Wassers, klemmten selbstentworfene »Knöllchen« unter die Scheibenwischer von »Dieselstinkern« und plakettenlosen Ökoschädlingen. Zugleich wurde im Internet ein Rekrutierungsaufruf für weitere Freiwillige geschaltet, denn es gibt viel zu tun, demnächst auch in Städten wie München, Stuttgart und Tübingen. »Auf ihrem Weg morgens zum Bäcker« oder wann immer sie auf den Straßen unterwegs seien, sollten die Volksmilizionäre Handzettel an Autos klemmen oder sich sogar deren Fahrer vorknöpfen. Anzeige erstatte man »nur in Fällen besonderer Ignoranz«, bei schweren Geländewagen etwa.

Da sind die Vorkämpfer des Heils in der Initiative »Pro Rauchfrei« weniger zimperlich. Sie bieten Kundschaftern ein Formular an – »Gaststätte, Firma, Verein, Behörde oder Organisation« mit Adresse und »Tatzeitpunkt« –, um bei verbotswidrigem Rauchen »den Dialog mit den zuständigen Behörden« zu suchen. Denn: »Gesetze sind kein Wunschkonzert.« Also kann das Volksorchester zu ihrer werkgetreuen Aufführung gar nicht groß genug sein.

Und nicht laut genug. Wer menschenwürdige Rückzugsräume für Raucher verlangt, der bekommt auf sein »jämmerliches Gesabber« Sätze wie diese zu hören: »Sie sind wohl auch einer dieser Täter, die man getrost auch als Volksverhetzer bezeichnen kann?« Oder: »Gerne komme ich, sollten Sie Raucher sein, zu Ihrer frühzeitigen Beerdigung.« Oder: »Das Recht auf die Inhalation von Brandgasen mit dem Anspruch auf Menschenwürde zu verfechten zeigt einmal mehr, wie toxisch der Rauch auf den Denkapparat wirkt.« Oder: »Raucher dürfen sich nicht auf Freiheit und Rechte oder gar Würde berufen. Diese stehen nur den Nichtrauchern zu.«

Wer solche Töne anschlägt, im stolzen Bewusstsein, die Welt zu retten, der ist mitunter auch bereit, Hand anzulegen ans Böse. In Berlin sind das etwa Schwärme von aberwitzig die Verkehrsregeln missachtenden Radfahrern, die mit heiligem Hass Autos schneiden, auf deren Dächer schlagen und Insassen anbrüllen, das Rad also nicht nur als Mittel zur Fortbewegung begreifen, sondern auch als Waffe im Guerillakampf gegen Autofahrer. Nachts geht es erst richtig zur Sache: Im vergangenen Jahr ließ die Berliner »Ökoguerilla« an mehr als 200 Geländewagen die Luft aus den Reifen – über hundert weitere Autos wurden von anderen in Brand gesetzt.

Seit den Tagen der französischen Revolution hat inhumane Verirrung im Namen höchster Ideale einen Namen: Tugendterror. Damals schickten die Jakobiner für das »allgemeine Glück«, für Freiheit, Gleichheit und Brüderlichkeit, massenweise Gegner aufs Schafott. Im blutigen 20. Jahrhundert löschten Stalin und Pol Pot Teile ihrer Völker aus, um den »neuen Menschen« zu schaffen.

Die Linie vom »Großen und Grausamen« zum »vermeintlich Kleinen«, von den Jakobinern über Stalin und Pol Pot bis zu Puritanismus und Protestantismus zog 2004 Bischof Wolfgang Huber, Ratsvorsitzender der Evangelischen Kirche: »Aber auch heute, in einer Zeit, in der die Tugenden angeblich außer Kurs gekommen sind, kann man doch sehr leicht jenen tugendhaften Menschen begegnen, die schon ein zweites Glas Wein für einen Exzess halten, die keinen halb aufgegessenen Apfel ohne Erwähnung der hungernden Kinder in Afrika sehen können und die eine Art ›unkrümmbaren Zeigefinger‹ besitzen, der ständig den kalten Wind des Rechthabens ausströmt. ›Tugendhafte Menschen‹ können durchaus den Charakter einer Drohung annehmen, bis hin zu jenem furchtbaren ›Tugendterror‹, den nicht erst die Jakobiner (…) erfanden (…) Wir kennen Tugendterror und den unkrümmbaren Zeigefinger auch.«

Heute ist der Umweltschutz das Schlachtfeld der Tugend, folgt die health correctness der political correctness: Dort erblüht das wohlmeinende Denunziantentum, dort knirschen die geistigen Schaftstiefel der Volkskontrolleure. Feind ist stets der Einzelne, der

Raucher, der Autofahrer, der Dicke – nicht Industrie oder Kraftwerke. Die Tugend jagt nicht den Teufel, sondern den Sündhaften. Damit wird sie zum Terror. Und erblindet sozial. Die Feinstaub-Verbotszonen enteignen Arme, die sich nicht alle paar Jahre ein neues Auto kaufen können und deren »Stinker« nun unbrauchbar werden. Das Rauchverbot fördert den Zigarrenclub der feinen Leute und vernichtet die Eckkneipe des kleinen Mannes. So gesehen ist Tugendterror auch noch Klassenkampf von oben.

Von Anstand und Ekel
Januar 2008

Gibt es Selbstekel in der Politik? Den stillen Moment, in dem ein Politiker, ganz mit sich allein, den Schatten seines Gewissens erblickt und angewidert ist vom eigenen Tun, der scheinbaren Unabwendbarkeit des Unanständigen im Kampf um Macht? Den Moment, in dem er sich fragt: Warum tue ich mir das selbst an? Was ist aus mir geworden? Den Moment, in dem ihn ein Grausen packt und er seine Hände waschen möchte. Heiß und sofort.

Es gibt solche Politiker, und es gibt solche Momente. Heinrich Albertz zum Beispiel, einst Regierender Bürgermeister von Berlin, muss einen solchen Augenblick erlebt haben, nachdem er, 1967, den Schah des Iran von prügelnden Polizisten und Jubel-Persern gegen friedliche Demonstranten »schützen« ließ und der Student Benno Ohnesorg dabei erschossen wurde. Albertz schied aus dem Amt.

Ist Roland Koch zu Selbstekel fähig? Er ist klug, empfindsam und analytisch brillant. Er zählt zu den Klügsten und Empfindsamsten in der Politik. Er ist das in solchem Maße, dass er immer wieder Gegner, die ihn grobschlächtig beurteilt hatten und dann kennenlernten, mit der Vielschichtigkeit seines Denkens und Charakters verblüffte.

Doch der äußere Anschein widerspricht dem, deshalb wird er wohl nie durch Wahlen zum Kanzler werden. Zumal es da eine gibt, Angela Merkel, die ihm überlegen ist – und bleibt. Klug, empfindsam und analytisch, wie er ist, hat er das selbst erkannt. Deshalb fügt er sich nun erneut und wohl endgültig in die Rolle, die er sich einst leichtfertig übergestülpt und dann jahrelang abzustreifen versucht hatte: in die Rolle des Skrupellosen, ganz und gar überwältigt von Machtinstinkt.

Der neue Roland Koch ist ganz der alte. Insofern ist seine Kampagne gegen gewalttätige jugendliche Migranten – der eigenen, durchaus vorbildlichen Praxis des Jugendstrafvollzugs in Hessen zum Trotz – eine charakterliche Kapitulation.

Die Furcht vor Machtverlust wiegt schwerer als intellektuelle Redlichkeit. Wer diese Wahl getroffen hat, entwickelt keinen Widerwillen mehr gegen das eigene Tun. Er ist skrupellos.

Koch hatte die Wahl. Denn all das, was er nun in Gang setzt, hat er ja schon einmal durchlebt, als er 1999, im Kampf um Hessen, eine Unterschriftenkampagne gegen die doppelte Staatsbürgerschaft für Ausländer gestartet hatte, deren kalkulierte Missverständlichkeit daran zu messen war, dass Menschen auf den Marktplätzen fragten: »Wo kann man hier unterschreiben gegen Ausländer?« Danach muss der kluge, empfindsame Koch einen Moment des Selbstzweifels, wenn nicht gar des Selbstekels erlebt haben, denn fortan folgte er nur einem Motiv: loszukommen vom Image des Rücksichtslosen, des Rechtsauslegers. Er wollte beweisen: Ich bin nicht, wie ich scheine. Er wollte auch kanzlerfähig werden. Aber er wurde langweilig. Und in seiner Macht gefährdet.

Also dreht er das gleiche Ding noch einmal. Im dreifachen Wortsinn: Er dreht den Wahlkampf gegen die Mindestlohn-Kampagne der SPD. Er dreht sein Image zurück auf Start. Und er dreht das alte politische Ding noch einmal: ein unbestreitbares Problem – den weit überproportionalen Ausländeranteil an jugendlicher Gewalt – kalkuliert mit den dumpfesten Ressentiments gegen Fremde zu verknüpfen. Hätte er nur über ein schärferes Strafrecht, über »Warnschussarrest« und »Erziehungscamps« gesprochen, wäre es erträglich gewesen, vielleicht sogar nützlich.

Kochs Thesen über »Schlachten in der Wohnküche« – blutiges Schächten nach muslimischer Sitte – und »ungewohnte Vorstellungen zur Müllentsorgung« aber haben damit nichts zu tun. Sie verraten die Absicht: Affekte zu mobilisieren für einen Kulturkampf an der Wahlurne. Sein Appell zu Höflichkeit beim Tragen der Einkaufstasche, zum Räumen von Sitzplätzen im Bus macht auch klar, wer mobilisiert werden soll: die Alten und die Schlichten. Sie konservative Stammwähler zu nennen ist eine Beleidigung für konservative Stammwähler.

Es ist die Mutter aller durchsichtigen Kampagnen. Gerade sie blockiert womöglich sinnvolle Änderungen des Strafrechts. Dennoch hat ihr niemand in der CDU-Führung widerstanden, wenn auch die Kanzlerin wie die Wahlkämpfer Christian Wulff und Ole von Beust einen anderen Ton anschlagen – für Aufmerksame noch unüberhörbar. Der Verlust von Hessen wäre eine Katastrophe – also sanken die Unionsgranden hin, etliche indes in stummer Opposition. Angela Merkel, deren Integrationspolitik schroff konterkariert wird, mag glauben, dass sie mitgewinnt, wenn Koch siegt, er aber allein ist, wenn er verliert. Verlöre er ohne ihren Beistand, könnte er sie verantwortlich machen.

Bleibt am Ende nur die bange Hoffnung auf den Wähler – und auf seinen Ekel vor dem Unanständigen.

Die Irrtümer der Grünen
April 2008

Sie sind die Kinder des Überflusses. Sie hatten immer die Wahl, zwischen vielen Optionen. Und sie wählten stets die sanfteste, die schonendste, die friedlichste, die ethischste. Vor drei Jahrzehnten begann der Aufstieg der Grünen, der Triumph ihrer Idee. Sie veränderte die Gesellschaft, die Wirtschaft, die Politik – und das Denken. Weltweit. »Nein, danke« war die Formel, mit der die Kinder des Überflusses ihre Wahl trafen. Es begann mit: »Atomkraft – nein, danke«. Inzwischen tränkt das »Nein, danke« jede Debatte. Gentechnik, Stammzellforschung, Kohle – nein, danke. Um die großen Neins schwirren viele kleine, immer mehr. Neins zu Autobahnen, zu Flughäfen, zu Agrarfabriken, zu Konservierungsstoffen, zur Sterbehilfe, zu McDonald's, zu Coca-Cola, zu Tabak, zu Alkohol, zu Zucker … Nein, danke!

Das Nein hat vieles, das groß schien, klein gemacht. Raubte Legitimation, stellte in Frage. Und machte Kleines groß. Das, was die Grünen gewählt hatten. Jeden Begriff, der sich mit Öko- oder Bio- koppeln ließ. Ökostrom, Ökoautos, Biofleisch, Biomärkte, Bionade. Bio adelt jedes Geschäft.

Fast unbemerkt wuchs die kleine, sanfte, sympathische Ökonomie zu einer gewaltigen Macht heran, zu einem öko-industriellen Komplex. Windmühlen zu Windparks, Sonnenkollektoren zu Solarkraftwerken. Es mangelte nicht an Geld für die gute Sache. Der Staat gab mit offenen Händen, es ging ja um nicht weniger als die Zukunft. 153 000 Euro Subventionen pro Jahr kostet heute jeder Job in der Solarindustrie – 78 000 ein Arbeitsplatz im Steinkohlebergbau. Aus den Grünen, die jeden Propagandisten des alten Wirtschaftens mit einem einzigen verbalen Handkantenschlag matt setzten, mit dem hässlichen, klebrigen Wort »Lobbyist«, wurden selbst Lobbyisten dieses öko-industriellen Komplexes. Die Zeiten des Überflusses aber sind nun vorüber. Die Erde ist ein Ort immer drückenderen Mangels. Weil die Bevölkerung auf dem Globus jedes Jahr um 75 Millionen wächst – und mit ihr der Ernährungsbedarf bis zum Jahr 2030 um 50 Prozent. Weil die Schwellenländer – China, Indien, Brasilien – gewaltigen Hunger haben, nach Essbarem und Energie. Weil sich die Inder nun eine zweite Mahlzeit am Tag leisten können und die Chinesen nicht mehr nur Reis verzehren wollen, sondern auch Fleisch. Also steigen die Preise für Nahrung und Energie, rasant. Also ist die Inflation zurückgekehrt nach Europa. Also gibt es Revolten dort, wo die Armen nicht mehr mitbieten können. 850 Millionen sind unterernährt.

Und die Grünen gerieten in Widersprüche. Die platzen auf in dieser Zeitenwende, dramatisch. Das vertraute »Weniger ist mehr« klingt zynisch in den Ohren Darbender. Was gestern noch sanft und ethisch erschien, ist heute brutal und sündig: Biosprit aus Essbarem. »Während sich manche Sorgen machen, wie sie ihren Benzintank füllen, kämpfen viele andere darum, wie sie ihren Magen füllen können«, sagt Weltbank- Präsident Robert Zoellick.

Der öko-industrielle Komplex rodet Regenwälder in Brasilien, um Zuckerrohr für Treibstoff anzubauen, kauft Mais in Amerika, damit Europäer ökologisch korrekter Auto fahren können. Perversion einer Idee.

In Deutschland haben die Grünen der SPD den Ausstieg aus der Atomkraft abgetrotzt. Nun trotzen sie der CDU den Verzicht auf Kohlekraftwerke ab. Hamburg ist das Fanal dafür, dort opfert die CDU erstmals ein Kraftwerk. »Das Aus von Moorburg erfolgt strikt nach Recht und Gesetz«, sagt Jürgen Trittin – es soll trickreich zu Tode »genehmigt« werden. Die Deutsche Energie-Agentur indes fürchtet, dass 12 000 Megawatt fehlen, wenn bis 2020 nicht 15 Kohle- oder Gaskraftwerke neu gebaut werden. Gas aber wird immer teurer, und niemand möchte von Russland abhängig sein, 40 Prozent kommen schon von dort.

Energiemangel, Hunger und Klimakatastrophe rufen nach anderen Antworten. Ja zu längeren Laufzeiten von Kernkraftwerken – Abschaltung alter Meiler und Übertragung ihrer Restlaufzeiten auf neuere, Öffnung der Option auf den Bau von Reaktoren sichereren Typs, um Zeit zu gewinnen für alternative Energien. Ja zu Windparks auch auf See. Ja zu modernen, umweltschonenden Kohlekraftwerken, kombiniert mit Fernwärme – à la Moorburg. Ja also zu einem Energiemix mit allen Optionen, sonst werden alte Klimakiller unverzichtbar. Ja auch zur Gentechnik, für ertragreichere Ernten und eine wirksamere Medizin.

Die Propheten des neuen Denkens brauchen selbst neues Denken. Den Ausstieg aus der Philosophie des Ausstiegs. Denn Fortschritt ist keine Verheißung von vorgestern, Technik kein Teufelswerk. Die Welt tritt ein in eine neue Ära der Wissenschaft – ihr Raum, Richtung und Ziel zu geben, statt sie zu blockieren, ist Aufgabe von Politik. Die grüne Idee muss anders konkret werden – oder sie wird reaktionär.

Wenn Pferde weinen
November 2008

Die Frau ist eine Krisengewinnlerin. Zwei Krisen haben gnädig
den Mantel über sie gebreitet – und die Selbstentblößung der Kandidatin verdeckt. An jenem Sonntag Anfang September, an dem
ihr genötigter Mentor Kurt Beck am brandenburgischen Schwielowsee ins Aus stürzte, stürzte Gesine Schwan am Berliner Schlach-
tensee in Peinlichkeit und Kitsch. Aus einem Ruderboot grienend
hatte sie sich dort für eine Zeitung ablichten lassen, mit an Bord
ein ausgestopfter Schwan mit ausgebreiteten Schwingen, neben
der Barke kultureller Bodenlosigkeit, im seichten Uferwasser,
stand ihr Mann Peter Eigen mit hochgekrempelten Hosenbeinen.
Erotisches gab der preis vom First Couple der Sozialdemokratie:
»Schmetterlinge fliegen bei uns immer noch«, zudem das Anma-
ßende seiner Selbstüberhöhung: »Ich sehe mich bei Prinz Philip –
schon allein, weil er wie ich reitet.« Nicht »ich wie er«, sondern
»er wie ich«! Welch Glück für die beiden, dass die Nation zum
Schwielowsee blickte.

Beim zweiten Coming-out der Kandidatin trübte die Finanzkrise die Wahrnehmung der Deutschen. Aufrecht stehend in einer
Kutsche, mit feucht schimmernden Lippen und wolkenwärts ge-
sprayten Locken, stellte sie sich Anfang Oktober aus, von einem
People-Magazin vor dem Berliner Dom fotografiert. Die Zügel
hielt die Lächelnde lässig in der Linken. Rechts blickte traurig ein
Pferdeauge aus der Inszenierung der Geschmacklosigkeit. Welch
Glück für die Peinliche, dass der Nation an jenem Donnerstag
nicht nach den Schwänen und Rössern der Politik war, sondern
nach den Bullen und Bären der Börse!

Nun, da der Blick wieder frei ist, fällt er auf eine Frau, deren
Profil in den Krisenmonaten nicht weniger aus dem Leim gegangen ist als ihre Partei, die SPD, und die Finanzmärkte der Welt. Gesine Schwan ist zur Trümmerfrau geworden, zur Frau in den
Trümmern ihrer Kandidatur, der zweiten nach 2004.

Alles ist zerfallen, mit dem hessischen Desaster auch die Aussicht auf eine Mehrheit in der Bundesversammlung. Intakt ge-

blieben ist nur noch der Kern: Eitelkeit. Eine stillos spätpubertierende 65-Jährige, der jedes Mittel recht ist, um der Vergessenheit des Rentnerdaseins zu entfliehen und sich den größten Traum ihres Lebens zu erfüllen, den Einzug ins Schloss Bellevue. Und sei es mit ausgestellten Albernheiten in Booten und Kutschen, mit Schwänen und Gäulen.

Die Frau hat's fast schicksalhaft mit dem See und dem Tier. Als sie zur Kandidatur griff, im Mai auf einer Klausur der Parteiführung, da geschah das am Ufer des Jungfernsees. Beteiligte erinnern sich, dass sie sich selbst nominierte, so schamlos aufdrängte, dass es den starken Männern die Sprache verschlug. Obgleich sie keiner von denen wollte, denn sie zu benennen hieß nicht nur, im Wahljahr 2009 eine symbolhafte Niederlage einzukalkulieren, sondern auch auf die Stimmen der Linken zu setzen – auf Oskar Lafontaine.

Als es geschehen war, kämpfte die Beglückte in ihrem ersten großen Interview mit dem größten aller Tiere: einem Monster. So hatte der Amtsinhaber Horst Köhler die Finanzmärkte genannt, kurz zuvor, als alles noch ruhig schien – später verschlang dann das Monster die ganze Welt. Gesine Schwan aber wollte Köhler als Panik-Propheten ins Unrecht setzen: »Das Wort Monster gehört nicht zu meinem Vokabular und passt auch nicht zu meiner Vorstellung von Aufklärung.« Heute hat Köhler nicht nur recht behalten, der Ökonom ist auch gerade der rechte Mann in der Krise, der Präsident zur Zeit. Sie indes beharrt, trotzig und verloren: »Die Finanzmärkte sind kein Tier, sondern ein Regelungssystem.« Ach ja, aber ungeheuer wild und gefräßig. Oder?

Das allerdings ist auch schon so ziemlich das Einzige, was an Gesine Schwan unverrückt geblieben ist. Begonnen hatte sie mit der Beteuerung, es sei nicht Aufgabe des Staatsoberhaupts, die Politik zu kritisieren und konkrete Vorschläge zu unterbreiten, sondern dem Volk die »Handlungszwänge der Politik« zu erklären. Da setzte sie noch auf Belohnung durch Wahlmänner und -frauen, die Köhler als zu drängend und konkret empfinden. Als sie selbst immer drängender nach Konkretem gefragt wurde, kippte sie: »Spürbare Gehaltseinbußen« und Haftung für Manager will sie nun, und ein »VW-Gesetz für alle«, wie der IG-Metall-Chef.

Indes: Die Verwirrung der Kandidatin S. hat damit noch kein Ende. »Die Kunst des Vermittelns, Moderierens und Zusammenführens« bescheinigt sie ausgerechnet Andrea Ypsilanti – bei deren zweitem (!) Anlauf zur Macht, der an nichts anderem gescheitert ist als an Unfähigkeit zum Zusammenführen. Vielleicht empfindet sie ja eine Art Schicksalsgemeinschaft mit der Hessin: Auch Gesine Schwan will zum zweiten Mal mit demselben Kopf durch die gleiche Wand.

7

Kanzler von Neverland

Gerhard Schröder und Rot-Grün

Wofür stehst du, Kanzler?
Mai 2002

Die Verhältnisse stehen Kopf. War Gerhard Schröder nicht als
Kanzler der Reformen angetreten – entschlossen, nach 16 Jahren
Helmut'scher Murkserei und Kohl'schen Stillstands eine Ära der
Modernisierung zu begründen? Berstend vor Adrenalin, durch-
drungen vom heiligen Ernst seiner Mission? Eine Legislaturperiode? Ach woher: Zwei, drei müssten es schon sein, um das gewaltige Erneuerungswerk in Szene zu setzen. Bloß 16, Kohls
verfluchte, erstarrte 16 Jahre – das wäre zu viel des Guten. Da
würde er denn doch lieber zeitig an einen anderen Reformator
übergeben – einen selbsterwählten, einen der eigenen Couleur.
Und die Union: niedergeschmettert von den Kräften der Erneuerung, verstrickt in Skandale und Kabalen, Fußnote im frisch auf-
geschlagenen Geschichtsbuch der Moderne, abgehängt auf dem
dritten Weg ins sozialdemokratische 21. Jahrhundert.

Heute ist alles anders. Heute, schlappe vier Jahre später, baut
sich vor Schröder – gewaltig, drohend und (vorerst) unbeantwor-
tet – die W-Frage auf: warum, wofür, wohin. Warum, bitte, soll der
Wähler am 22. September sein Kreuz bei der SPD machen? Wofür
steht der Mann der Reformen? Wohin gehst du, Kanzler?

Denn die Union, das ist der verblüffende Befund dieser Tage,
ist dabei, ihm die Reformkompetenz zu entwinden. Ganze vier
konkrete Projekte vermag die SPD in ihrem rhetorisch verqualm-
ten Weiter-so-Wahlprogramm noch zu benennen: 200 Euro Kin-

dergeld, eine Mittelstandsbank, »Verzahnung« (was immer das heißt) von Arbeitslosen- und Sozialhilfe, eine Milliarde pro Jahr für Kinderbetreuung und Ganztagsschulen. Ehrgeiz lässt allein der letzte Punkt erkennen. Der Rest ist Flucht in Personalisierung, verzweifelte Hoffnung auf die Faszination eines sympathischen, humorvollen und mediengewandten Kanzlers, der – so schwurbelt das Programm – »das Leben mag«.

CDU und CSU hingegen – Kohl, wer war das noch gleich? – präsentieren sich in der Attitüde einer mächtigen Reformkraft. Gewiss, ihr Wahlprogramm ist angreifbar und gespickt mit Finanzierungsvorbehalten bis an die Grenze der Gaukelei – aber es benennt Ziele: 400-Euro-Freigrenze für kleine Jobs, Rücknahme des Scheinselbständigengesetzes, 600 Euro Familiengeld, Fortführung der Steuerreform über 2005 hinaus, Drosselung von Spitzensteuersatz, Staatsquote und Sozialversicherungsbeiträgen unter 40 Prozent, Kasko-System mit Wahltarifen in der Krankenversicherung und, und, und. Am Ende stiehlt Edmund Stoiber dem Kanzler gar noch den zentralen Begriff seiner Politik: Ein »Bündnis zur Modernisierung Deutschlands« annonciert er, mit Experten und »Politikern aller Parteien«. Da baut sich, die Nachtigall trapst in Nagelschuhen, schon der nächste Konsenskanzler auf.

Politologen nennen das einen Paradigmenwechsel: Die SPD flüchtet sich in das konservative Konzept der Personalisierung, die Union erobert das sozialdemokratische der Erneuerung. Das muss, was Stoiber angeht, vom Wähler längst nicht als glaubwürdig anerkannt werden; für die SPD indes ist der aus Mutlosigkeit und vermeintlicher Schlauheit geborene Strategiewechsel ein Fehler von vielleicht nicht wiedergutzumachender Tragweite. Nicht allein, dass die Erfolge der letzten vier Jahre überdeckt werden; der Eklat um das Zuwanderungsgesetz erscheint nun als letzter Seufzer erschöpften rot-grünen Elans.

Noch entscheidender ist, dass die SPD ohne Botschaft, ohne Reformziele auf verlorenem Posten steht. Wie soll sie ihre Anhänger mobilisieren, wie ihre Wahlhelfer motivieren, wenn die nicht im Sportverein oder auf der Straße an den Fingern einer Hand – erstens, zwotens, drittens, viertens – handfeste Pläne ihrer Führung aufzählen können? Miserable Umfragewerte sind die unvermeidliche Quittung.

Die SPD ist Programmpartei – oder sie ist nicht. Verliert Schröder seinen Reformnimbus, ist er verloren. Der Eindruck: Er hat sich die SPD unterworfen, nun weiß er nicht, was er mit ihr anfangen soll. Und dies öffnet – umgekehrt betrachtet – den Blick auf den Zustand der Partei. Wie im Übrigen auch den ihrer sozialistischen Schwestern in Europa, die von Österreich über Italien bis Frankreich allerorten in der Krise dümpeln. Und an deren Eintopf – enttäuschten Kleinbürgern – sich die Rechtspopulisten satt fressen. Ist der dritte Weg der Modernisierer durch die Globalisierung eine Sackgasse? Haben sie nur noch einzelne Köpfe zu bieten wie Blair und Schröder – und dahinter gähnt der Abgrund, personell wie politisch?

Noch hat die SPD die Chance, ihren fatalen Kurs zu korrigieren und den Wahlkampf zu politisieren. Bloß: womit? Nur auf die Fernsehduelle Schröders mit Stoiber zu setzen hieße, Vabanque zu spielen. Im Übrigen: Gelänge es dem Kanzler, eine abgeschlagene SPD alleine dadurch zum Sieg zu führen, so wären die Folgen verheerend. Für die Ernsthaftigkeit der Politik wie für die Rolle der Medien. Wünschen können sich das eigentlich nicht einmal Sozialdemokraten.

Auf den Kohl gekommen
Januar 2003

Er wird ihm immer ähnlicher. Nicht in der äußeren Erscheinung – da trennen den Kanzler und seinen Vorgänger noch immer einige Gewichtsklassen. In Auftreten, Weltsicht, Selbsteinschätzung und Tiefenwirkung indes sind verblüffende Parallelen zu beobachten. Besser gesagt: erschreckende – denn Verstand und Erfahrung sind darauf geeicht, Gerhard Schröder kulturell wie politisch als Antithese zu Helmut Kohl wahrzunehmen. Der zupackende Beweger, hemdsärmelig, humorvoll, medienverspielt, gegen die Personifizierung des Stillstands, bärbeißig, geheimbündlerisch, notorisch beleidigt. Image-Larven. Welcher Irrtum – inzwischen!

Denn Gerhard Schröder hat ganz den Herrschaftsgestus des Kolosses angenommen. Schon auf den ersten Blick – man muss sich bloß zwingen, genau und vorurteilsfrei hinzuschauen – sind die beiden zu Zwillingen geworden. Ein einziges Motiv beseelt sie: ICH. Ich habe die Wahlen gewonnen, nicht die Partei, ich bin der erfolgreichste Sozialdemokrat aller Zeiten, was ich sage, wird gemacht, lautet Schröders Selbsturteil. Man muss nur ein einziges Wort austauschen – Sozialdemokrat gegen Christdemokrat –, um ganz bei Kohl zu sein. »Häme« und »Hetze«, bis ins Persönliche, werfen respektive warfen beide ihren Kritikern vor. Was dem einen die linke »Hamburger Medienmafia« war, sind dem anderen nun die »Kettenhunde« der rechten Springer-Presse.

Die Glaubwürdigkeit des Kanzlers ist heute nicht weniger zerstört als die seines Vorläufers. Was dem einst die Mär von den »blühenden Landschaften« im Osten verdarb, vergällt nun Schröder das Täuschungsmanöver um Steuern und Wirtschaft im Wahljahr. Wie Kohl ist Schröder in der Wähler-Sympathie abgestürzt, weit hinter seine besten Minister. Witzfiguren wurden beide: Der frühen »Birne« folgte der späte Steuersong-Abkocher.

Im government by chaos ist ohnehin kein Unterschied mehr auszumachen: Ein Konzept, einen inneren Kompass, einen Entwurf für das Land hatten bzw. haben beide nicht – aller dröhnenden Reformrhetorik zum Trotz. Es fehlt nicht viel, und Schröder wird Kohls Stigma vom Reformstau angeheftet. Die »deutsche Krankheit« wird im Ausland jedenfalls längst wieder diagnostiziert.

Und hier wird es ernst. Graben wir eine Schicht tiefer, stellen wir fest, dass Schröder die von Kohl zu verantwortenden Entartungen der deutschen Politik nicht etwa korrigiert, sondern sogar noch verstärkt hat. Als da wären: die Entmachtung von Parlament, Abgeordneten, Partei und Kabinett. Dem frei gewählten Volksvertreter, von Kohl bei Widersetzlichkeiten rüde abgekanzelt und kaltgestellt, wurde von Schröder vor gut einem Jahr per Vertrauensfrage das Kreuz gebrochen. Das Gewissen wurde zu einer Funktion der Macht. Seither grummelt es zwar mächtig in den Fraktionen von SPD und Grünen, doch zu politischen Initiativen sind sie nicht mehr imstande. CDU wie SPD wurden als Parteien komplett kaltgestellt. Die CDU hat sich von ihrer programmatischen Dürftigkeit bis heute nicht erholt. Die Sitzungen des SPD-Präsidiums werden von Teilnehmern als »Trümmerveranstaltungen« verhöhnt – ganz wie die des CDU-Präsidiums zu Kohls Zeiten, als die besten Köpfe erst gar nicht mehr anreisten. Das Kabinett: reine Gruppendynamik. Die Grundsatzabteilung im Kanzleramt: aufgelöst.

An die Stelle einer lebendigen Parteien- und Strömungsdemokratie, die im Widerstreit der Anschauungen Konzepte formt, ist schleichend eine Kanzlerdemokratie getreten. Mit fatalen Folgen: Ist der Kanzler schwach, schwächelt das ganze Land. Die Korrektive sind ausgeschaltet, die Ideenfabriken stillgelegt. Schröder versucht sie durch eine Expertokratie von Kommissionen zu ersetzen; doch weder Professoren noch Verbandsfunktionäre sind geeignet oder gar legitimiert, die Republik zu regieren.

Zu den 16 Jahren Kohl addieren sich inzwischen vier Jahre Schröder. Setzt sich der Trend fort, erkennen wir die politische Architektur des Hauses Deutschland nach dann 24 Jahren Entkernung nicht wieder. Die trostlose Verfassungswirklichkeit schreit zum Himmel. In Kohls Regentschaft wagten Heiner Geißler und Lothar Späth einmal einen Putschversuch, doch er scheiterte kläglich. Heute hebt Sigmar Gabriel als Erster in der SPD den Kopf aus der Furche. Selbst wenn er die Niedersachsen-Wahl nun verliert: Er zählt zu den wenigen, die der Zukunft wieder ein Gesicht geben könnten. Verloren hätte die Wahl ohnehin Schröder – wie vor ihm Kohl so viele Landtagswahlen.

Großmacht Deutschland
Januar 2003

Der Spieler macht Geschichte. Sagen wir etwas vorsichtiger: kann Geschichte machen. Denn er spielt mit höchstem Einsatz, hat alles auf Rot gesetzt, und noch ist höchst ungewiss, wo die Kugel im Roulette der Mächte am Ende ausrollen wird. Der Spieler kann alles gewinnen oder alles verlieren. Doch eines müssen wir uns schon heute klarmachen, auch wenn das Richtige und das Falsche, das Taktische und das Grundsätzliche, das Kleindeutsche und das Globale so eng und verwirrend miteinander verwoben sind, dass noch kein eindeutiges Muster erkennbar wird: Gerhard Schröders Feldzug gegen den Krieg im Irak kann die Welt verändern, den Traum Washingtons vom amerikanischen Empire mindestens stören, wenn nicht gar dauerhaft zerstören.

Sagen Sie nicht gleich, das sei zu hoch gegriffen, Bombast, Schwulst, Propaganda gar. Es geht nicht darum, den Kanzler zu loben – dafür ist er gerade in dieser Sache zu angreifbar. Doch wenn wir die Perspektiven sorgfältig trennen, die enge deutsche und die weite internationale, dann sagt uns die nüchterne Analyse: Der Spieler vom Marktplatz der Wahlkämpfe ist zum Global Player aufgestiegen. Deutschland dehnt den Spielraum seiner wiedergewonnenen Souveränität bis zum Äußersten, so weit und so risikobeladen, dass es heute als politische Großmacht wahrgenommen wird. Weder Russen noch Chinesen oder Franzosen – und die Briten schon gar nicht – bieten den Amerikanern derart Paroli. Mögen uns auch die Finger zittern: Die Deutschen sind, im Augenblick jedenfalls, die wichtigste politische Gegenmacht der Amerikaner. Selbst unsicher, schwankend, hypernervös. Im Ausland mit höchst zwiespältigen Gefühlen beäugt: schäumend vor Zorn (in Washington), irritiert (in London), zweifelnd (in Paris). Und doch ist die Hartleibigkeit der Deutschen – bis in die USA hinein – der Kristallisationspunkt des Widerstands gegen das »neue Rom«, wie nicht nur deutsche Politiker das machtbesoffene arrogante Washington bei Visiten empfinden.

Sorgfältig kalkuliert, bis zum Ende durchdacht war das freilich nicht. Ganz im Gegenteil. Schröder ist eine Spielernatur – er wechselt Themen und Positionen so eruptiv, wie Kinder die eben noch innig bespielte Lok in die Ecke feuern, um den Baukasten hervorzuziehen. Instinkt und Augenblickseingebung treiben ihn weit mehr als Analyse oder gar fest verwurzelte Überzeugung.

Als er im vergangenen August den scheinbar schon verlorenen Wahlkampf mit dem Thema Krieg und Frieden herumriss, war das noch von Augenzwinkern gen Washington begleitet: Leute, ihr versteht doch, Wahlkampf ... George W. Bush verstand, wenn auch zunehmend ungeduldig, und fragte Joschka Fischer in New York, wann denn diese »goddamn campaign« endlich vorüber sei. Kaum war die Wahl gelaufen, da drehten die Deutschen auch schon bei: Überflugrechte, Bundeswehrsoldaten in Awacs-Flugzeugen und zur Bewachung von US-Kasernen, »Patriot«-Raketen für Israel, hilfreiche Spürpanzer in Kuwait. Fischer öffnete gar die Option auf ein Ja zum Krieg im Weltsicherheitsrat. Doch das Manöver zermalmte Schröders Glaubwürdigkeit – und die »campaign« begann aufs Neue. Wieder trieb die Not des Wahlkampfs: In Goslar schleuderte Schröder Bush entgegen, ein Ja im Sicherheitsrat sei ausgeschlossen. Triumphierend ergriffen die Franzosen die Chance, die Deutschen den Amerikanern und Briten zu entfremden, sich selbst aber alle Optionen offenzuhalten.

Nun ist die Sache nicht mehr rückholbar: Der Blechtrommler von Goslar hat global gewaltiges Echo gefunden. Zwei Szenarien sind denkbar. Das Szenario der Niederlage: Gerade Schröders Widerspenstigkeit zwingt Bush in den Krieg, Frankreich wechselt im letzten Moment die Seite, die Deutschen sind isoliert, das Verhältnis zu den USA liegt in Trümmern. Das Szenario des Sieges: Die wichtigsten Alliierten – auch Tony Blair – wenden sich ab von den USA, weil ihnen ihre Völker sonst die Gefolgschaft verweigern, der Konflikt wird zur Geburtsstunde der politischen und militärischen Einigung Europas, Nato und Vereinte Nationen werden demokratisiert, der Alte Kontinent steigt zur Weltmacht auf. Es ist alles drin: Im ersten Fall wäre Schröder außenpolitisch am Ende, reif für den Rücktritt. Im zweiten Fall ginge er in die Geschichtsbücher ein.

Übrigens: Haben Sie schon mal nachgedacht, warum ausgerechnet jetzt Schröders Ehe in einer europafeindlichen englischen Zeitung zum Thema einer rufmörderischen Kampagne wird?

Ewig währet der Anfang
März 2003

Jetzt reicht's aber mit der ewigen Miesepetrigkeit! Stillstand? Deutsche Krankheit? Lächerlich! Wir haben ihn doch gerade erlebt bei seinem ersten großen Auftritt im Bundestag, unseren nigelnagelneuen, stahlharten Blut-Schweiß-und-Tränen-Kanzler, der jetzt endlich mit entschlossener Hand all das wegräumt, was seine 13 Vorgänger seit 1998 liegen gelassen haben. Ja, Sie haben richtig gelesen: 13 Kanzler haben wir in den letzten fünf Jahren kommen und gehen sehen, jetzt genießen wir den 14. Sie haben seine Vorgänger bloß alle längst vergessen. Höchste Zeit, bei diesem rasenden Wechsel im italienischen Regierungstakt einen Moment innezuhalten und jene denkwürdigen Männer der Vergessenheit zu entreißen. Wir blicken zurück auf eine Ära des immerwährenden Anfangs, eine Kette der Unvollendeten und Unvollender.

Es begann im Herbst 1998 mit dem jugendfrischen Reformkanzler, dessen Generationenbündnis mit der historischen Hausnummer 68 den Staub von 16 dürren Kohl-Jahren aus dem Land zu bürsten versprach. An seiner Seite schritt der rote Oskar, doch der verlor schnell die Nerven – und es kam zum ersten Kanzlerwechsel. Der Chaoskanzler übernahm das Regiment, und ihm gehörte ein verlorenes Jahr mit verlorenen Landtagswahlen, verlorener Linie und verlorenem Vertrauen. So schmerzlich waren die Verluste, dass wir hier kein weiteres Wort darüber verlieren wollen. Der Holzmann-Kanzler, Nummer drei, kippte den Hänger, rettete einen unrettbaren Baukonzern, wurde von den sich gerettet glaubenden Polieren auf den Schultern getragen. Bis ihn der Konsenskanzler zur Seite schob, der begriffen hatte, wie sich aus der Holzmann-Hütte ein prächtiger Palast zimmern ließe. Bündnis für Arbeit, Atomausstieg, Bosse-Poussieren, »Wetten, dass?«- Schmäh – die Sonne mochte gar nicht mehr untergehen über dem Reich des Alle-Versöhners. Nur die Opposition konnte er nicht versöhnen – also folgte der Spalter-Kanzler. Der trieb den Keil bis zur Wurzel in den schwarzen Baum, knickte einige morsche Äste und brachte seine Steuerreform mit dem großen Coup durch den Bundesrat. Triumph: Davon werden die sich nicht erholen!

Taten sie aber doch, denn der Coupier wurde vom Kanzler der ruhigen Hand abserviert. Der glaubte, sein Vorgänger habe erledigt, was zu erledigen sei, und bis zur Wahl solle man tunlichst nix tun, um den Bürger nicht zu verwirren. Ruhig Blut, Leute, die Konjunktur kommt schon wieder. Wenn das mal gut geht, barmte da mancher. Ging es nicht, denn nichts geht auf Dauer gut in der Politik. Bewegung ist alles. Es kam der 11. September, und die schlappe Hand wurde weggesteckt. Fortan schleuderte der Kriegskanzler seine Speere: »Uneingeschränkte Solidarität« mit dem großen Bundesgenossen, deutsche Truppen in alle Welt, Verschrottung der letzten Abweichler in der Stahlpresse der Vertrauensfrage.

Doch nun nahten die Wahlen, und der Kriegskanzler hatte sein Pulver verschossen. Die Gegner jauchzten, er raufte sich die Haare: Womit siegen? Machtwechsel im Wochentakt: drei Kanzler, drei Anfänge. Zuerst der Flutkanzler, der unglaublich tatkräftig über die Dämme des Ostens stiefelte. Schon ganz gut, aber nicht gut genug. Also: Palmen für den Friedenskanzler. Krieg im Irak? Mit uns nie! Rauschender Beifall. Aber immer noch nicht gut genug. Das letzte Quäntchen besorgte der Schwindel-Kanzler: Kein Sterbenswort über Haushaltsloch und blauen Brief!

Sieg. »Kulturelle Hegemonie« von Rot-Grün, die strukturelle Mehrheit der Bürgerlichen gebrochen! Wir können gewinnen trotz verheerender Ökonomie! Ans Ruder tritt der Gewerkschaftskanzler: Bosse? Kenn ich nicht mehr. Geliebt werd ich nur von Syndikatssekretären. Welche Posten wollt ihr, Genossen? Aber da fehlt einfach der lange Atem, der historische Blick. Und den – rrrums! – hat der Neue, der Kinderkanzler aus Pisa. Geld in Krippen und Schulen blasen, das bringt die Lufthoheit über den Kinderbetten! Danach aber leider den Absturz in den Umfragen. Der Kakophonie-Kanzler übernimmt die Lufthoheit über dem Gezeter der Ratlosen. Doch er ist nur Statthalter bis zum letzten Regimewechsel. Der Ruck-Kanzler, Anfänger Nummer 14 und Todfeind des seligen Konsens-Kanzlers, verspricht Schluss zu machen mit den ewigen Anfängen. Er heißt, reiner Zufall, wie der allererste.

Jedem Anfang wohnt ein Zauber inne. Ebenso gewiss ist aber, dass jeder Zauber auch ein Ende hat.

Der Leichnam zuckt
April 2003

Es gibt nichts Richtiges im Falschen, lautet eine gängige Weisheit intellektueller Verkleidungskünstler. Soll heißen: Wenn etwas verwerflich ist, dann ganz und gar, mit Stumpf und Stiel – selbst aus der feinsten Wurzel vermag nichts Positives zu wuchern. Aber auch dieser Spruch, der sich so verblüffend richtig anhört, dass damit gerne renommiert wird, ist falsch. Die Kompliziertheit des Lebens widerlegt ihn unermüdlich. Wie dieser Tage modellhaft der sozialdemokratische Machtkampf um die Reformpläne des Kanzlers.

Denn der Widerstand der Parteilinken gegen die um Jahre verspäteten, zaudernden, noch immer nicht in einen großen architektonischen Entwurf eingebetteten Umbauarbeiten an den Sozialsystemen ist in der Sache völlig verkehrt; sie zu stoppen, gar weiter – wie die Rebellen – vom »Ausbau des Sozialstaates« zu träumen heißt nichts anderes, als eben jenen taumelnden, unfinanzierbaren Musterstaat in den vollständigen Ruin zu treiben (und die eigene Regierung gleich mit). Die Ziele des Mäuseaufstands im Brotkasten des Kanzlers sind also in jeder Hinsicht falsch.

Der Aufstand selbst aber keineswegs; er ist überfällig, folgerichtig und gerechtfertigt. Denn er ist das Ergebnis einer Deformation der Partei, die deren Existenz bedroht. Der Sozialdemokratie mit ihrer 140-jährigen Sozialgeschichte abzuverlangen, dass sie historisch einschneidenden Veränderungen der von ihr selbst geprägten Systeme von Arbeitsmarkt, Gesundheit und Rente von der Zuschauerbank aus schweigend und gehorsam applaudiert, dies übersteigt das Maß des Zumutbaren. So aber macht Gerhard Schröder seit Jahren Politik: Die Denkarbeit wurde undurchschaubar zähen Konsensrunden, später politikfernen Kommissionen überantwortet. Ehedem war das ein Privileg der Partei – mit gutem Grund, auch wenn die Diskussions- und Entscheidungsprozesse dort vordergründig schwieriger erschienen. Demokratie wächst von unten nach oben – oder sie verdorrt und provoziert Revolten der Ausgesperrten. Die Parteien sind dabei unverzichtbar – wegen der Kreativität, der Lebenserfahrung und der Verankerung ihrer Mitglieder im Volk.

Die in der Mediengesellschaft gewucherte Praxis vorgeblich schnellen und modernen Regierens aber ist das glatte Gegenteil: Beschlüsse werden irgendwo oben gefasst und nirgendwo unten mehr vermittelt. Das Hartz-Konzept segnete die SPD auf einer in ihrer Satzung gar nicht vorgesehenen Parteikonferenz ab – und das nicht mal durch Abstimmung, sondern durch Applaus. Seine »Agenda 2010« brütete Gerhard Schröder mit wenigen Beratern hinter verschlossenen Türen aus; die SPD-Fraktion bejubelte ihre eigene Entmündigung am 14. März nach der Regierungserklärung mit einer Standing Ovation.

Nun stellt die Rürup-Kommission die Politik bei der Reform des Gesundheitswesens vor eine Alternative, die Partei-Veteranen nur mit Mühe verstehen, einfache Menschen aber gar nicht. Das »Kopfprämiensystem«, ein vollständiger Bruch mit dem Bismarck'schen Sozialmodell, und die »Erwerbstätigenversicherung« hat ihnen niemand erklärt. Es gibt nicht einmal Anstalten dazu. Das SPD-Präsidium ist längst kein Forum kritischer Diskussion mehr; Abnicken und Abwettern wird von den Funktionären erwartet. Und unten geben die Genossen Fersengeld. In der Dreieinhalb-Millionen-Metropole Berlin hat die SPD noch ganze 19 100 Mitglieder. Warum auch soll ein junger Mensch in die Partei eintreten, wenn er keine Chance hat, den Kurs mitzubestimmen? Was wäre der richtige Weg gewesen? Schon vor vier oder fünf Jahren hätte die Partei eine mit ihren besten Wirtschafts- und Sozialpolitikern besetzte Kommission installieren mussen. Auftrag: Konzepte zur Sanierung von Arbeitsmarkt, Rente, Gesundheit und Pflege. Ziel: Senkung der Beiträge, Belebung der Wirtschaft, fairer Ausgleich zwischen Jung und Alt. Zwei Jahre später wäre auf einem Parteitag über die Ideen abgestimmt worden; die Unterlegenen hätten sich dem Votum gefügt. Es hätte sich offenbart, ob überhaupt und wie weit im Detail die SPD reformfähig ist.

Das Versäumnis ist nicht wettzumachen, auch wenn viel daraus zu lernen wäre. Wer seine Partei nicht mitnimmt, braucht sich nicht zu wundern, wenn sie ihn irgendwann einholt und von hinten packt. Der Leichnam zuckt – doch so rasch röten sich die Wangen der Sozialdemokratie nicht wieder. Der Parteitag im Juni wird kein Kongress der Verständigung, sondern der Unterwerfung.

Der verkannte Kanzler
August 2003

Wer Kunst betrachtet, braucht Distanz. Um Komposition und Wirkung eines Gemäldes zu erkennen, empfiehlt es sich, einige Schritte zurückzutreten. Schon können sich Details, die aus der Nähe verwirren, zu einem beeindruckenden, womöglich gar überwältigenden Bild fügen. In der Politik ist es nicht anders. Wer urteilsfähig sein möchte, muss immer wieder Abstand suchen, die Sinne befreien von all den taktischen, verstörenden Pinselstrichen der Tagespolitik – und versuchen, mit unbefangenen Augen zu schauen. Schon können sich neue, überraschende Perspektiven ergeben.

Weder in der Kunst noch in der Politik sollte die Haltung des Betrachters aber nur von der Fernsicht leben. Ein auf den ersten Blick schönes Bild sollte stets auch durch Annäherung auf Originalität und Qualität überprüft werden. Was die Kunst des Kanzlers angeht und die Qualitäten der Opposition, so empfehlen sich in diesen Tagen beide Bewegungen gleichzeitig: Gerhard Schröders Werk erfordert dringend Betrachtung aus Distanz, das von Angela Merkel hingegen aus der Nähe. Schon entfalten sich zwei völlig neue Bilder. Und im Vergleich ein dramatisch korrekturbedürftiges Gesamturteil.

Schröders Regierungs- und Reformkunst wird heute gemeinhin verrissen. Zu schräg die handwerklichen Ausrutscher, zu verstörend die abrupten Stilwechsel, zu unüberschaubar die Richtung des Schaffens, zu mangelhaft die Fähigkeit, das eigene Tun zu erklären. Das Urteil von Medien und Publikum fällt einhellig aus: Stückwerk, Dilettantismus, ohne Bestand. Der Wahlkampfschwindel vor einem Jahr hat Vertrauen zertrümmert – höchst fraglich, ob das je zu reparieren sein wird.

So weit die durchaus plausible Sicht aus lange durchlittener Nähe. Und nun treten wir zehn Schritte zurück, löschen unsere Eindrücke, schauen neu hin und erblicken ein Œuvre, das einen nachhaltigen Wandel seines Urhebers verrät – bei aller Zittrigkeit der Hand. Der notorische Populist ist dabei, sich mit allen anzulegen – und mit allen gleichzeitig.

Mit den Gewerkschaften, deren Aufstand er in eine historische Niederlage verwandelt hat; mit den Unternehmern, die er einer Mindestbesteuerung unterwerfen möchte; mit Anwälten, Architekten und sonstigen Freiberuflern, denen er Gewerbesteuer zumutet; mit den Beamten, deren Bezüge er kürzt; mit den Handwerksmeistern, deren Privilegien er durchlöchert; mit den Arbeitnehmern, denen er neue Gesundheitskosten aufbürdet und die Pendlerpauschale kappt; mit den Häuslebauern, deren Subventionen er zu schleifen sucht; mit den Arbeitslosen, die er unter hohen Mobilitätsdruck setzt; mit den Sozialhilfeempfängern, die er zu jeder Form von Arbeit zwingen will; mit den Bauern, deren Privilegien er siebt; mit den Rentnern schließlich, denen er verwegen einschenkt, sie hätten sich für »etliche Zeit« Zuwächse abzuschminken – im Klartext: Auch sie werden verlieren. Namentlich der Kraftakt, die Ausgestoßenen und Verweigerer des Arbeitsmarkts in Jobs zu drücken, verdient jeden Respekt.

Deutschland löst sich aus der Erstarrung des fatalen Konsenses – und begreift noch nicht recht, wie ihm geschieht. Die Mikado-Gesellschaft (»Wer sich zuerst bewegt, hat verloren«) erbebt. Tabus werden abgeräumt. Wer das in Gang setzt, will nicht gefallen, er will wirken. Wer solches wagt, surft nicht mehr auf Stimmungen, er sucht Applaus durch Bezwingen von Widerständen. Und er zeigt Mut, wenn auch den Mut der Verzweiflung. Entweder die Reformen gelingen, die Wirtschaft rappelt sich auf und das Volk fasst wieder Vertrauen – dann könnte Schröder 2006 noch einmal in die Wahlschlacht ziehen. Oder er scheitert, und die Menschen sind dauerhaft vergrätzt – dann bliebe nur vorzeitiger Abgang mit der Hoffnung auf eine Notiz im Geschichtsbuch: Immerhin hat sich der Mann bemüht, die Tür zu Reformen aufzustoßen.

Gerhard Schröder ist vom Getriebenen zum Treiber geworden. Er spielt »Alles oder nichts«. Eine große Koalition wird dieser Kanzler nicht anbieten, Angela Merkel müsste sie schon fordern als Preis für Kooperation. Aber wer könnte das glauben? Denn treten wir näher heran an das Schaffen der Opposition, das aus demoskopischer Draufsicht so prächtig wirkt, dann ist rein gar nichts zu sehen an reformerischer Intuition, nur populistisches Patchwork um bedrohte Besitzstände. Die Union stellt Gefallsucht zur Schau. Und riskiert viel. Gut möglich, dass das Publikum 2006 das schwierigere Opus bejubelt. Das ehrlichere.

Kanzler von Neverland
Februar 2004

Alle Staatsgewalt geht vom Volke aus. Sagt das Grundgesetz. Und meint Wahlen. Stimmt. Und stimmt doch nicht mehr. Natürlich wird die Macht im Staate durch Wahlen verteilt. Doch sie spiegeln längst nicht mehr die Meinung des Volkes. Jedenfalls nicht authentisch, eins zu eins. Ganz zu schweigen vom Parlament, das alles aussagt über die jämmerliche Verfassung der Parteien und ihrer Phrasendreher – brainwashed wie gebleichte Intelligenzen –, nichts mehr aber über die wahre Stimmung des Volkes. Das Parlament ist das Haus der dressierten Demokratie. Die Politik hat sich in ihr Neverland geflüchtet, ein zuckersüß möbliertes Flokati-Schlösschen aus Selbstinszenierung und Realitätsverlust. Doch gelegentlich reißt das Volk den Zaun nieder und zerrt einen der Bewohner heraus aus dieser Traumwelt. Denn das Volk ist nicht blöd. Es herrscht. Auf seine, auf neue Weise – aber ganz anders, als die Verfassung es ahnte. Durch Verweigerung.

Gerhard Schröder ist es so ergangen. Er ist der erste Spitzenpolitiker, der nicht durch Wahlen, sondern durch Meinungsumfragen gestürzt wurde. Nicht eine Rebellion seiner Partei hat ihn das Amt des SPD-Vorsitzenden gekostet; alle Ansätze dazu hat er durch Rücktrittsdrohungen niedergeworfen. Das Volk hat ihn aus dem Amt gezerrt. Mit zwei Erhebungen hat es den Neverlander gepackt. Im Januar, als die Zustimmung zur Kanzlerpartei auf das historische Tief von 24 Prozent und das Vertrauen in die Regierung auf 18 Prozent sackte. Beide Umfragen wurden vom Forsa-Institut des Kanzlerberaters Manfred Güllner erhoben – im Auftrag des *stern*. Schröders Rücktritt als SPD-Chef war ein Sieg des Volkes durch Aufkündigung von Loyalität – so abrupt, so schroff, wie es das Land noch nicht erlebt hat.

Doch selbst diese Daten bemäntelten noch immer die wahren Verhältnisse. Das Land steckt tief in einer Demokratiekrise. Die SPD ist ihr erstes, aber beileibe nicht ihr einziges Opfer. Schröders Schicksal ist Menetekel für alle Bewohner von Neverland. Denn nicht die CDU/CSU ist heute stärkste Kraft in Deutschland. Die größte Partei ist die der Nichtwähler und politisch Heimatlosen. Sie hat gewaltigen Zulauf und schwoll unaufhörlich an von 21 Prozent nach der Bundestagswahl 2002 auf 37 Prozent im Januar dieses Jahres. Bezogen auf alle Wahlberechtigten bringt es die Union dagegen nur auf 30, die SPD gar auf 16 Prozent. Forsa hat auch dies für den *stern* ermittelt, wissenschaftlich unerbittlich. Der geläufige Scherz, die SPD arbeite am Projekt 18, verblasst hinter der Realität. Sie hat längst das Projekt 16 verwirklicht.

Doch von den Meinungsforschern regelmäßig erhoben und öffentlich verbreitet werden nur die Parteipräferenzen jener, die sich zu einem Lager bekennen. Nur sie entscheiden ja auch darüber, wie die Mandate verteilt werden. Würden die Nichtwähler als fiktive Partei gewertet, müsste heute mehr als ein Drittel der Sitze im Bundestag leer bleiben. Es wäre das wahre Abbild von Volksherrschaft.

Die Neverlander antworten darauf mit routinierter Ignoranz. Die Zuspitzung vor Bundestagswahlen sorgt ja auch dafür, dass die Wahlbeteiligung immer wieder respektable Werte erklimmt. In diesem Jahr aber geht es nicht um den Bundestag, sondern 13-

mal um Länder- und Kommunalparlamente, zudem um die kastrierteste aller Volksvertretungen, das Europaparlament. Die Parteien haben Verheerendes zu befürchten. Die Wahlbeteiligung bröckelt schon lange. Zur Europawahl vor fünf Jahren gingen nur 45,2, zur Kommunalwahl in Brandenburg im vergangenen Oktober 45,8 Prozent. Selbst die satte 60-Prozent-CSU brachte es im September 2003 in Bayern nur auf 34 Prozent aller Wahlberechtigten. Mehr als je zuvor wird in diesem Jahr die Wahlbeteiligung das Urteil des Volkes über die Politik verkünden.

Der Kanzler von Neverland ist schon verurteilt. Er wird nicht bestraft, weil er zu viel reformiert, sondern weil er keine Reform zu Ende gebracht hat. Gesundheit: nicht mal Kostendämpfung. Steuern: Dschungel ohne Ende. Arbeitsmarkt: Kündigungsschutz nur oberflächlich, Tarifverträge gar nicht angekratzt. Rente: Abzockerei. Entbürokratisierung: Kapitulation. Innovation: nur ein Ablenkungsmanöver. Elite-Unis: unpopulär bis verhasst. Konsum, Aufschwung: blanke Hoffnung. Die Deutschen fühlen sich ins Niemandsland gestoßen, sind pessimistisch wie nie, sparen aus Verzweiflung. Der Kanzler müsste noch mal ganz von vorne anfangen. Alles neu, alles anders. Dafür aber fehlen Kraft und Mut. Dead Gerd walking.

Brotmesser am Herzen
Juli 2004

Die CDU begleitet den Eingriff mit Sympathie und Anteilnahme. Sie hat geholfen, das Instrument zu polieren, das Werkzeug für die Operation am offenen Herzen der Sozialdemokratie. Geschnitten wird mit dem Brotmesser. Alles spricht dafür, dass der Patient, dem zur Narkose versichert worden war, es handle sich um die Entfernung entzündeter Mandeln, daran verbluten wird. Anfang 2005, in Nordrhein-Westfalen ist dann bald der Landtag zu wählen, wird die geschundene Herzkammer der SPD erschlaffen. Und die Hinterbliebenen werden den Chirurgen verfluchen, den privat liquidierenden Klinikchef Gerhard Schröder. Was auf der Operationsagenda 2010 so harmlos als Hartz IV notiert war, wird, das ist absehbar, im Desaster enden. Letal.

Denn der schwere Eingriff ist der Musterfall einer richtig gedachten, aber falsch vollzogenen Reform. Einer notwendigen, einer überfälligen Operation – ausgeführt mit zu grobem Instrument. Mit absehbaren und doch nicht vorsorgend bedachten Komplikationen. An einem hochsensiblen, krisenbewussten und dennoch nicht ehrlich aufgeklärten Patienten. Der Fall Hartz IV illustriert, woran Schröder scheitert. An sich selbst.

Es lohnt sich, Satz für Satz, Wort für Wort nachzulesen, wie der Kanzler am 14. März 2003 in seiner Agenda-Rede im Bundestag die einschneidendste Kürzung von Sozialleistungen seit 1949 angekündigt hat. Verniedlichend, verschleiernd. »Ich akzeptiere nicht, dass Menschen, die arbeiten wollen und können, zum Sozialamt gehen müssen, während andere, die dem Arbeitsamt womöglich gar nicht zur Verfügung stehen, Arbeitslosenhilfe beziehen«, sprach Schröder. »Ich akzeptiere auch nicht, dass Menschen, die gleichermaßen bereit sind zu arbeiten, Hilfen in unterschiedlicher Höhe bekommen. Ich denke, das kann keine erfolgreiche Integration sein«, fuhr er fort. »Wir brauchen deshalb Zuständigkeiten und Leistungen aus einer Hand. Damit steigern wir die Chancen derer, die arbeiten können und wollen. Das ist der Grund, warum wir die Arbeitslosen- und Sozialhilfe zusammenlegen werden, und zwar einheitlich auf einer Höhe – auch das gilt es auszusprechen –, die in der Regel dem Niveau der Sozialhilfe entsprechen wird.«

Sechs Sätze in einer langen Rede – die ganze Passage kam auf 13 – über die einzig wirkliche, die mutigste, die riskanteste Reform dieser Regierung – das Ende einer Sozialstaatstradition. Verstanden hat das damals niemand im Volk, und die Experten, die begriffen, flüsterten fortan hinter diskreten Türen. Nach außen wurde das Projekt als burokratische Vereinfachung kaschiert: »Zusammenlegung von Arbeitslosen- und Sozialhilfe«. Aktenzeichen: »Hartz IV«. Dahinter verbarg sich eine in den Wirkungen auf mehr als drei Millionen, ja auf die Lebensplanung aller Menschen hochdramatische Kappung der Arbeitslosenhilfe auf das Armutsniveau der Sozialhilfe. Das wäre nur durch eines zu legitimieren gewesen: die ungeschminkte Wahrheit – und ein phantasievolles Arbeitsmarktprogramm mit Kombilöhnen und Steueranreizen.

»Niemand, der länger als ein Jahr arbeitslos ist«, hätte Schröder an jenem 14. März sagen müssen, »kann heute noch den Anspruch erheben, in seinem erlernten Beruf, an seinem heutigen Wohnort neue Beschäftigung zu finden. Der arbeitslose Geschäftsführer, der ausgekehrte Ingenieur, der entlassene Schlosser – sie müssen auch weit unter Qualifikation und weit entfernt von ihrer Heimat neu beginnen. Zur Not müssen sie dazu bewegt werden, und deshalb kürzen wir die Leistungen. Das ist bitter, das bringt Härten für viele, aber es ist unvermeidlich. Jeder Job ist besser als keiner. Ich verspreche, dass wir allen einen neuen Job anbieten und Niedriglohn-Jobs attraktiv machen werden.«

Nun aber blitzt das Messer, erscheint der Schnitt allein als brutale, ungerechte, verwüstende Sparoperation. Mit fallender Stütze, mit millionenfachem Offenbarungseid auf 14 Formularseiten, mit erpresster Auflösung von Versicherungen und Altersersparnissen, mit haftbar gemachten Angehörigen, mit Vermögenspolizei im Wohnzimmer.

Und der Staat kann nicht genug Jobs bieten. Also riskiert er ein neues Sozial-Proletariat. Erzwingt eine Fluchtwelle von Ost nach West, denn im Osten gibt es nicht mal mehr Billigjobs, da föhnt die Friseuse schon für 3 Euro 50 die Stunde. Und die kleinen Leute wissen nicht mehr, warum sie jene SPD wählen sollen, die sie doch bedrängt, statt zu schützen. Und die Gewerkschaften gründen ihre eigene Partei. Und Schröder wird arbeitslos.

Der grüne Capri-Fischer
Februar 2005

Das hatte keine Klasse. Keine Fischer-Klasse. Keine Größe. Politisch ängstlich, taktisch fadenscheinig und menschlich bedenkenlos. Ganz so, wie der Durchschnittspolitiker nach den bösen Erwartungen des Publikums in Bedrängnis reagiert: pro forma

Verantwortung übernehmen, um sie in Wahrheit weit von sich zu schieben. Er trage »die politische Verantwortung« für »mögliche Versäumnisse und Fehler« seiner Mitarbeiter, warf sich der lavierende Joschka Fischer in die Brust, als er sich nach wochenlang dröhnendem Schweigen endlich bequemte, seinen verhängnisvollen Visa-Erlass zu kommentieren. Seinen Erlass?

Ach, woher. »Volmer-Erlass« nannte er gleich fünfmal das Dekret vom 3. März 2000, über dem es heißt: »Bundesminister Fischer hat Weisung erteilt«. Den Erlass, von dem der damalige Staatsminister im Auswärtigen Amt sagt, er habe ihn erst als Letzter in der Verantwortungskette zur Kenntnis vorgelegt bekommen. Den Erlass, den Fischer in der Kabinettssitzung vom 15. März 2000 im Beisein Gerhard Schröders gegen Einwände des Innenministers wie Bedenken des Kanzleramts verteidigt hatte und den ein unabhängiger Richter später einen »kalten Putsch« gegen das Gesetz nannte. Den Erlass, der erst vier Jahre später trotz erregter Demarchen der Sicherheitsbehörden und des diplomatischen Apparats wegen hunderttausendfachen kriminellen Missbrauchs revidiert wurde. Den Erlass, für den Fischer mit seiner Unterschrift und seinem Auftritt im Kabinett nicht nur politische, sondern persönliche Verantwortung trägt.

Politische Verantwortung für Skandale und Affären hieß früher, nach dem ungeschriebenen Ehrenkodex der Politik, nur eines: Rücktritt. In grauer Vorzeit, vor der Ära der Grünen. Heute wird daraus eine Brandmauer zur Abwehr persönlicher Verantwortung. Ein kalter Putsch gegen den Ehrenkodex.

Hinter der Brandmauer steht die Schlachtbank für Sündenböcke, für einen wie Volmer, der – vom *stern* als dubioser Gschaftlhuber enttarnt – von der eigenen Partei politisch geschlachtet wurde. Fischer gab das Messer frei.

Zorn? Nein, Zorn flammte noch auf, als die Grünen begannen, die eigenen moralischen Standards zu schleifen. Heute sind sie ganz da, wo die anderen schon immer waren. Der Fahrstuhl der Macht endet im Keller der Moral. Deswegen zu zürnen hieße, Grün für die bessere Farbe zu halten. Wer tut das noch?

Melancholie. Traurigkeit ist die Stimmung der Stunde bei all je-

266

nen, die einen Sensus haben für die Selbstauflösung, das Zerfließen der einstmals solitären Figur Fischer. In der Zeit seiner Kraft, seines Drängens, seiner mitreißenden Selbstgewissheit hätte er sich in vergleichbarer Lage aufgebaut und gerufen: Ich war's, es ist mein Erlass, ich wollte Reisefreiheit, als der gespaltene Kontinent zusammenwuchs. Ich habe die Warnungen Otto Schilys in den Wind geschlagen, weil ich sie für das gehalten habe, was von Schily zu erwarten war: Sicherheitshysterie. Ich habe dennoch ein gutes Gewissen, denn mein Irrtum ist Ergebnis lauterer Absicht. Rücktritt? Ich kämpfe. Schaun mer mal. Ich bin offen dafür, wenn der Untersuchungsausschuss inakzeptable Fehler offenbart. Fehler, die ich persönlich wie politisch zu verantworten habe. Denn ich heiße nicht Helmut Kohl. Ich bin belehrbar. Diesen Unterschied möchte ich markieren. Auch vor der Geschichte.

So aber stellt sich Schwermut ein. Fremdschämen beim Anblick eines Würdevollen, der sich würdelos hinter einem Unwürdigen duckt. Der die Opposition zur Rücktrittsforderung treibt, obgleich die selbst gar nicht daran dachte, ihn aus dem Amt zu treiben. Weil sie seine Aura höher schätzte als er selbst.

Fischer, der älter und anders gewordene Fischer, mit diplomatisch erschlafftem Denken und Reden, wird im Wortsinn bemitleidenswert kenntlich in dieser Affäre. Als ein Mann ohne Ziel, der sich langweilt in seinem Amt.

Der sich nach neuer Anspannung sehnt, aber nicht erkennt, wo er die finden könnte. Der auch die Inspiration zu mutiger, mitunter gewagter Außenpolitik abgetreten hat an den Kanzler. Einen Kanzler, der von deutscher Verweigerung beim Irak-Krieg über angekündigte Verweigerung gegen einen Iran-Feldzug, die Wiederannäherung an George W. Bush und Condoleezza Rice, die Kampagne für einen deutschen Sitz im Weltsicherheitsrat bis zur Reform der Nato alles, alles selbst steuert. Im Kanzleramt mit seinem Lotsen Bernd Mützelburg.

Der Außenminister aber dient nur seinem »Chef«. Und streicht das auch noch selbst heraus. Der Vordenker ist Nach-Denker.

Und bei den Grünen ist »Gottvater« nur noch wehmütige Erinnerung an den Macht- und Gestaltungswillen der frühen Jahre.

Eine Figur in-between. Käme ein neuer Fischer, der ihnen Richtung verspricht, gäben sie den alten rasch auf. Der Herr Minister wird zum tragischen Capri-Fischer der Grünen. »Wenn bei Capri die rote Sonne im Meer versinkt ...«

Täuschen für den Kanzler
März 2005

Ein Regierungssprecher ist der Regierung, nicht der Wahrheit verpflichtet. Widersprechen die Interessen der Regierung der Wahrheit, hat er zwei Möglichkeiten: Entweder er fährt – mehr oder weniger elegant – Slalom um die Wahrheit wie der Skifahrer um die Stangen, oder er sagt direkt die Unwahrheit.

Tut er das Zweite bewusst, lügt er. Handelt er unbewusst, weil er es selbst nicht besser weiß, sondern von Auftraggebern mit der Unwahrheit ausgeschickt wird, ist er bloß Werkzeug der Lüge. Damit die Auftraggeber nicht selbst lügen und später dafür, etwa durch Rücktritt, geradestehen müssen. Ein Regierungssprecher muss für nichts geradestehen. Er wird nicht entlassen, wenn er einer Unwahrheit überführt wird. Der elegante Slalom um die Wahrheit oder die plumpe Unwahrheit gehören zum Geschäft.

In der vergangenen Woche hat der stellvertretende Regierungssprecher Thomas Steg die Unwahrheit gesagt, indem er Slalom um die Wahrheit fuhr. Steg ist ein Aktivposten der Regierung. Er ist ein Vertrauen gewinnender, klug und (selbst-)kritisch analysierender Mann. Dafür wird er von der Presse geschätzt.

Am 23. März wurde er zur Verdeckung der Wahrheit vors Volk geschickt. Es ging um den am selben Tag veröffentlichten *stern*-Bericht (»Verräterische Faxe«), wonach das Kanzleramt im März des Jahres 2000 – nur Tage, nachdem Joschka Fischer seinen skandalschwangeren Visa-Erlass gezeugt hatte – von Otto Schilys Protest informiert war und das Thema in der Kabinettssitzung am 15. März, unter Gerhard Schröders Regie, angesprochen wurde.

»Aus den Akten des Kanzleramtes geht zweifelsfrei hervor, dass in der besagten Kabinettssitzung am 15. März das Thema Visumverfahren weder als ordentlicher Tagesordnungspunkt behandelt noch unter dem Punkt ›Verschiedenes‹ angesprochen worden ist«, sagte Steg dazu in der Bundespressekonferenz. Und: »Aus der Aktenlage des Kanzleramtes ergibt sich kein Hinweis darauf, dass der Chef des Kanzleramtes den Bundeskanzler informiert hat.« Steg hätte sagen können: »Der Bundeskanzler erklärt, dass das Thema Visumverfahren in der Kabinettssitzung nicht angesprochen wurde« und »Kanzleramtsminister Frank-Walter Steinmeier versichert, dass er den Kanzler nicht informiert hat«. Aber für diese Sätze wären Schröder und Steinmeier haftbar – also wurde Aktenlage vorgeschoben. Der Kanzler, so der Zweck des Manövers, darf heute nichts von Schilys frühen Warnungen gewusst haben, sonst wäre er politisch mitverantwortlich für den späteren Missbrauch des Erlasses, den er – ohne ihm auf den Grund zu gehen – passieren ließ. Er wollte keinen offenen, ja öffentlichen Disput, denn die Ausländerpolitik war auch damals Thema im nordrhein-westfälischen Wahlkampf (»Kinder statt Inder«).

Die Wahrheit sieht so aus: Der Visa-Erlass, das weiß der *stern* aus der Runde der Teilnehmer, wurde am 15. März 2000 sehr wohl in der Kabinettssitzung angesprochen. Das war sogar auf dem üblichen vorbereitenden Vermerk notiert, mit dem der Kanzler und seine engsten Mitarbeiter ins Kabinett zu gehen pflegen. Michael Steiner zum Beispiel, der damalige außenpolitische Berater Schröders, hatte diesen Vermerk in der Sitzung vor sich liegen. Unter dem letzten Tagesordnungspunkt »Verschiedenes« hieß es da: »Visumverfahren bei den Auslandsvertretungen«. Und: »Keine inhaltliche Diskussion«, denn die »Klärung der Streitpunkte« sollten diskret die Staatssekretäre des Auswärtigen Amtes und des Innenministeriums übernehmen.

Ganz nach diesem Fahrplan, so die Schilderung aus der Runde, lief die Kabinettssitzung dann auch ab: Grollend beklagte sich Otto Schily, sein Ministerium sei nicht an dem Visa-Erlass des Kollegen Fischer beteiligt gewesen. Alle wurden hellhörig. Joschka Fischer, so erinnert man sich, lehnte sich lächelnd, mit theatralisch geduldiger Geste zurück und erwiderte kurz. Der Kanzler hob beschwichtigend die Hände, um die Streithähne zu bremsen und eine inhaltliche Diskussion abzublocken; prompt war das Thema zur »Klärung der Streitpunkte« durch die Staatssekretäre vom Tisch.

Der *Spiegel* hat übrigens damals schon so in Umrissen von der Kabinettssitzung berichtet und aus dem Vermerk zitiert – in seiner Ausgabe vom 20. März 2000, fünf Tage nach der Ministerrunde. Allerdings ohne die Brisanz des Visa-Erlasses zu ahnen. Das Kabinettsprotokoll, ein reines Ergebnisprotokoll, dürfte die Szene nicht festgehalten haben. Der Vermerk könnte indes noch in den Akten des Kanzleramtes sein – doch Dokumente zur internen Meinungsbildung der Regierung müssen nicht an den Untersuchungsausschuss herausgegeben werden. Aber es gibt ja Zeugen der Sitzung – viele Zeugen, die befragt werden können. Schily. Auch der Kanzler selbst. Man wird sehen, ob sie sich erinnern können. Oder wollen. Die Unwahrheit ist mit hohem Risiko befrachtet. Bei Affären solchen Kalibers sind Rücktritte selten Ergebnis des ursprünglichen Sachverhalts. Ämter kosten meist geplatzte Lügen.

Wenn der Revolver raucht
Mai 2005

Ein entscheidendes Beweisstück nennt man bildhaft eine »smoking gun«. Der Mörder ist überführt, wenn bei ihm die noch rauchende Tatwaffe gefunden wird. Eine »smoking gun« hat sich auch in den Akten des Visa-Untersuchungsausschusses gefunden. Das Asservat mit dem Geheimstempel »VS – Nur für den Dienstgebrauch« stammt aus dem Kanzleramt und bringt Licht in die planvoll verdunkelte Entstehungsgeschichte jenes Erlasses, der den Außenminister vom ersten auf den sechsten Rang der angesehensten Politiker geschleudert hat. Das Dokument weist den Weg der weiteren Ermittlungen des Ausschusses: mitten ins Herz der Macht, in das Dreieck von Gerhard Schröder, Joschka Fischer und Otto Schily. »Joschka Fischers Visa-Affäre geht zu Ende«, urteilte die *Zeit* nach seiner von Erinnerungslücken zersiebten Einvernahme.

270

Nichts geht zu Ende, politisch geht es erst richtig los. Denn die »smoking gun« offenbart die wahren, die partei- und koalitionspolitischen Motive für den Erlass und seine Duldung durch Schily und Schröder.

Freitag, 10. März 2000. Zwei Tage zuvor hat Ludger Volmer, grüner Staatsminister im Auswärtigen Amt, auf einer Pressekonferenz die Erleichterung der Visa-Vergabe verkündet. Schily hat davon erst aus der Presse erfahren und schreibt einen wütenden Brief an Fischer: Das sei eine »innenpolitische Frage von großer Tragweite«, widerspreche »einer europäisch abgestimmten Visapolitik« und sei mit ihm nicht abgeklärt. »Ich weise Sie ausdrücklich darauf hin, dass Besuchervisa häufig missbraucht werden, um sich Zugang zum Asylverfahren zu verschaffen.« Schily kündigt an, dass er die Sache in der nächsten Kabinettssitzung ansprechen müsse. Das sieht die Geschäftsordnung der Regierung bei Meinungsverschiedenheiten zwischen Ministern auch so vor.

Kanzleramtschef Frank-Walter Steinmeier erhält Schilys Brief und ist alarmiert, denn er erteilt, wie es in dem später gefertigten Vermerk heißt, »Weisung«, die Sache zu prüfen. Bernd Mützelburg, fürs Auswärtige Amt zuständiger Gruppenleiter des außenpolitischen Kanzlerberaters Michael Steiner, ruft sofort Roland Lohkamp an, den Unterabteilungsleiter für Visafragen im Auswärtigen Amt. Als Ergebnis dieses Telefonats hält er in seinem Vermerk unter anderem fest: »Lohkamp ließ durchblicken, dass das timing der Neufassung und der Präsentation durch StM Volmer nicht ohne Bezug zum Parteikalender der Grünen stehe und etwas mit deren Profilsorgen zu tun habe.« Hier raucht der Revolver: Der Karlsruher Parteitag der Grünen am darauffolgenden Wochenende war also der Grund, warum Fischer den Erlass zeichnete und ihn vom Vormann der Parteilinken präsentieren ließ.

In Karlsruhe ging es um viel, sehr viel: nicht nur um einen Atomexport nach China, dem Fischer zugestimmt hatte, ohne seine Partei zu informieren, sondern vor allem um den deutschen Atomausstieg in 30 Jahren, den der Kanzler selbst mit den Stromkonzernen ausgehandelt hatte – gegen die Sofortausstiegsträume der grünen Linken. Durch den Visa-Erlass kompensiert, ließ die denn auch alles still passieren. Fischer hatte die Linke gekauft. Das erklärt auch, warum er das Dekret hartnäckig »Volmer-Erlass« nannte und erst vor dem Untersuchungsausschuss in »Fischer-Erlass« umbenannte – um diese Spur zu verwischen.

Denn die führt geradewegs ins Kanzleramt. Die Paraphen auf Mützelburgs Vermerk beweisen, dass er dort allen Schwergewichten vorgelegen hat: Steinmeier, Steiner und dem fürs Innenministerium zuständigen Abteilungsleiter Ernst Hüper. Am Montag nach Mützelburgs Telefonat schreibt Schily einen zweiten Protestbrief an Fischer. Nun greift Steinmeier ein: Am Dienstag vereinbaren Fischer und Schily auf seine Initiative, dass die Staatssekretäre weiter verhandeln sollen. Zur Vorbereitung aufs Kabinett am folgenden Tag wird Schily aber von einem Spitzenbeamten informiert: »Möglich ist, dass der Bundeskanzler die Angelegenheit ansprechen wird.« Schröder muss von Steinmeier ins Bild gesetzt worden sein. Auf dem Sprechzettel des Kanzlers für die Kabinettssitzung am Mittwoch heißt es dann auch unter Verschiedenes: »Visumverfahren bei den Auslandsvertretungen«, aber »keine inhaltliche Diskussion«. Nicht der Kanzler, Schily ist es, der das Thema schließlich anspricht, am Ende. Fischer antwortet kurz, Schröder räumt die Sache mit einer beschwichtigenden Handbewegung vom Tisch: Otto, lass mal. Und Otto lässt: Der Kanzler ist die einzige Autorität, der er sich beugt. Der grüne Visa-Deal ist zum Koalitionsdeal für den Atomausstieg geworden. »Ich meine mir ziemlich sicher zu sein, dass das nicht angesprochen worden ist«, wand sich Fischer vor dem Ausschuss. Schilys und Schröders Vernehmung wird zeigen, ob aus gemeinsamer Verantwortung gemeinsame Vertuschung wird.

Danke, Gerhard Schröder!
Mai 2005

Er begann mit einem Handstreich, er regierte per Handstreich, und er endet mit einem Handstreich. Im Handstreich machte sich Gerhard Schröder 1998 zum Kanzlerkandidaten, als er sein Abschneiden bei der Landtagswahl in Niedersachsen zur Messlatte für seine Kanzlerambitionen erklärte – und der Rivale Oskar Lafontaine beim abendlichen Glückwunschtelefonat mit einem »Hallo, Kandidat« in die Knie ging. Im Handstreich entschied er im folgenden Jahr den Machtkampf mit Lafontaine, als er ihn von seinem Terminator Bodo Hombach aus der Regierung mobben ließ. Im Handstreich, per Vertrauensfrage, zwang er die rot-grüne Koalition zum Krieg in Afghanistan. Im Handstreich gewann er die Bundestagswahl 2002, als er das Bündnis – diesmal jubelnd statt murrend – gegen den Irak-Feldzug festlegte. Im Handstreich und buchstäblich über Nacht ließ er Anfang 2003 im Kanzleramt die Agenda 2010 komponieren. Im Handstreich und dilettantisch kommuniziert präsentierte er sie dem verwirrten Publikum. Im Handstreich inszeniert er nun Neuwahlen – und durchkreuzt damit auch die Revanchepläne Lafontaines zur Gründung einer neuen Linkspartei.

Dieser letzte wie die Nachwirkungen aller vorangegangenen Handstreiche werden sein Ende sein. Es ist ein würdiges und ein konsequentes Ende. »Verliert Schröder, hat er sich mit einem Paukenschlag in die Geschichte verabschiedet«, schrieb ich vor sieben Wochen an dieser Stelle, als ich zum ersten Mal von seinem Neuwahl-Kalkül erfuhr. Und schloss: »Lieber so, mag er denken, als 2006 mit einem Winseln.«

Winseln ist nicht Schröders Sache. Mit einem Winseln werden sich Sozialdemokraten und Grüne in die Opposition verabschieden, wenn die Wahl verloren ist. Zu Paukenschlägen sind sie nicht mehr imstande. Denn die Handstreich-Politik ihres Kanzlers hat dazu geführt, dass die SPD nicht mehr weiß, was sozialdemokratisch ist. »Die SPD ist erloschen, sie ist tot. Wir begreifen nicht mehr, was um uns herum passiert«, resümierte dieser Tage ein prominenter und klarsichtiger Genosse. Schröder hat ohne sie, über sie hinweg, an den Gremien vorbei, er hat sie in den Ruin regiert. Franz Müntefering war dabei, die alte, geschundene Programmpartei zu beatmen und ihr wieder einen Begriff von sich selbst zu geben. Die Linke regte sich zuerst, ihre Erweckung wurde zur Bedrohung für den Kanzler, der so napoleonisch herrschte, wie Lafontaine im Rufe stand, es zu versuchen. Per Handstreich erstickt er nun alle Putsch-Gelüste und zwingt die Partei, ihn auf den Schultern aus der Macht zu tragen.

Und per Handstreich bringt er den Partner zum letzten Mal an seine Seite, der sein Revier mit der gleichen Methode beherrschte wie er: Joschka Fischer. Der hat sich die Grünen nicht minder selbstherrlich unterworfen wie Schröder die SPD. Bloß: Die Folgen sind dort noch katastrophaler. Nicht nur, dass die Grünen kein einziges Bundesland mehr regieren und damit machtpolitisch jede Perspektive verloren haben. Sie sind an der Macht, der SPD ausgeliefert, moralisch vollkommen degeneriert. Die einstige Anti-Parteien-Partei, die Bewegung der Aufrichtigkeit, der Unerschrockenheit, der Transparenz ist – von wenigen Widerständigen abgesehen – zum Karriere-Kartell der Schönfärber, der Heuchler, der Opportunisten verkommen. Kulturell sind die Grünen heute in vielerlei Hinsicht abstoßender als die Altparteien. Fischer, der seinen versäumten Rücktritt durch heroisch inszenierten Untergang vergessen lassen möchte, hinterlässt viele geklonte Fischers. Sie tragen den Gencode der Entstellung durch Macht mit in eine höchst ungewisse Zukunft.

In der Opposition müssen sie sich ganz neu finden. Der Jammer einer enttäuschten Generation begleitet sie ins Jammertal der Selbstbesinnung. Es ist tief und lang. Es ist übersät vom Schutt zertrümmerter Ideale.

Schröder und Fischer fliehen vor den Folgen ihrer Politik. Ins Stahlbad der Niederlage, ins Geschichtsbuch. Ihre Parteien sind an ihnen irre geworden, ihre Anhänger mutlos und verzweifelt. Das Volk ist ihrer leid, es hat sich wundgescheuert bei der Springprozession rot-grüner Reformen. Siegt die Opposition, und alles andere wäre ein historisches Miraculum, dann nicht aus eigener Stärke, sondern weil das erschöpfte Volk eine Kraft herbeisehnt, die den Weg unausweichlicher Veränderungen zu Ende geht. Rasch und ehrlich.

Die Deutschen sind klug, sie wollen investieren: Vertrauen. Sie werden nicht noch einmal auf Rot-Grün setzen.

Deutschland ist Schröder zu Dank verpflichtet. Er erspart ihm viel. Die Agonie einer Koalition, die Flügelkämpfe einer Partei, neue Umdrehungen der ökonomischen Spirale abwärts. Er schenkt den Deutschen dafür die Chance zur demokratischen Selbstbefreiung – und ein ganzes, ein wichtiges Jahr bis zum Neubeginn. Schröder verbiegt sich nicht, er geht lieber. Erhobenen Hauptes. Das Land atmet auf.

Eine Frage des Misstrauens
Juni 2005

Persönliche Erklärung eines fiktiven SPD-Abgeordneten, der auf die Vertrauensfrage seines Kanzlers antwortet

Sehr geehrter Herr Bundeskanzler, lieber Gerhard Schröder,

Sie stellen nach Artikel 68 Grundgesetz die Vertrauensfrage im Deutschen Bundestag. Als frei gewählter Abgeordneter dieses Parlaments möchte ich Ihnen mit Artikel 38 unserer Verfassung antworten, der mich als Vertreter des ganzen Volkes sieht, an Aufträge und Weisungen nicht gebunden und nur meinem Gewissen unterworfen. Ich bin entschlossen, mich bei dieser Abstimmung verfassungsgemäß zu verhalten und meine Rechte und Freiheiten zu verteidigen.

Sie erwarten, dass ich Ihnen vertrauensvoll in die Stimmenthaltung folge, während Sie mir wie meinen Kollegen in der SPD-Fraktion – das ist der Sinn Ihrer Vertrauensfrage – Ihr Misstrauen bekunden. Sie wollten nicht erpressbar sein durch uns, haben Sie dem Bundespräsidenten eröffnet.

Das ist eine Perversion der Vertrauensfrage. Das ist der Höhepunkt einer dramatischen Entmachtung und Entwertung des Bundestages und seiner Abgeordneten. Das ist ein Fanal für die Verbiegung des Grundgesetzes und der demokratischen Kultur. An dieser Verbiegung wirke ich nicht länger mit.

Ihr muss ein Ende gemacht werden. Die Vorgeschichte der Vertrauensfrage dokumentiert, was ich meine. Ich möchte sie aus der Perspektive des Grundgesetzes und der frei gewählten Abgeordneten des deutschen Volkes nachzeichnen.

Am Abend des Wahlsonntags von Nordrhein-Westfalen – das Ergebnis ist noch nicht amtlich, nur erste Hochrechnungen offenbaren den Trend – tritt der Vorsitzende der SPD, der kein Verfassungsorgan ist, in der Parteizentrale vor Kameras und Helfer und verkündet Neuwahlen. Ich, dessen vom Wähler erteiltes Mandat um ein Jahr verkürzt werden soll, erfahre davon am Fernsehgerät.

Erst nach dem SPD-Vorsitzenden gehen Sie, Herr Bundeskanzler, der die Vertrauensfrage zu stellen hat, an die Öffentlichkeit. Auch das im Fernsehen, auch das nicht vor den Abgeordneten, deren Mandat Sie abschneiden möchten. Und erst nach der Verkündung telefonieren Sie mit dem Bundespräsidenten, der als Verfassungsorgan allein für die Auflösung des Bundestags zuständig ist. Dass dies zunächst wahrheitswidrig anders dargestellt wird, ist nur eine Arabeske dieses haarsträubend stillosen Verfahrens. Am folgenden Tag, einem Montag, lassen Sie sich den Plan zunächst durch das SPD-Präsidium absegnen.

Auch das ist kein Verfassungsorgan. Bundestagspräsident Wolfgang Thierse bejubelt vor der Sitzung den »mutigen Beschluss«, statt die Rechte der Abgeordneten und damit das Parlament zu verteidigen, wie er das schon lange vorher bei anderer Gelegenheit versäumt hat. Danach erst unterrichten Sie den Vorstand der SPD-Bundestagsfraktion, die Fraktionsvorsitzenden von CDU/CSU und FDP und schließlich in einem ausführlicheren Gespräch den Bundespräsidenten. Niemand protestiert dabei gegen die Missachtung der frei gewählten Vertreter des deutschen Volkes. Am Dienstag holen Sie sich die Zustimmung des SPD-Vorstands. Erst am Mittwoch, drei Tage nach Verkündung Ihrer Entscheidung, deren Entstehung und wahre Motive mir bis heute unklar sind, stellen Sie sich der SPD-Bundestagsfraktion, doch die darf im Gegensatz zum Parteivorstand nicht abstimmen. Mit anderen Worten: Die frei gewählten Abgeordneten, deren Mandat vorzeitig enden soll, stehen ganz unten in der Durchsetzungskaskade. Sie haben nichts zu entscheiden, sie sollen sich fügen. Das verletzt Artikel 38 Grundgesetz.

Nicht zum ersten Mal. Herrschaft von oben nach unten, Entscheidungsfindung in nicht legitimierten Zirkeln und Küchenkabinetten, Missachtung von Abgeordneten und Parlament haben inzwischen eine verhängnisvolle Geschichte. Übrigens nicht nur durch meine Regierung und in meiner Partei. Aber von denen spreche ich hier, aus gegebenem Anlass. In Ihrer Kanzlerschaft, lieber Gerhard Schröder, hat die SPD mit ihrer stolzen Tradition gebrochen, die Willensbildung von unten nach oben zu organisieren beziehungsweise »Unten« demokratisch einzubeziehen und mitzunehmen, wenn »Oben« die Richtung vorgibt.

Das gesamte Hartz-Paket, das meine Partei bis an die Grenze des Erträglichen belastet hat, ist außerhalb demokratischer Strukturen entstanden und mit purer Macht von oben nach unten durchgesetzt worden. Die Agenda 2010 wurde über Nacht im Kanzleramt geschrieben und dann den Abgeordneten als verbindlich übergestülpt. Ich fürchte, Herr Bundeskanzler, Ihr enger Umgang mit Jacques Chirac und Wladimir Putin, den Sie einen »lupenreinen Demokraten« nennen, hat Sie in die Irre geführt – zu präsidialem Amtsverständnis. Das aber kennt unser Grundgesetz nicht. Stimmenthaltung ist Ihre letzte Zumutung, ich aber werde Ihnen nun mein Vertrauen entziehen.

8

Herzblut

Das Gold unserer Zeit
November 2005

Die große Koalition braucht ein Herz. Einen Spirit. Eine Vision. In der Sprache der Politik: ein strategisches Ziel. Im Verständnis der Menschen: eine Idee, die ihnen Hoffnung gibt und Zukunft verspricht. Abbruch, Rückbau, Sanierung, so notwendig sie sind, reichen nicht. Wenn schon großkoalitionär vieles nicht geht, weil sich die Partner wechselseitig blockieren, dann muss großkoalitionär wenigstens das geregelt werden, was nur so geht. Das ist nicht wenig. Es ist ein historisches Projekt, das seit fünf Jahrzehnten der Verwirklichung harrt. Und für das kein gesellschaftliches und wirtschaftliches System so geeignet ist wie das deutsche. Die Zeit ist reif für den Aufbruch zur breiten, phantasievoll gestalteten Kapital- und Gewinnbeteiligung der Arbeitnehmer.

Wenn es richtig ist, dass die direkte Entlohnung der Arbeit – vom Gehalt oder Stundentarif über die Arbeitszeiten bis zu den Neben- und Sonderzahlungen – in Zeiten scharfen globalen Wettbewerbs unabwendbar unter Druck steht, dann muss die indirekte an Bedeutung gewinnen. Wenn es richtig ist, dass der Flächentarifvertrag Firmen erwürgt und betriebliche Bündnisse für Arbeit flexibel auf die konkreten Konkurrenzbedingungen reagieren müssen, dann haben die Arbeitnehmer Anspruch darauf, am Erfolg beteiligt zu werden.

Wenn es richtig ist, dass die Rente tendenziell nur noch Grundsicherung ist und durch individuelle, kapitalgedeckte Altersvorsorge ergänzt werden muss, dann steht die Beteiligung am Kapitalstock der Wirtschaft auf der Tagesordnung. Bildhaft ausgedrückt: Der Bach darf nicht aufgestaut oder gar trockengelegt werden, er muss fließen – erst am Ende werden die Nuggets geschürft. Und geteilt.

Das macht die soziale Marktwirtschaft zur neuen sozialen Marktwirtschaft und Ludwig Erhards Motto vom »Wohlstand für alle« zur zeitgemäßen, ermutigenden Antwort auf die bedrohlich erscheinenden Tendenzen der Globalisierung. Angst, Ausgrenzung und ökonomischer Erpressung der Arbeitnehmer würden Engagement, Partizipation und Fairness entgegengesetzt. Heute stehen die Verhältnisse auf dem Kopf, und soziale Ungerechtigkeit wird zum beherrschenden Gefühl – Heuschrecken-Furcht ist ihr Ausdruck, nationalistischer Reflex ihre Verirrung. Die Politik zahlt dafür mit der Erosion von Vertrauen einen hohen Preis, weil sie bislang keine Antwort weiß und dem Sparen im Betrieb das Sparen im Staat folgen lässt. Nur noch neun Prozent der deutschen Arbeitnehmer glauben an steigende Löhne und Gehälter in den nächsten Jahren, 49 an sinkende. Die Gewinne der Großunternehmen und die Vergütungen der Vorstände sprudeln dagegen munter, nicht selten mit hohen zweistelligen Zuwachsraten. Ohne politische und soziale Eruptionen hält das auf Dauer keine Gesellschaft aus, auch die friedfertige deutsche nicht.

In den fünfziger und sechziger Jahren des vergangenen Jahrhunderts hat es einige Anläufe für Investivlohn- und Kapitalbeteiligungsmodelle gegeben. Doch die Gewerkschaften tauschten Mitbeteiligung gegen Mitbestimmung und Volkskapitalismus gegen Tarifverträge. »Hätten alle Beschäftigten seit 1965 nur ein Drittel ihrer jährlichen Lohnerhöhungen in Beteiligungen am Produktivkapital angelegt, befände sich der deutsche Kapitalstock (…) heute zu maßgeblichen Anteilen in Arbeitnehmerhand«, bilanziert der Volkswirt Wolfgang Müller-Michaelis, Ex-Generalbevollmächtigter der Deutschen BP. Firmen mit Arbeitnehmerbeteiligung – wie Bertelsmann, Eon, SAP und Jenoptik – sind trotz vorbildlicher Unternehmenskultur Exoten geblieben. Nun weist die Exotik den Weg aus der Krise.

Union und SPD, Gewerkschaften und Arbeitgeber haben es in der Hand, daraus am runden Tisch der großen Koalition ein Leitbild zu machen. Mit direkten Beteiligungen an Großunternehmen oder indirekten über breit ausgerichtete Fonds. Mit Investivlöhnen, die einen Teil der Zuwächse in Kapital anlegen, oder Beteiligungen an den Gewinnen. Der Staat formuliert die Idee und unterstützt sie durch steuerliche Vorzüge, die Tarifparteien verankern sie in Tarifverträgen für Branchen, Regionen oder Unternehmen. Der Kreativität sind keine Grenzen gesetzt – nicht Entweder-oder sollte Maßstab sein, sondern Sowohl-als-auch. Die Tarifpolitik der Gewerkschaften wird beweglicher, sie sollte den großen Sprung wagen. Man wolle künftig betriebsnäher verhandeln, sagt IG-Metall-Chef Jürgen Peters. Und der baden-württembergische IG-Metall-Bezirksleiter Jörg Hofmann spricht von einer »variablen Einmalzahlung«, die je nach wirtschaftlicher Lage in den Betrieben festgelegt werden sollte. Das wäre die Plattform für eine Gewinnbeteiligung, die auch zur Kapitalbeteiligung verwandelt werden könnte.

Die Rufe der Politik nach Patriotismus bleiben fruchtlos. In der Globalisierung ist der Betrieb Schicksalsgemeinschaft. Wenn er seine Leute fair beteiligt, wird er sogar Heimat.

Das Erbe der Deutschen
Juli 2006

Geschichte lebt durch Menschen, ihre Erinnerungen und Erzählungen. Der ehemalige Regierungssprecher Uwe-Karsten Heye hat seine Familiengeschichte in einem Buch festgehalten (»Vom Glück nur ein Schatten«), bevor sie in Vergessenheit geraten konnte. Der Vater war als Soldat im Zweiten Weltkrieg desertiert, dann in ein Strafbataillon an der Ostfront gepresst worden und, so glaubte seine Frau, Heyes Mutter, gefallen. Doch er hatte überlebt, suchte seine Familie nach dem Krieg und fand die Namen auf der Passagierliste des in der Ostsee versenkten Flüchtlingsschiffs »Wilhelm Gustloff«, glaubte sie also umgekehrt tot. Erst 1963, fast zwei

Jahrzehnte später, findet sich die zerbrochene Familie durch Zufall wieder, eine unvergessliche Begegnung. Heye ist Journalist, Buchautor, Profi also – er kann dieses Sandkorn der deutschen Geschichte vor Verwehung bewahren. Auch andere Autoren geben auf diese Weise ihre Familiengeschichte weiter: unlängst etwa Wibke Bruhns, demnächst Friedrich Christian Delius. Wer keine Feder oder Stimme hat, dessen Erinnerungen versinken indes – unrettbar. Verloren für die Geschichtsschreibung, für die Nachgeborenen.

In Deutschland könnte in diesen Jahren so viel an persönlich erfahrener Geschichte gerettet werden wie noch nie zuvor. Es leben sogar noch Menschen, die Kindheitserinnerungen an die Jahre des Ersten Weltkriegs haben – oder sich an Erzählungen und Schicksale von Verwandten erinnern. Zur selben Zeit, miteinander, nebeneinander leben Generationen, die das Ende des Kaiserreichs und die Weimarer Republik, Nationalsozialismus und Zweiten Weltkrieg, Flucht und Vertreibung, Kriegsende und deutsche Teilung, Bundesrepublik Deutschland und Deutsche Demokratische Republik, kapitalistische Restauration und sozialistisches Experiment, Kalten Krieg und friedliche Revolution, Fall der Mauer und Wiedervereinigung erlebt haben. Herrscher und Beherrschte, Ausbeuter und Ausgebeutete, Treiber und Getriebene, Opfer und Täter, Revolutionäre und Büttel, Helden und Versager, Idealisten und Verirrte – oder einfach nur Mitgerissene, Ausgelieferte, Fortgespülte. In den Geschichtsbüchern sind alle Perioden analysiert, gewogen und vermessen. Doch solche Geschichtsvermittlung bleibt, bei allem didaktischen Aufwand, abstrakt und distanziert. Zeitzeugen faszinieren. Sie tragen Geschichte in ihren Schicksalen.

Diese Erfahrungen können konserviert werden. Der amerikanische Filmregisseur Steven Spielberg hat dafür ein Beispiel gegeben. Als sein Werk »Schindlers Liste« – die Geschichte eines deutschen Kleinunternehmers, der im Zweiten Weltkrieg Juden in seinen Fabrikhallen beschäftigte und damit vor der Ermordung durch die Nazis rettete – zum Welterfolg geworden war, gründete er 1994 die Shoah Foundation, um die Erinnerungen von Juden aufzuzeichnen, die den Massenmord überlebt hatten. Mehr als

50 000 Interviews wurden in dem Video-Archiv der Stiftung zusammengetragen, digitalisiert und geordnet, nach Stichworten abrufbar. In 56 Ländern und 32 Sprachen wurden die Botschaften aufgezeichnet. Ein einzigartiges, ewig lebendiges Geschichtsarchiv, das den wissenschaftlich vielfach erforschten Holocaust erst menschlich erfahrbar macht. Eine Brücke über alle Generationen hinweg.

Nach diesem Modell kann ein Geschichtsarchiv des deutschen Volkes entstehen. Eine Stiftung, die Erinnerungen von Zeitzeugen, nach Epochen klassifiziert, in Interviewform aufzeichnet und via Internet für Museen, Schulen und Universitäten abrufbar hält. Weltweit übrigens. Die Technik des digitalen Zeitalters bietet dafür die Chance – bei überschaubarer Organisation und zu vertretbaren Kosten. Die Taubheit der Deutschen, die klamme Befangenheit ihrer jüngeren Geschichte gegenüber ist längst gewichen. Die jungen Generationen wenden sich ihr mit Neugier und Engagement zu. Und viele Ältere suchen Gehör.

Das Deutsche Geschichtsarchiv gehört in die Hauptstadt, nach Berlin, wo es eine einzigartige Geschichtslandschaft vollenden würde. Es könnte übrigens das umstrittene Zentrum für Vertreibung überflüssig machen, da es die Berichte von Vertriebenen einbetten würde in den Fluss deutscher Geschichte, verknüpft mit Ursachen und Wirkungen. Damit wäre die Erinnerung an die Vertreibung befreit vom Verdacht aggressiver, revanchistischer Absichten gegen die östlichen Nachbarn.

Wer wagt die Initiative, wer trägt die Verantwortung, wer mobilisiert das Geld? Vielleicht ein Netzwerk vorhandener Stiftungen, die sich zusammenschließen und den wissenschaftlich-technischen Apparat schaffen – offen für Sponsoren, Universitäten und Institute. Seinen Platz könnte dieses Geschichtsarchiv des deutschen Volkes im historischen Stadtschloss finden, das anstelle des Palastes der Republik mitten in Berlin neu entstehen soll. Es wäre Sinnstiftung für eine leere Kulisse.

Unsere versteckten Toten
Januar 2007

Der amerikanische Staatsbürger kann seinen gefallenen Soldaten ins Gesicht schauen. Alphabetisch geordnet, mit Foto, vollständigem Namen, Alter, militärischer Einheit, Heimatort in den USA und den Umständen seines Todes im Irak oder in Afghanistan wird jedes einzelnen Toten in einem speziellen Internetportal des Nachrichtensenders CNN gedacht. Ähnlich verfährt die Zeitung *USA Today* im Internet. Am Silvestertag des Jahres 2006 zum Beispiel ist Jonathan E. Schiller, 20, aus Ottumwa im Bundesstaat Iowa im irakischen Bakuba ums Leben gekommen, als ein Sprengsatz in der Nähe seiner Patrouille explodierte. Das amerikanische Verteidigungsministerium führt die Listen der Gefallenen auf der Homepage »Defend America« unter dem Stichwort »Fallen Warriors«. Eine Selbstverständlichkeit, sollte man meinen. Es ist nun mal traurige – wenn man will: patriotische – Tradition, die Opfer der Kriegsschauplätze auch namentlich bekannt zu machen, ihrer zu gedenken, sie in Ehren zu halten.

Der deutsche Staatsbürger kann seinen gefallenen Soldaten nicht ins Gesicht schauen. 64 sind bislang bei den diversen Auslandseinsätzen der Bundeswehr ums Leben gekommen, auf dem Balkan etwa oder in Afghanistan. Doch die puren Zahlen, den Einsatzgebieten zugeordnet, sind das Einzige, was das Verteidigungsministerium bekanntgibt – und das nur auf Anfrage. Keine Homepage zeigt in Deutschland ihre Fotos, nennt Namen, Alter, Herkunft und Todesumstände. Wer im Internet unter »Bundeswehr im Einsatz« den Begriff »Gefallene« eingibt, erhält von der Truppe die amtliche Auskunft: »Es konnte kein mit Ihrer Suchanfrage übereinstimmendes Dokument gefunden werden.« Nicht mal eine Zahl. Wer bei »Einsatz von A-Z« sucht, findet unter »G« zwar »Gefechte« und »Gewehre«, aber keine Gefallenen, unter »T« zwar »Transport« und »Truppenarzt«, doch keine Toten. Und wer unter »Opfer« sucht, wird verwiesen – zu »Erste-Hilfe Kurs am Loyola Gymnasium« und »Gedenkstunde zum Volkstrauertag«. Das war's.

Dahinter steckt ein stiller Skandal. Die Toten der deutschen Auslandseinsätze werden von Politik und Militär absichtsvoll versteckt. Der *stern* wollte sie der Öffentlichkeit zeigen, alle 64. Mit Fotos, Namen, Alter, Herkunft und Todesumständen. Um zu erinnern. Um nachdenklich zu machen. Um zu dokumentieren, dass die etwa 7700 deutschen Soldatinnen und Soldaten in fremden Konflikten nicht nur bewaffnete Entwicklungshelfer sind, sondern ihr Leben einsetzen. Für ihr Land. Für dessen Bürger. Im Auftrag des Parlaments.

Was meine Kollegen Stefan Braun und Tilman Gerwien dann recherchierten, führte von einer Überraschung zur nächsten. Und zu Empörung. Das Verteidigungsministerium weigerte sich, die Namen, Fotos und Todesumstände der ums Leben gekommenen Soldaten zu veröffentlichen. Begründung: Datenschutz. Auch meine Nachfrage, die Todesfälle wenigstens anonymisiert bekanntzugeben, um mögliche Bedenken von Angehörigen zu respektieren, wurde abgewiesen. Es stellte sich heraus, dass selbst der Verteidigungsausschuss des Bundestages über die Toten nicht im Einzelnen informiert ist, ja, dass er offenbar nicht mal Interesse daran bekundet hat. Und dass auch der Bundeswehrverband nur lückenhaft im Bilde ist.

Die *stern*-Recherchen konnten aus verschiedenen Quellen für rund 45 Soldaten Identität sowie Ort, Zeitpunkt und Umstände ihres Todes klären. Von elf Toten liegen zudem Fotos vor. Auf dem Appellplatz des deutschen Feldlagers Rajlovac in Bosnien gibt es zum Beispiel ein Denkmal mit den Namen von Gefallenen, im Kosovo einen Gedenkstein. Zudem wird auf dem britischen Militärfriedhof in Kabul an 16 tote Deutsche namentlich erinnert. Bei CNN an 18 in Afghanistan gefallene Deutsche, an zwei sogar mit Foto. Briten und Amerikaner erinnern namentlich an gefallene Deutsche – die Deutschen selbst hingegen nicht.

Welche Schande, welcher Zynismus! Die politische Absicht ist offenkundig: Mit Macht soll eine Opferdiskussion erstickt werden, wenn der Bundestag – routiniert und abstrakt – Auslandseinsätze beschließt. Eine Diskussion nicht nur über Tote, sondern auch über Ausrüstung, Führung und Seelenlage der Truppe. Denn nicht alle 64 sind im militärischen Einsatz gefallen, viele sind bei Unfällen ums Leben gekommen, einige haben sich das Leben genommen.

Gestorben fürs Vaterland, verdrängt vom Vaterland. Dazu passt auch der Plan von Verteidigungsminister Franz Josef Jung, nur ein anonymes Ehrenmal für die Toten der Auslandseinsätze zu errichten – auf dem abgeschirmten Gelände des Ministeriums in Berlin. Man mag es nicht glauben: Der Mann ist in der CDU und gilt als konservativ! Das Mahnmal gehört – mit Namen – zum Bundestag, dorthin, wo die Einsätze beschlossen wurden. Auch als Mahnung an die Volksvertreter.

Der *stern* wird die Sache nicht zu den Akten legen. Denn die Toten in Anonymität zu stoßen heißt, sie ein zweites Mal sterben zu lassen. Vielleicht legt ja auch ein Abgeordneter im Verteidigungsausschuss Wert darauf, jenen ins Gesicht zu schauen, die das Parlament in den Tod geschickt hat.

Die Toten des Parlaments
Februar 2007

Der Bundestag regt sich. »Vielleicht legt ja auch ein Abgeordneter im Verteidigungsausschuss Wert darauf, jenen ins Gesicht zu schauen, die das Parlament in den Tod geschickt hat«, schrieb ich im Januar. Als ich auf den Skandal aufmerksam machte, dass das Verteidigungsministerium die Veröffentlichung der Namen und Todesumstände jener Soldaten verweigert, die bei Auslandseinsätzen ums Leben gekommen sind. 64 waren es damals, inzwischen sind es 65. Und als ich vorschlug, ein Mahnmal für diese Toten nicht etwa, wie von Verteidigungsminister Franz Josef Jung geplant, auf dem Gelände seines Ministeriums, sondern am Berliner Reichstag zu errichten, »dort, wo die Einsätze beschlossen wurden. Auch als Mahnung an die Volksvertreter«.

Nicht nur eines, sondern sechs Mitglieder des Verteidigungsausschusses haben die Idee inzwischen aufgenommen. Jörn Thießen von der SPD und Dirk Niebel von der FDP waren die Ersten, die sozialdemokratische Ausschussvorsitzende Ulrike Merten, der FDP-Abgeordnete Rainer Stinner und die sicherheitspolitischen Sprecher der Liberalen und der Grünen, Birgit Homburger und Winfried Nachtwei, kamen hinzu. Sie fordern eine Gedenkstätte am oder im Reichstagsgebäude, teils auch für die zivilen Opfer von Auslandseinsätzen – Polizisten und Aufbauhelfer etwa. »Für mich gehört hier die Aufzählung der Namen unbedingt dazu«, sagt Ulrike Merten, die Vorsitzende.

Auch bei den Soldaten rumort es. Dieter Herzing, Hauptmann a. D. und Vorsitzender der Stiftung Deutscher Offizier Bund (DOB), dessen Beirat auch Generalinspekteur Wolfgang Schneiderhan angehört, setzte die *stern*-Kolumne auf die Tagesordnung seines Präsidiums und wandte sich an die Fraktionschefs von Union, SPD, FDP und Grünen. Oberst a. D. Sigurd Richert schrieb an Bundeskanzlerin Angela Merkel, den Bundestagspräsidenten und alle Fraktionsvorsitzenden: »Ich und viele andere können Herrn Jörges nur zustimmen.« Der Wähler habe »ein Recht auf umfassende Information«, den Abgeordneten müssten die Konsequenzen ihrer Entscheidungen vor Augen geführt werden: »Zahlen, Namen und Fotos sind öffentlich zu machen.«

Nun hat Jung ein Problem. Seine Strategie des Verwischens und Verschweigens trifft auf Widerspruch nicht nur bei der Opposition, sondern auch in den Reihen der Koalition – bei der SPD. Der CDU-Mann, der sich für patriotisch hält, bemühte sich, dem Druck zu entkommen, indem er den Medien seine alten Pläne für ein Mahnmal als neu verkaufte und zugleich den Kreis derer, an die dort erinnert werden soll, so weit zog, dass an die Nennung von Namen gar nicht zu denken ist. Alle Soldaten und zivilen Beschäftigten der Bundeswehr, die seit deren Gründung 1956 ums Leben gekommen sind, sollen im Bendler-Block geehrt werden. Das sind etwa 2600 – die Gefallenen der Auslandseinsätze wären nur noch eine Träne im Meer der Toten. Im Bendler-Block, dem Berliner Amtssitz des Ministeriums, das kommt hinzu, wird bereits der Widerstandskämpfer des 20. Juli 1944 gegen Hitler gedacht. Im Hof wurde Graf Stauffenberg erschossen. Welch haarsträubende historische Nähe würde da geschaffen, wie hoffnungslos überlagert würde das Gedenken an die Toten der Bundeswehr – und wie schamlos weggedrückt würden die Gefallenen der Auslandseinsätze!

Die Motive sind durchsichtig. Die Verantwortlichen fürchten eine Debatte über die Opfer dieser Einsätze – und damit über die Einsätze selbst. Über deren Ziele und Risiken, über unzureichende Ausrüstung, mangelhafte Führung und psychische Belastungen. Also verschanzt man sich hinter Datenschutz und angeblichen Einwänden von Hinterbliebenen.

Die Namen könnten nicht veröffentlicht werden, weil unter den 65 eine Reihe von Selbstmördern sei, sagte mir Jung. Eine Ausflucht, denn er verweigert auch die Herausgabe anonymisierter Daten. Die Öffentlichkeit hat Anspruch selbst auf diese Daten, um die seelische Not der Soldaten ermessen zu können. Solange nicht jeder Fall – bei dokumentierten Bedenken von Angehörigen ohne Namensnennung – publik wird, ist nicht einmal die Zahl der Toten glaubhaft. Was ist mit der geheim operierenden Spezialtruppe KSK?

Es gibt einen Weg in Würde. Bundestagspräsident Norbert Lammert macht jedes neue Opfer von Auslandseinsätzen – auf Wunsch der Angehörigen auch anonym – zu Beginn der jeweils folgenden Parlamentssitzung bekannt: mit Alter, Rang und Herkunft sowie Zeitpunkt, Ort und Ursache des Todes. Der Deutsche Bundestag erhebt sich zu einer Gedenkminute. Denn die Volksvertreter verantworten die Opfer des Volkes. Alle 2600 Toten der Bundeswehr aber werden, geordnet nach In- und Auslandseinsätzen und unter Nennung der Todesumstände, in einem Internetportal der Bundeswehr aufgeführt. Und am Reichstag entsteht ein Mahnmal. Einer solchen Initiative Norbert Lammerts könnte sich der Verteidigungsminister kaum entziehen.

Die Untoten des Krieges
Mai 2007

»Der Anschlag muss dem Bundestag eine Mahnung sein.« Bernd Siebert, der verteidigungspolitische Sprecher der Union, wirft den Satz wie einen Stein in die Debatte um die Toten von Kunduz. Doch der geht unter, sofort. Denn der Abgeordnete lässt Selbstkritik anklingen, Versäumnisse des Parlaments. Das müsse die Ausrüstung der Truppe verbessern. »Wir haben Engpässe bei der Ausstattung, die zum besseren Schutz unserer Soldaten beseitigt werden müssen« – bei gepanzerten Fahrzeugen etwa.

68 Soldaten sind nach offizieller Statistik bislang bei Auslandseinsätzen der Bundeswehr ums Leben gekommen, 21 in Afghanistan. Doch dem Parlament, das die jungen Männer mit politischen Einsatzbefehlen in den Tod geschickt hatte, war das bislang kein Anlass, sich mit den Opfern zu befassen. Es hat nichts überprüft, nichts in Frage gestellt, auf nichts beharrt. Die Toten und die Umstände ihres Sterbens waren in der Vergangenheit nicht ein einziges Mal Thema einer Debatte im Bundestag. Man streitet lieber abstrakt über Politik und Strategie als konkret über Blut, Qualen und Schreie.

Das Parlament hat krass versagt. Der Verteidigungsausschuss vornweg, aber auch die Fraktionen. Alle, einschließlich der Linkspartei. Es kann nicht einmal als sicher gelten, dass die vom Verteidigungsministerium genannten Opferzahlen richtig sind. Im Gegenteil: Es gibt Anzeichen dafür, dass mehr Soldaten bei Auslandseinsätzen der Bundeswehr gestorben sind, als amtlich eingeräumt wird.

Denn das Ministerium verschleiert. Planvoll und hinhaltend. Seit Jahresbeginn bemühe ich mich um die Veröffentlichung der Daten und Todesumstände aller Opfer, wie das in anderen Ländern üblich ist. Ich habe darüber geschrieben, wiederholt nachgefasst, auch bei Verteidigungsminister Franz Josef Jung, und ein Mahnmal am Bundestag vorgeschlagen, um der Toten zu gedenken.

Die Mahnmal-Idee fand im Verteidigungsausschuss Widerhall.

In der Substanz aber ließen sich die parlamentarischen Kontrolleure abspeisen. »Ausgehend von den Rechten auf Schutz der persönlichen Selbstbestimmung und auf das eigene Bild – welche sich aus den allgemeinen Menschenrechten ableiten – in Verbindung mit den Bestimmungen des Bundesdatenschutzgesetzes und letztendlich auch aus Gründen der Pietät werden zum Schutz der Persönlichkeit der Soldaten und deren Angehöriger die Daten der im Einsatz ums Leben gekommenen Soldaten sowie die Umstände dieser Todesfälle nicht veröffentlicht«, fertigte der Parlamentarische Staatssekretär im Verteidigungsministerium, Thomas Kossendey, den anfragenden FDP-Abgeordneten Dirk Niebel ab.

Doch selbst die Herausgabe anonymisierter Informationen lehnte das Ministerium mir gegenüber ab. Franz Josef Jung plant auf dem Gelände des Ministeriums ein abstraktes Ehrenmal für alle Toten der Bundeswehr – seit deren Gründung 1956 rund 2600. Die Toten der Auslandseinsätze wären bequem zu verstecken. Mit Macht, schrieb ich seinerzeit, soll eine Opferdiskussion erstickt werden, eine Diskussion auch über Ausrüstung, Führung und Seelenlage der Truppe.

Der Fall ist wohl noch ernster. Denn was Jung der deutschen Öffentlichkeit verwehrt, ist im Internet zu finden, unter *www.icasualties.org/oef/ByNationality.aspx*. Die offiziell 21 Toten von Afghanistan waren dort zu Wochenbeginn – mit Ausnahme der jüngsten Opfer von Kunduz (»name not released yet«) und eines Soldaten, der bei einem Autounfall starb (»name not known«) – namentlich aufgeführt, mit Rang, Herkunft und Todesursache. Aus einem Gespräch mit Jung weiß ich aber, dass sich auch einige Soldaten das Leben genommen haben. In der Internet-Totenliste indes findet sich kein Selbstmörder. Das würde bedeuten: Die Zahl der Toten ist größer als 21. Und: Keiner aus der Internetliste wird dem Kommando Spezialkräfte (KSK) zugerechnet, jener Elitetruppe, die in den afghanischen Bergen geheim operierte. Gab es bei ihr keine Opfer – oder wurden die nicht in die Totenstatistik aufgenommen?

Der Verdacht drängt sich auf, dass daran etwas faul ist. Dass die Daten der Gestorbenen deshalb nicht in Deutschland veröffentlicht werden, weil Angehörigen dann auffallen würde, dass ihre Toten verschwiegen werden. Dass Selbstmorde vertuscht werden, um eine Debatte über Führung und psychologische Betreuung in den Camps zu unterbinden.

Wollen sich die frei gewählten Abgeordneten des deutschen Volkes das bieten lassen? Oder begreifen sie endlich, dass sie über Strategie geredet, aber Menschen geschickt haben? Viele davon in den Tod. Denen sind sie etwas schuldig. Aber auch den Lebenden. Und sich selbst, ihrer Würde.

Lügen haben tote Beine
Juni 2007

Es war die Unwahrheit. Nun ist es bewiesen. »Wie viele deutsche Soldaten sind wirklich gestorben in Afghanistan?«, fragte ich vor vier Wochen. »Das Verteidigungsministerium behauptet: 21. Der Bundestag gibt sich bislang zufrieden damit – doch der Verdacht drängt sich auf, dass es mehr sind.« Denn Verteidigungsminister Franz Josef Jung hatte mir von Selbstmördern erzählt – und damit seine Weigerung begründet, Identität und Todesumstände der im Ausland ums Leben gekommenen Soldaten publik zu machen.

Amerikanische Internetportale, die dies tun, listeten 21 Bundeswehr-Opfer auf – aber keinen einzigen, der sich selbst das Leben genommen hat. Nach dem Bombenanschlag von Kundus, bei dem drei deutsche Soldaten getötet worden waren, verbreiteten auch Nachrichtenagenturen diese Zahl. »In Afghanistan kamen bislang 21 Soldaten zu Tode«, hieß es bei der Deutschen Presse-Agentur (dpa). Nicht anders Reuters: »Seit Beginn des Afghanistan-Einsatzes im Jahr 2001 kamen damit 21 Bundeswehr-Angehörige in dem Land ums Leben.« Amtliche Zahlen. Aber nicht die korrekten. Ich richtete eine Anfrage ans Verteidigungsministerium, wie viele deutsche Soldaten insgesamt ums Leben gekommen seien, einschließlich der Selbstmörder. Es dauerte 14 Tage, bis sich das Ministerium zur Korrektur der falschen Zahl bequemte: »Bisher sind insgesamt 25 deutsche Soldaten in Afghanistan ums

Leben gekommen, davon 11 durch Fremdeinwirkung und 14 durch sonstige Umstände.« Thomas Raabe, Jungs Pressesprecher, gab mir das schriftlich. Die Zahl der Selbstmörder aber verweigerte er nach wie vor. Die bislang Verschwiegenen – vier Tote, immerhin fast ein Fünftel aller Opfer – können, müssen aber nicht die Suizid-Fälle sein.

Denn es wird noch immer verschleiert. »Unter Fremdeinwirkung werden z. B. Anschläge und die Wirkung von Minen verstanden«, erläuterte Raabe, »sonstige Umstände umfassen beispielsweise Verkehrsunfälle, Unfälle im Umgang mit Schusswaffen und natürliche Todesursachen.« Immerhin sorgte das Ministerium in einer Hinsicht für Klarheit: Alle Toten seien Angehörige des deutschen Isaf-Kontingents, mithin nicht der geheim operierenden Spezialtruppe KSK. Und: Trotz der korrigierten Opfer-Zahl für Afghanistan bleibt die Gesamtziffer der Toten aller deutschen Auslandseinsätze mit 69 unverändert, »davon 13 durch Fremdeinwirkung und 56 durch sonstige Umstände«. 56 von 69 durch sonstige Umstände? Das schreit nach Aufklärung, denn das sind 81 Prozent aller Toten. Was war, was ist nicht in Ordnung mit Führung, Ausrüstung und psychologischer Betreuung der Truppe?

Den Bundestag hat das bislang nicht interessiert. Viermal habe ich inzwischen darüber geschrieben, viermal gefordert, dass die Zahlen hinterfragt, dass Identität und Todesumstände der Gefallenen offenbart werden, wie es in anderen Ländern selbstverständlich ist. Denn nackte Zahlen kann man glauben – oder auch nicht. Wie sich gezeigt hat, tut man es besser nicht, jedenfalls nicht blind. Im Februar hatte dpa noch unter Berufung auf das Ministerium gemeldet, 39 der damals 65 Auslandstoten seien durch Fremdeinwirkung ums Leben gekommen. Jetzt sind es bloß noch 13.

Nur wenn die Toten aus der politisch gewollten Anonymität gerissen werden, ist eine kritische Kontrolle der Auslandseinsätze möglich. Deshalb auch ist das geplante Mahnmal für die Toten der Bundeswehr mehr als nur eine ästhetische oder symbolische Frage. Ein Ehrenmal für alle 2600 zivilen und militärischen Toten seit Gründung der Bundeswehr, wie Jung es will, soll die Opfer der Auslandseinsätze versinken lassen im Meer der Tränen. Ein Parlament, das in Fragen von Leben und Tod seiner Kontrollaufgabe nicht genügt, versagt krass.

Das gilt indes nicht für einen Parlamentarier, der in bemerkenswerter Weise auf meine Kolumnen reagiert hat: Bundestagspräsident Norbert Lammert. Der CDU-Mann verordnete dem Bundestag im Mai eine Gedenkminute für die drei Toten von Kundus, so wie ich es Anfang des Jahres als Regelfall empfohlen hatte. Und er sagte dabei einen ebenso bemerkenswerten Satz: In den vergangenen Jahren seien 25 deutsche Soldaten ums Leben gekommen. Zeitraum und Ort ließ er offen, aber er meinte nur Afghanistan. Denn inzwischen weiß ich, dass er vorher im Verteidigungsministerium nach der korrekten Zahl gefragt hatte. Der zweite Mann im Staat wollte dem Parlament keine Lüge auftischen – und das Ministerium wagte es nicht, ihm eine falsche Zahl zu nennen. Lammert wählte dann mit Bedacht eine unscharfe Formulierung, um den Minister nicht im Bundestag bloßzustellen.

Nun ist die Wahrheit raus, jedenfalls ein weiteres Stück von ihr. Bleibt die Frage: Wann wacht das Parlament auf?

Koalition der Reaktionäre
Juli 2007

Wenn das ein Probelauf war für den Umgang mit neuen Ideen in Deutschland, dann kann einem angst und bange werden. Kaum hat Kurt Beck vergangene Woche den »Deutschlandfonds« der SPD für Kapitalbeteiligungen der Arbeitnehmer vorgestellt, da prasselt es auf ihn herab: Uninformiertes, Vorurteilbeladenes, Ideologisches, auch Boshaftes. »Staatsfonds«, »bürokratisches Monster«, »Idee der volkseigenen Betriebe«, »Einstieg in die Verstaatlichung der deutschen Wirtschaft«, »Superheuschrecke«, »Lohnraub«, »Luftnummer«, »Schnapsidee«.

Zieht man die Schnellschüsse der Ahnungslosen und die routinierte Kritik politischer Konkurrenten ab, dann bleibt eine große Koalition der Reaktionäre von links und rechts. All jener, die eine breite Beteiligung der Arbeitnehmer am Produktivkapital der

Wirtschaft nicht wollen. Von der postkommunistischen »Linken«, zu deren Existenzgrundlagen es gehört, die ungerechte Vermögensverteilung zu beklagen, aber nicht zu beseitigen, bis zum erzkonservativen industriellmedialen Komplex, der Kapitalbeteiligungen von Malochern bestenfalls als randständige Methode zur Beschaffung von Risikokapital tolerieren möchte – mit vollem Risiko für die Malocher.

Wendet man indes solchen Widerstand dialektisch, erkennt man die Motive der Aufgeregtheit, dann offenbart sich rasch: So falsch kann die Idee nicht sein. Spricht man zudem mit deutschen Spitzenbankern, ohne dass die sich freilich namentlich zitieren lassen möchten, dann beseitigt das die letzten Zweifel: Das ist ein visionäres Konzept, die innovativste Idee seit vielen Jahren aus der deutschen Politik. Dass sie aus der SPD kommt, mag überraschen, doch rechtfertigen kann es das Trommelfeuer der Borniertheit und Voreingenommenheit nicht.

Denn nichts stimmt, was dem »Deutschlandfonds« angehängt wird. Er soll eben kein »Staatsfonds« sein, verwaltet von Bürokraten oder Funktionären, sondern ein renditeorientierter, schlanker Fonds, betrieben vom professionellen Management einer Bank – nach durch und durch kapitalistischen Regeln der Bewertung von Firmen und Anteilen. Er ist auch nicht überflüssig, weil es schon viele andere Fonds gibt, denn keiner von denen schleust das Geld seiner Anleger exakt und ausschließlich in den Betrieb zurück, in dem sie arbeiten.

Eine sprunghafte »Heuschrecke« kann er nicht werden.

Der »Deutschlandfonds« soll auch nicht direkte Arbeitnehmerbeteiligungen ersetzen oder überflüssig machen. Im Gegenteil. »Die bisherigen Möglichkeiten zur Mitarbeiterbeteiligung bleiben bestehen«, heißt es in dem SPD-Konzept. »Er ist ein zusätzliches Angebot.« Ein Angebot, das all jenes leistet, was Direktbeteiligungen bislang so schwierig und so selten macht – nur zwei Prozent der deutschen Firmen bieten ihren Arbeitnehmern echte Kapitalbeteiligungen.

Der SPD-Fonds stößt die Türen auf zur gesellschaftlichen Kapitalbeteiligung, wenn man so will: zum Volkskapitalismus. Denn

Beteiligungen an Aktiengesellschaften sind einfach, an mittleren und kleinen Firmen, Personengesellschaften zumal, dagegen juristisch höchst kompliziert – und teuer. Wollen sich 1000 Arbeitnehmer an einer GmbH beteiligen, müssen beim Notar 1000 GmbH-Verträge geschlossen werden – oder abenteuerlich verschachtelte stille Beteiligungen treten an ihre Stelle. Versicherungen gegen Insolvenz sind in diesen Fällen möglich, aber so teuer, dass sie selten abgeschlossen werden.

Über den Fonds können dagegen Beteiligungen selbst an kleinsten Firmen erworben werden. Gehen die pleite, behalten ihre Arbeitnehmer die Fondsanteile und verlieren neben dem Job nicht auch noch ihr Geld. Die Anteile sind zudem handelbar, können jederzeit zu Geld gemacht und beim Betriebswechsel einfach mitgenommen werden. Und: Für die deutsche Wirtschaft kann der Fonds zum strategischen Schutzschild werden – gegen ausländische Fonds, die Betriebe reihenweise aufkaufen. Gerade wird über Fondsattacken aus China, Russland und arabischen Staaten diskutiert.

Verkehrte Welt: Die SPD bietet eine marktwirtschaftliche Lösung mit nur geringfügig aufgestockten Steueranreizen, die Union dagegen setzt ganz auf den Staat – mit mehr als viermal so hohen Subventionen. Kreativität gegen Einfalt, Staatsferne gegen Staatsgläubigkeit.

Die Fusion beider Modelle durch die Große Koalition ist naheliegend, denn sie stehen in Wahrheit nicht gegeneinander: höhere Steueranreize und Gründung des »Deutschlandfonds«. Politisch betrachtet beschreibt der exakt den Raum, den sich die SPD schaffen kann zwischen Linkspartei und Union. Verweigern sich aber CDU und CSU, dann lohnt es sich, dafür im Wahlkampf zu streiten.

Kapital für alle!
März 2009

Jetzt endlich hat die Idee ihre historische Chance. Denn die Krise schleift die Bastionen ihrer mächtigsten Gegner – und macht die unversehens zu Verbündeten. Alte ideologische Prägungen zerfallen zu Staub – und es öffnet sich der Weg zu einer neuen Wirtschaftsordnung, beschritten von rechts und links, zu einem Volkskapitalismus, wie ihn schon Ludwig Erhard erträumt hatte. Soziale Marktwirtschaft, neu definiert und handfest unterlegt, als dritter Weg zwischen Kapitalismus und Sozialismus.

Da pilgert Maria-Elisabeth Schaeffler, die weinende Milliardärin, im roten Schal zur roten IG Metall und offeriert auf dem Silbertablett des Kapitals nicht nur Mitbestimmung in der einst patriarchalisch geführten Firmengruppe, sondern auch Mitbeteiligung der rund 70 000 Arbeitnehmer. Wird die Tariferhöhung im Mai verschoben, soll das ab 2011 zudem mit Gewinnbeteiligung belohnt werden. Ein Durchbruch.

Da bringt die IG Metall öffentlich Lohnverzicht gegen Mitarbeiterbeteiligung bei Opel ins Gespräch. Historisch zählte die Gewerkschaft zu den härtesten Gegnern der Kapitalbeteiligung, gerade weil das auf Kosten der Löhne gehe. Nun bietet der hessische Bezirksleiter Armin Schild, Aufsichtsrat bei Opel, die Umwandlung von Gehaltsbestandteilen der rund 26 000 Autobauer in Firmenbeteiligungen an, falls die Gruppe aus dem General-Motors-Konzern herausgelöst wird. Ein Kurswechsel.

Da lehnt die Linke Staatsbeteiligungen in der Industrie ab – und verlangt Mitarbeiteranteile. Unter Demokratie verstehe man nicht Verstaatlichung, sagt Oskar Lafontaine. »Die Mitarbeitergesellschaft ist das Unternehmen der Zukunft.« Konkret heißt es in einem Konzept der Partei, die Beteiligung solle »immer Eigentum der gesamten Belegschaft bleiben. Wer in die Belegschaft eintritt, wird zum Miteigentümer, wer den Betrieb verlässt, verliert entsprechend alle Rechte und Pflichten.«

Das Modell der Linken: Halbe-Halbe. Denn es sollen »die Bruttoinvestitionen und die Gewinne eines jeden Jahres zur Hälfte in das Eigentum der Belegschaft übergehen«. Und das in allen Unternehmen, »die aufgrund ihrer Umsätze oder Beschäftigtenzahlen erhebliche regionale oder bundespolitische Bedeutung haben«. Früher war die Linke strikt gegen Mitarbeiterbeteiligungen, hielt sie für ein Betrugsmanöver des Kapitals, setzte ganz auf Löhne. Eine Kehrtwende.

Welch skurrile Melange der Ideologien: Die CDU, Erfinderin der Kapitalbeteiligung für Arbeitnehmer, ist offen für Verstaatlichung und Enteignung. Die Linke, Erbin realsozialistischer Enteignungsgeschichte, entdeckt die Mitarbeiterbeteiligung, verlangt nur noch die Verstaatlichung der Banken.

Das fügt sich, was die Idee der Gewinn- und Kapitalbeteiligung angeht, noch nicht zu einem widerspruchsfreien gesellschaftlichen Konzept. Die Linke will Macht und Kapital in den Großbetrieben teilen. Union, Sozialdemokraten, Gewerkschaften und beteiligungsfreudige Unternehmer wollen vor allem die Altersversorgung der Arbeitnehmer und das Eigenkapital der Betriebe stärken – auch zur Abwehr von »Heuschrecken«. Aber: Es ist Bewegung in die Sache gekommen. Weit mehr, als das Beteiligungsgesetz der Koalition mit seinen bescheidenen Förderinstrumenten erwarten ließ.

Nun bietet sich auch noch ein mächtiger Hebel, um das Projekt entscheidend voranzubringen. Die Große Koalition braucht nur zuzugreifen. 100 Milliarden Euro schwer ist der Wirtschaftsfonds, mit dem der Staat notleidenden Unternehmen helfen will. Es ist der zweite Rettungsschirm neben dem Fonds für die Banken. Zu Guttenberg, der neue Wirtschaftsminister, hat erste Bedingungen formuliert, die ein Unternehmen erfüllen muss, um Staatshilfen in Anspruch nehmen zu können: Vor allem muss es vor der Krise gesund gewesen sein und ein tragfähiges Konzept für die Zukunft vorweisen.

Eine weitere Bedingung sollte hinzukommen: Das Unternehmen muss ein Modell zur Kapitalbeteiligung seiner Arbeitnehmer präsentieren, sofern es die nicht schon gibt. Ein Modell, das im Einvernehmen mit dem Betriebsrat konzipiert ist. In der deutschen Wirtschaft gibt es eine Vielzahl ganz individuell zugeschnittener Lösungen. Das Beteiligungsgesetz eröffnet zudem den Weg zu betriebsübergreifenden Fondsmodellen.

Aus den Details sollte sich der Staat heraushalten. Wenn der Steuerzahler aber exorbitante Summen für die Rettung von Firmen zur Verfügung stellt, hat er auch Anspruch auf eine Gegenleistung – für die Arbeitnehmer, fürs Gemeinwohl. Eigentum verpflichtet, Staatshilfe auch. Das ist der Test, ob die Koalition nur Sonntagsreden hält über eine neue, soziale Wirtschaftsordnung. Und es ist der Test, ob Guttenberg in Ludwig Erhards Schuhen steht – oder in ihnen umfällt.

Ein ungestopftes Maul

Gerhard Schröder intervenierte – höchstpersönlich und an höchster Stelle des Verlages Gruner+Jahr. In lockerer Runde, ein Glas in der Hand, platzte es aus ihm heraus: Man solle mir das Maul stopfen. Ich stand bei dem Empfang keine 50 Meter entfernt. Als ihm geantwortet wurde, dergleichen sei in diesem Verlag nicht üblich, gab er zurück: Dann seid ihr euer Geld nicht wert! Gemeint war der Vorstand des Verlags. Doch der war sein Geld wert – und stand.

Wer spitz schreibt, muss selbst auf Scharfkantiges gefasst sein. Hat der vorbildlich pressefreundliche Oppositionspolitiker erst einmal Macht erobert, erwartet er Gefolgschaft – beileibe nicht nur Gerhard Schröder. Oder er bestraft. Versucht es zumindest. Als »Kanzler von Neverland« habe ich den in seiner Regierungskunst heftig schlingernden und schillernden Gerhard Schröder einmal bezeichnet, ein andermal kommentiert, als er in großer Bedrängnis den SPD-Vorsitz an Franz Müntefering abgab: »Dead Gerd walking.« Das konnte er nicht vergessen. Es arbeitete in ihm, zumal ich ihn immer wieder auch gelobt und 1998, als seine Kanzlerschaft begann, sogar engagiert gegen Helmut Kohl unterstützt hatte. Als der geschlagene Kanzler am denkwürdigen Wahlabend 2005 vor der Fernsehnation geradezu putschistische Gelüste zur Schau stellte und gegen die Medien keilte, da war auch ich gemeint.

Eine scharf geschriebene, auf den Punkt zielende Kolumne kann solche Emotionen kitzeln. Auch beim normalen Leser. Vor sechs Jahren verteidigte ich den Jung-Unionisten Philipp Mißfelder, der die Kassen-Finanzierung künstlicher Hüftgelenke in Frage gestellt hatte, gegen schweren öffentlichen Beschuss wütender Rentner, die sich auf ihre Leistungen beim Wiederaufbau des kriegszerstörten Landes beriefen. »Aber wer, ihr Hitlerjungen und Russlandfahrer, hat es vorher in Schutt und Asche gelegt?« Diese Frage trug mir Strafanzeigen ein – und ein Ermittlungsverfahren wegen Volksverhetzung bei der Hamburger Staatsanwaltschaft. Es wurde nach erstaunlich langer Frist eingestellt, aber noch erstaunlicher fand ich, dass es überhaupt eröffnet worden war.

Schröders Knebelungsversuch und die übereifrige Staatsanwaltschaft sind die heftigsten Reaktionen auf meine Zwischenrufe, an die ich mich erinnern kann. Daneben, vergleichsweise harmlos, persönliches Eingeschnapptsein in der Politik oder Wut bei Lesern – spontan oder organisiert bis hin zu Abonnement-Kündigungen. Wer die Wahrheit sagt, braucht ein schnelles Pferd, sagt ein chinesisches Sprichwort. Ich war nie beritten. Und von den positiven, ermutigenden Stimmen – gottlob erheblich mehr als die anderen – ist hier zu schweigen. Hat aber eine Kolumne auch konkrete Folgen in Gesellschaft und Politik, kann sie reale Veränderungen bewirken? Sie kann. Ein paar Beispiele sollen dieses Buch abrunden.

Guido Westerwelle, bilde ich mir ein, wurde auch durch eine meiner Kolumnen dazu bewegt, sich öffentlich zu seiner Homosexualität zu bekennen. Seinen Namen hatte ich darin nicht genannt, doch ich schrieb von einem Politiker, der auf Dauer nicht mit einem solchen Geheimnis leben und Karriere machen könne – und kundige Leser wussten sofort, dass ich ihn meinte. Unser persönlich gutes Verhältnis hat das nie belastet, auch wenn er mir später einmal, bei anderer Gelegenheit, im Vorübergehen »Arschloch« zuzischte. Er meinte das erkennbar ironisch – und hat sich später sogar noch, völlig unnötig, dafür entschuldigt. Guido Westerwelle ist der höflichste Politiker, den ich kenne, er ist – ohne jeden Hintersinn formuliert – ein feiner Mann.

Im Mai 2005 erahnte ich die nahende Gründung »einer neuen linken Sammlungsbewegung« durch Oskar Lafontaine und dachte darüber nach, wie die Partei denn heißen könnte: »… populär und eingängig etwa nur Die Linke«. Nicht auszuschließen, vorsichtig formuliert, dass die Idee ankam. Auf jeden Fall hatte ich die umwälzenden Folgen der Neugründung für das deutsche Parteiensystem erkannt.

Ein Jahr später schlug ich ein »Geschichtsarchiv des deutschen Volkes« vor. »Eine Stiftung, die Erinnerungen von Zeitzeugen, nach Epochen klassifiziert, in Interviewform aufzeichnet und via Internet für Museen, Schulen und Universitäten abrufbar hält«. Vorbild: Die Shoah Foundation des Hollywood-Regisseurs Steven Spielberg, der die Erinnerungen von Überlebenden des Holocaust in Video-Interviews aufgezeichnet hatte. Guido Knopp, der Zeitgeschichtspapst des ZDF, der das im Urlaub las und Ähnliches schon begonnen hatte, meldete sich, und seither sind wir gemeinsam bemüht, dieses »Gedächtnis der Nation« als gemeinnütziges Projekt in Partnerschaft von *stern* und ZDF zu verwirklichen. Einziges, aber zähes Problem: Die Finanzierung durch Sponsoren ist noch nicht rund, zwei waren gefunden, es fehlt die Zusage eines dritten.

In einer Reihe von Kolumnen habe ich im Jahr 2007 dafür gekämpft, die gefallenen Bundeswehr-Soldaten der deutschen Auslandseinsätze nicht in Vergessenheit geraten zu lassen. »Unsere versteckten Toten«, lautete der Titel der ersten Kolumne, die das Verteidigungsministerium und die Bundeswehr-Führung kritisierte, weil Briten und Amerikaner neben ihren eigenen Gefallenen auch die deutschen namentlich erwähnten, während sie im eigenen Land buchstäblich totgeschwiegen wurden. Bei weiteren Recherchen stellte sich auch noch heraus, dass selbst die öffentlich genannte Zahl der Toten zu niedrig war. »Lügen haben tote Beine«, war die letzte von vier Kolumnen überschrieben, die den Nachweis führte, dass in Afghanistan mehr Bundeswehrsoldaten ums Leben gekommen waren, als die amtliche Statistik auswies. Die Zahl wurde korrigiert. Und meine Forderung, der Opfer durch ein Mahnmal zu gedenken, löste eine öffentliche Debatte aus, weckte den Bundestag aus seinem Schlummer und veranlasste schließlich das Verteidigungsministerium, in Berlin mit dem Bau eines Mahnmals zu beginnen – wenn auch anonym und für alle Toten der Bundeswehrgeschichte.

Ende 2007 schrieb ich die erste von drei Kolumnen (»Raucher, aufstehen!«), in denen ich die harschen Rauchverbote in Deutschland als Verletzung von Freiheitsrechten und Menschenwürde angriff. Der Aufruf wurde als Fanal verstanden, sich dagegen zur Wehr zu setzen, insbesondere in Bayern, wo das schärfste aller Anti-Raucher-Gesetze galt. Der »Verein zum Erhalt der bayerischen Wirtshauskultur« machte gegen die CSU mobil, und der breite Widerstand war ein maßgeblicher Faktor für die nachfolgende verheerende Wahlschlappe der strauchelnden Staatspartei, die nun auf eine Koalition mit der FDP angewiesen war – und das Rauchverbot lockerte, wie auch die meisten anderen Bundesländer. Diese Niederlage hatte ich vorausgesagt: »Qualm in der Wahlurne«.

Das Projekt meines Herzens aber war und ist die Beteiligung der Arbeitnehmer am Kapital ihrer Betriebe. »Das Gold unserer Zeit« war der erste einer langen Reihe von Zwischenrufen überschrieben, mit denen ich die in Vergessenheit geratene Idee als neues »Leitbild in der Globalisierung« propagierte. Auch wenn es riskant ist, in eigener Sache zu urteilen, wage ich die Aussage: Der *stern* hat diesem Projekt zum Durchbruch verholfen – durch meine Kolumnen und zahlreiche Interviews, in denen ich die Arbeitnehmerbeteiligung thematisiert habe. Bundespräsident Horst Köhler, Bundeskanzlerin Angela Merkel, der damalige SPD-Vorsitzende Kurt Beck und andere bekannten sich im *stern* dazu, Union und SPD setzten Arbeitsgruppen ein – und die Große Koalition verabschiedete schließlich ein Gesetz zur Förderung jenes Volkskapitalismus, von dem schon Ludwig Erhard geträumt hatte. Im vergangenen März schrieb das *Handelsblatt*: »In der Krise boomt die Mitarbeiterbeteiligung.« Das, so sehe ich es, war das schönste Echo aller Zwischenrufe.

»Dieses Buch hilft, die richtigen Entscheidungen zu treffen«

New York Times

Richard H. Thaler
Cass R. Sunstein

Nudge

Wie man kluge
Entscheidungen anstößt

Econ

Richard H. Thaler / Cass R. Sunstein · **Nudge**
Wie man kluge Entscheidungen anstößt
388 Seiten · Gebunden mit Schutzumschlag
€ [D] 22,90 · € [A] 23,60
ISBN 978-3-430-20081-3

Nudge – so heißt die Formel, mit der man andere dazu bewegt, die richtigen Entscheidungen zu treffen. Denn Menschen verhalten sich von Natur aus nicht rational. Nur mit einer Portion List können sie dazu gebracht werden, vernünftig zu handeln. Aber wie schafft man das, ohne sie zu bevormunden? Wie erreicht man zum Beispiel, dass sie sich um ihre Altervorsorge kümmern, umweltbewusst leben oder sich gesund ernähren? Darauf gibt Nudge die Antwort.

Econ